JN277556

講座
図書館情報学
1

山本順一
［監修］

生涯学習概論
知識基盤社会で学ぶ・学びを支える

前平泰志　渡邊洋子
［監修］　　［編著］

ミネルヴァ書房

「講座・図書館情報学」刊行によせて

　(現生)人類が地球上に登場してからおよそ20万年が経過し、高度な知能を発達させたヒトは70億を数えるまで増加し、地球という惑星を完全に征服したかのような観があります。しかし、その人類社会の成熟は従来想像もできないような利便性と効率性を実現したものの、必ずしも内に含む矛盾を解消し、個々の構成員にとって安らかな生活と納得のいく人生を実現する方向に向かっているとはいえないようです。科学技術の格段の進歩発展の一方で、古代ギリシア、ローマと比較しても、人と社会を対象とする人文社会科学の守備範囲は拡大しこそすれ、狭まっているようには思えません。

　考古学は紀元前4000年代のメソポタミアにすでに図書館が設置されていたことを教えてくれました。図書館の使命は、それまでの人類の歴史社会が生み出したすべての知識と学問を集積するところにありますが、それは広く活用され、幸福な社会の実現に役立ってこそ意味があります。時代の進歩に見合った図書館の制度化と知識情報の利用拡大についての研究は図書館情報学という社会科学に属する学問分野の任務とするところです。

　1990年代以降、インターネットが急速に普及し、人類社会は高度情報通信ネットワーク社会という新しい段階に突入いたしました。4世紀あたりから知識情報を化体してきた書籍というメディアは、デジタルコンテンツに変貌しようとしております。図書館の果たしてきた役割はデジタル・ライブラリーという機能と人的交流と思考の空間に展開しようとしています。本講座では、サイバースペースを編入した情報空間を射程に収め、このような新たに生成しつつある図書館の機能変化と情報の生産・流通・蓄積・利用のライフサイクルについて検討・考察を加えます。そしてその成果をできるだけ明快に整理し、この分野に関心をもつ市民、学生に知識とスキルを提供しようとするものです。本講座を通じて、図書館のあり方とその未来について理解を深めて頂けたらと思います。

　2013年3月

　　　　　　　　　　　　　　　　　　　　　　　　山　本　順　一

はじめに

　本テキストは、社会のあらゆる領域において、学習支援者として仕事や活動に取り組んでいる人たちおよび、生涯学習・学習支援（活動）に関心ある初学者の読者を対象として、「生涯学習とは何か」「生涯学習を支援するとはいかなることか」という問いへのいざないを試みるものである。

　本テキストの読者にはまず、学習支援者としての図書館司書を想定している。加えて、博物館学芸員や社会教育・公民館主事をはじめとする生涯学習を担う各種専門職、さらに、これから生涯学習の世界に踏み出そうとする一般読者の方々にも、図書館司書を一事例としつつ、自身の仕事や活動、日常生活などと重ね合わせながら、読み進めていっていただきたい。

　重要なことは、読者一人ひとりが、自らが生涯を通じて何かを学び続けていく「学び手」であることに気づき、様々な経験を積みながら「よき学び手」として成長していくことである。生涯学習は、あらかじめ決まった時間と場所で、だれかがだれかに一方的に教えることで成り立つものではない。そこには、時間や空間に関する独自の価値観が横たわり、学校教育とは異なる背景や考え方、様々な要素が見出される。

　生涯学習について学ぶなかで、これまでに受けてきた学校教育とはいかなるものだったのかを振り返ってみていただきたい。また、学校で自らが学び、身につけてきたものは何だったのかをじっくりと問い直し、学び直し（アンラーン）しつつ、生涯を通して学び続ける基盤を培っていただければ幸いである。

　これらは一見、他者への「学習支援」とは無関係なものにみえるかもしれないが、実は、そのような自分づくりの経験こそが、他の人たちの学びを引き出し支えようとする時に、最も有効にはたらく知恵となるのである。同時に、他の人々が「学び手」としての自己を見い出し、「よき学び手」となっていく多

様な道のりにふれていくことも、学びの理解を深めるために、とても重要なまわり道ではないだろうか。

　本書が読者のこれからの学びにおいて、明日に向けた「第一歩」、「次の一歩」を踏み出す確かな手がかりとして活用されることを、そして同時に、これが皆さん一人ひとりの生涯学習のゆたかな道筋を形成していく礎となることを、監修者として、心より願っている。

　2014年2月

前平泰志

生涯学習概論
――知識基盤社会で学ぶ・学びを支える――

目　　次

はじめに

序章　生涯学習の場としての公共施設を考える……………………1
　　　　──本と出会う場としての図書館
　1　学習支援者としての司書・学芸員　1
　2　図書館来館者にとっての学び　3
　3　非来館者が「来ない」のはなぜか　4
　4　司書が生涯学習について学ぶ意味　5
　5　本書の構成　5

第Ⅰ部　生涯学習社会の構築にむけて

第1章　生涯教育・学習論の登場と学習社会……………………………10
　1　「生涯教育」論の提起　11
　2　生涯教育・学習論で目指されるもの　14
　3　おわりに　23
　コラム　「持つための学習」と「〇〇力」　25

第2章　日本における生涯学習・社会教育の特質………………………27
　1　近代日本の社会教育　27
　2　戦後日本の社会教育と生涯学習　34
　3　おわりに　39
　コラム　「ナトコ映画」──占領期の社会教育映画　41

第3章　生涯学習からみた家庭・学校・地域社会………………………44
　1　生涯学習施策の展開における家庭・学校・地域社会の
　　　位置づけと相互関係　44
　2　家庭・学校・地域社会の取り組みにみる連携と協力　48
　3　連携と協力に向けて求められる課題　56
　4　おわりに　59

コラム　ボランティアがつなぐ家庭・学校・地域社会　61
　　　　　　——民話伝承の活動を通して

第Ⅱ部　生涯学習の対象・内容・方法

第4章　生涯発達と成人期の学習 …………………………………… 64
　1　生涯発達と現代的課題　65
　2　成人（おとな）の学びをめぐる基本理論　70
　3　読書活動における成人の学び　74
　4　おわりに——「学ぶこと」を学ぶ学習活動に向けて　78
　コラム　おとなの学習事例　80
　　　　　——生涯学習音楽指導員養成講習会での実践から

第5章　生涯学習の内容と学習課題 …………………………………… 81
　1　生涯学習における「学習内容」の前提と考え方　81
　2　「人は何を学んでいるか」から考える　85
　3　「学習内容」の規定要因と「学習課題」　88
　4　おわりに　97
　コラム　フォーマル／ノンフォーマル／インフォーマルな学び　99

第6章　生涯学習の学びを支える「教育方法」 ………………………… 100
　1　生涯学習と教育方法　100
　2　「個人学習」をささえる　103
　3　「ワークショップ」を組み立てる　106
　4　「講義」を見直す　109
　5　振り返りから「次の学び」へ　113
　6　おわりに　114
　コラム　ブッククラブ　115

第Ⅲ部　生涯学習の支援

第7章　生涯学習社会における学習支援者の仕事と役割 …………118
　　1　学習支援者とは何か　119
　　2　学習活動における学習支援者の役割　123
　　3　「振り返り」を軸とした学習支援者養成・研修　132
　　4　おわりに　134
　　コラム　学習支援者としての図書館司書──NIACEの提起から　136

第8章　学習情報の提供と学習相談…………………………………137
　　1　「学習情報の提供」と「学習相談」の基本的な考え方　139
　　2　「学習情報を提供する」こと　141
　　　　──学習者にとっての「情報」とは
　　3　生涯学習における学習相談の意義と実践　146
　　4　おわりに　152
　　コラム　「読書相談会」のある公立図書館　154

第9章　生涯学習の学習評価と成果の活用…………………………156
　　1　生涯学習・社会教育の学習評価をめぐる問題　156
　　2　学習評価への三つのアプローチ　157
　　3　日本における生涯学習活動と学習評価の実態　159
　　4　おわりに　168
　　コラム　学習評価と「キー・コンピテンシー」　171

第Ⅳ部　生涯学習施設と学習・教育

第10章　学習拠点としての公民館 ……………………………………174
　　1　生涯学習・社会教育施設としての公民館　174
　　2　公民館における学習事業　178
　　3　公民館事業における学習講座と施設──国立市公民館の場合　181
　　4　公民館学習と住民参加　184

5　おわりに　187
　　　コラム　何が違う？公民館と他の生涯学習施設　189

第11章　生涯学習施設のアクセシビリティ……………………………………191
　　　――図書館と博物館を中心に
　　　1　図書館のアクセシビリティ　191
　　　2　ハンズ・オンとユニバーサル・ミュージアム　199
　　　――博物館のアクセシビリティ
　　　3　おわりに　207
　　　コラム　里山で現代アートを楽しむ　209
　　　――「大地の芸術祭　越後妻有トリエンナーレ」から

　　　　　　　　　第Ⅴ部　生涯学習行政のしくみと展開

第12章　生涯学習の法的基盤と支援体制…………………………………………212
　　　――社会教育法と生涯学習関連法規
　　　1　「自由な学び」にとって法律とは　212
　　　2　生涯学習・社会教育に関わる法律Ⅰ　教育基本法　215
　　　3　生涯学習・社会教育に関わる法律Ⅱ　社会教育法　218
　　　4　生涯学習・社会教育に関わる法律Ⅲ　生涯学習振興法　221
　　　5　おわりに　225
　　　コラム　2008年図書館法改正と生涯学習　226

第13章　社会教育の行政と財政……………………………………………………228
　　　1　教育行政と社会教育行政の原理　229
　　　2　教育行政の組織　234
　　　3　教育財政の検討　237
　　　4　行財政改革と社会教育行政　242
　　　5　おわりに　248

コラム　学習課題としての財政　249
　　　　　——財政分析学習と市民白書づくり

おわりに　251

索引

序　章	生涯学習の場としての公共施設を考える
	——本と出会う場としての図書館

　現代の「生涯学習」はすでに、政策や理念として「文書に書かれた」第一段階から、私たちの日常生活のあらゆる箇所に「当たり前のこととして定着する」ことを目指すべき、第二段階に入っている。

　本書の目的は、生涯学習社会への道筋のなかで、公民館や生涯学習センターのみならず、図書館や博物館などの公共施設もが、まさにこの段階にある私たちにとって重要な「生涯学習の場」、すなわち生涯学習施設であることを、読者の皆さんに認識していただくことにある。ゆえに本章では特に、本との出会いの場としての図書館に注目しながら、考えてみたい。

1　学習支援者としての司書・学芸員

　本書における学習支援者とは、他者の学びに直接・間接的に関わり、望ましい（主に学習者自身が望む方向での）学びの実現に向けて様々なかたちで貢献しようとする人を指す。従来、このような仕事は公民館などを足場とする社会教育主事の「専売特許」であるとみなされてきた。実際、図書館司書や博物館学芸員などを「モノを扱う」専門家とのみ捉える人たちのなかには、「支援する」以前に「人の学びに関わる」こと自体を、自らの仕事の一部として認めたがらない傾向がみられた。

　とはいえ、現実には、大多数の司書や学芸員が、自覚や意図にかかわらず、書籍や情報メディア、展示・陳列されたモノを通して来館者が多様なかたちで「学ぶ」ことに、直接的・間接的に関わってきたのである。今後はさらに、生涯学習時代の学習支援者としての専門的役割が期待されるであろうことは、

2012年度の図書館司書・博物館学芸員の資格科目改訂にも明らかである。

　ゆえに、本書のもう一つの目的は、今後の学習支援者に必要不可欠なものとなる、人々の学習および学習支援に関わる背景、そのメカニズムや諸側面、関係する諸要素に関わる、基本的な知識と理解を得ていただくことにある。

　図書館や博物館のなかでは（さらに日常生活の経験においても）、モノや本などにふれて楽しんだり、新たな経験を重ねたりするなかで、様々な感情や気づきや疑問を得たり、今までとは違う知的関心を抱いたり、意識や物事の見方が変わったりすることは少なくない。そのような変化は、これらの施設が来館者を「ある方向に変えてやろう」「教育してやろう」などとの意図をもって働きかけたために生じたものではない。むしろ、そのような教育的意図のないところで生まれるのが、「インフォーマルな学び」である。主に学校教育での学びを指すフォーマルな学びと比較すると、生涯学習施設における経験やインフォーマルな学びの意義はこれまで、一般社会では比較的軽視されてきたといえるかもしれない。

　だが、私たちの成育史を振り返ると、インフォーマルな学びが、想像以上に影響力を有するものであることに気づく。大学の授業でよく「これまでの人生で一番学んだと思えたのはどんな時でしたか？」と問うと、多くの学生は、アルバイト先や部活動での経験や人間関係など、「教育的意図」が前提とされないところで起こった事象を「勉強になった」「多くを学んだ」と挙げる。図書館や博物館などで過ごす時間も、一定の意図や期待をもって外から課されたのでなく、自らの関心や判断で選び取れる自由度ゆえに、年齢や属性を問わず、インフォーマルで多様な学びを得られているのではないだろうか。

　以下、図書館を例に、これを「生涯学習の場」と捉える観点から、来館者にとっての図書館での学び、非来館者（しない・できない人）にとっての図書館と学び、図書館司書（司書を目指す人）が生涯学習について学ぶ意味について、少しまとめておきたい。

2 図書館来館者にとっての学び

　ここではまず、図書館を訪れる人々が経験する学びと支援に焦点をあてて、三つのタイプに分けて考察してみよう。
　第一に、図書館で行われる各種の教養講座、文学・歴史などの講演会、古文書講読などの講習会などが挙げられる。受講者が興味・関心に応じて、講師の話を聴いたり、講師の手引きで実習したりすることで、まとまった知識や技術を得るという学習機会である。これらは、図書館の通常業務とは別に設けられることも多いが、所蔵する図書、文献資料などの使用と連動し、それらの活用へと発展するような学習環境の整備、および、学習機会と図書資料などの橋渡しとなるような直接的・間接的なサポートや働きかけが求められる。
　第二に、図書館を拠点とした小集団の学習活動である。ここには、「ブックスタート」（3歳児健診時に赤ちゃんに絵本を届ける活動）をはじめ、絵本や童話の読み聞かせの会、おとなや青少年を対象とする読書会などが含まれる。これらは、図書館を足場に単発で、あるいは定期的に集まり、司書やボランティアの呼びかけやリーダーシップを得た自由度の高い活動、あるいは学習グループの自主的な活動として展開される。アットホームで和やかな雰囲気のなかでいつもとは違う本の楽しみ方を味わい、本を手がかりに楽しく交流するための図書の活かし方やきっかけづくり、関係性づくりへの多様で柔軟な支援もが、求められる。
　第三に、図書館において私たちが経験するインフォーマルな（第5章コラムを参照）学びである。このような学びは、図書館における来館者の学びのうち、最も多くの人々が経験しているものであろう。例えば、本好きな人であれば、読書の楽しみそれ自体が「本との出会い」であり、学びである。そこでは特に「学ぼう」との意図がなくても、読書を楽しむうちに新たな知識や技術が身につき、様々な感情や思考が経験できる。快適でゆったりとした読書環境が、この読書という自主的・能動的な学びを促進するのである。

私たちが図書館で本と出会うのは、最初からお目当ての本が決まっている場合もあるが、他方で、漠然とした興味関心に叶う「一冊」を探しながら、開架棚のあいだを歩きまわることも少なくない。このような場合、図書館の一角に、話題や流行のテーマやトピックに関わる図書展示コーナーや、テーマ領域別の「お勧めの一冊」を挙げたリーフレットなどがあると、参考になるだろう。また、本を直接に手に取ることなく棚の本のタイトルを次々とみてまわるなかで、自らの問題関心を再発見し視野も広がるといった「背表紙の読書」もある。それを意識した何気ない工夫や配慮も、本との新たな出会いをさらに、魅力的なものにしてくれるのである。

3　非来館者が「来ない」のはなぜか

　生涯学習では、「ここにいる」人のことと同時に、「ここにいない」人のことも考える。だれがいないのか？　なぜ、いないのか？　図書館で働く人からみたら、ここに「来ない」人は本に関心がない人、本が好きでない人とみなされるかもしれない。だが、果たしてそうなのか。
　この「来ない」人たちには主に、以下の3種類の人が含まれる。
　第一は、何らかの「来られない」要因が、来館を妨げている（遠ざけている）場合である。例えば、開館時間帯に仕事が終わらず来られない人、自宅から図書館の場所までのアクセスが悪くて来にくい人、身体的な事由（病気、ケガ、心身障がいなど）で自宅から出にくく来館が困難な人などが考えられる。例えば、開館時間を延長したとき、休日・祝日の開館を実現したとき、図書館が交通の便のよいところに移転したときなどに来館者が予想外に増えて初めて、これらの要因が実感されることもある。また移動図書館など「アウトリーチ」（「出前」）事業の導入で、図書館サービスを求める人の「手元に届ける」ことも可能になる。「来られない」要因＝阻害要因をなくす（少なくとも軽減する）ことこそが有効である。
　第二に、それ以前に、図書館にある本や文献資料が「読めない」、ゆえに

「来られない」(「来ない」)場合である。先天的にあるいは何らかの病気や事故のために視覚障がいをもつ人々にとっては、「晴眼者」のみが対象で視覚障がい者への対応に欠ける図書館は、意味をなさない。また、日本に居住するが日本語の読めない外国人にとっても、多文化サービスを提供しない図書館は意味をなさないのである（本書第11章を参照）。

　第三に、第一や第二に該当しないが図書館に「来ない」人たちがいる。特に「本に関心がない」「本嫌いなわけではないが、何となく足が向かない」「特に必要性を感じない」という人たちである。このような人たちは、皆さんの身近にも意外と多いだろう。この人たちがどうしたら図書館に「何となく足が向く」「必要性を感じる」ようになるのかを探り、それを念頭に仕事ができるようになることが、図書館が生涯学習施設として機能するための第一歩になるのではないだろうか。

４　司書が生涯学習について学ぶ意味

　図書館における学びを考えるうえで重要なのは、生涯学習という文脈においては、100人の学習者には、100通りの本との出会い方がある、との考え方に立つことである。すなわち、本好きで日常的に読書に親しむ人たちへの学びの支援と、本嫌いや活字嫌いともいうべき人たちへの学びの支援は、基本的な考え方から学びの形態・方法、配慮や工夫に至るまで、かなり大きく異なる。子どもとおとなも、年齢層やジェンダー、ライフスタイルによってもニーズが異なるし、健常者と障がい者のあいだでも、日本人と外国人のあいだでも、各々、異なる特色があるのである。

　図書や読書に関わる専門職としての図書館司書には、以上をふまえつつ、学習者とその学びの個別性や多様性を捉えながら、柔軟な支援を行っていくことが、求められるのである。そこでは、来館者のみに「本はこう読まねばならない」と単一の規範を期待するのではなく、図書館に来る人にも、図書館に足が向かない人にも、図書館へのアクセスが困難な人にも、その人（学習者）の

ニーズや実態に応じた、最も適切で魅力的な本との出会い方をプロデュースすること、それが学習支援者としての図書館司書の役割であるといえる。

それでは、図書館司書を志す方々が生涯学習について学ぶ意義は何か。それは、図書館という最も自主的・能動的に学べる生涯学習施設に足場をおく専門職として、必要な知識や理解を身につけ、具体的・実践的な場で、あらゆる人々の学びを望ましいかたちで実現・サポートできる支援者になっていただきたい、ということである。これは図書館司書のみならず、博物館学芸員、社会教育主事、その他のあらゆる場で学びの支援に取り組む人々にとって共通の課題であり、同時に、今後の生涯学習社会の実質的な発展に向けての肝要な課題でもある。

5　本書の構成

次章以降、全体を四つのまとまりに分けて、生涯学習の全体像にアプローチしていく。概要は次のとおりである。

第Ⅰ部「生涯学習社会の構築にむけて」(第1～3章)では、生涯教育・学習論をめぐる国際的動向を整理した後、日本における生涯学習・社会教育をめぐる歴史的経緯を概観しつつ、その特質に焦点を当て、さらに、子どもとおとなの生活の場としての家庭・学校・地域社会における教育的取り組みについて、生涯学習の観点から整理する。

第Ⅱ部「生涯学習の対象・内容・方法」(第4～6章)では、「生涯発達」という観点から人の一生を捉え、特に長期にわたる中核的時期としての成人期に注目し、学習の特質を捉える。次に、生涯学習における学習内容をめぐる考え方とそこでの学習課題の捉え方について、実践的観点から考察する。さらに、人々の学びを様々なかたちで支援するという意味での生涯学習の「教育方法」に注目し、11項目におよぶ実践的トピックを検討する。

第Ⅲ部「生涯学習の支援」(第7～9章)においては、社会教育主事や図書館司書をはじめとする専門職と従来型の「社会教育指導者」を含む、生涯学習社

会の学習支援者に焦点をあて、その具体的な仕事と役割を、成人教育学的見地から考察する。次に、デジタル・ディバイド時代の学びをどう支援するかという観点から、学習情報の提供と学習相談の考え方と実際を検討する。さらに、学校教育とは基本的な考え方が最も異なる領域の一つとして、生涯学習における「評価」と「学習成果の活用」を取り上げる。

第Ⅳ部「生涯学習施設と学習・教育」（第10〜11章）では、戦後の社会教育施設の中核的存在である公民館を取り上げ、その学習拠点としての特色を具体的事例とともに考察する。次に、生涯学習施設におけるアクセシビリティ（利用しやすさ）という観点から、図書館と博物館に注目し、主に障害者サービスや多文化サービスの実際と課題を検討したい。

第Ⅴ部「生涯学習・社会教育行政のしくみと展開」（第12〜13章）では、これまでの章でみてきた内容をふまえつつ、現代の私たちの学びを支える制度的なしくみと具体的施策へと視野を広げる。まず、法律の基本的な考え方を確認し、日本国憲法、教育基本法、社会教育法、「生涯学習振興法」などの条文を取り上げつつ、現代生涯学習の支援体制と法的しくみを概観する。次に、社会教育行財政の全体構造について、教育行政、教育財政の各々のしくみと特色および課題、さらに現代の行財政改革の動向について、丁寧にみていきたい。

なお、各章末にコラムを設けてある。コラムには、本文中で十分にふれられなかった実践例や関連するエピソード、用語の整理や補足説明などを収めた。章ごとに、その位置づけや取り扱いは多少異なるが、本文と併わせて気軽にお読みいただくことで、その章の内容に関わってプラスアルファの理解ができることを目指している。

また各章末の【参考文献】は、その章で扱った内容に直接関わる文献に加え、同章のテーマに関わって読者の方々が「より広く深く学ぶ」ために参考になる文献を選んである。「次の一歩」の学習のための必読文献リストとして、活用していただけると幸いである。

それでは、学びの世界への入口にようこそ。

第Ⅰ部　生涯学習社会の構築にむけて

第1章　生涯教育・学習論の登場と学習社会

　今日、生涯学習は、先進国・開発途上国の多くの国々で教育政策に位置づけられ、多様な施策が推進されている。日本では1990年代以降、労働時間短縮や学校週五日制への移行に関わる法的整備等がなされる一方で、生涯学習推進政策が本格的に展開された。余暇時間が増え、平均寿命が延び、定年退職後の「第二の人生」が長期化する一方で、急激な技術革新や高学歴化を背景に、技術や知識を更新したり、資格等を習得したり、氾濫する情報のなかから自分に必要な情報を収集し活用したりする必要性とニーズが生じてきた。このような動向を受け、公民館や地域を足場とする社会教育に加え、カルチャーセンターや通信教育などの教育文化産業、多くの市民活動やNPOなども発達し、生涯学習社会を目指して行政・民間両方において多様な取り組みがなされてきた。

　他方、1990年代後半以後の経済状況の悪化を背景に、社会教育予算は削減され続け、生活保護世帯の増加など目に見える経済格差も拡大し、子どもの貧困や若者の非正規雇用、引きこもりなども社会問題化してきた。景気や雇用の安定しない社会が到来し、将来が見通せない不安を抱える人や、成果や業績を出さねばならない焦燥感を抱える人も少なくない。一人ひとりの生活や生き方において解決すべき課題が山積する一方で、解決する手立てがなく困難な状況も広くみられる。これらへの対応において、「学び礼讃の大合唱」（苅谷剛彦）[1]と揶揄されるほどの多大な期待が生涯学習にかけられる一方で、「学ぶ余裕などない」多くの人たちが存在するのである。このなかで、改めて生涯学習をどう捉えるべきかが問われている。

---

1) 苅谷剛彦「学歴社会から学習資本主義社会へ：「自ら学ぶ力」べた褒め社会の光と影」『中央公論』121(3)、2006、p.236.

このような問題意識をもとに、本章では、生涯教育・学習論がどのように登場し発展してきたのか、そこで提起され論じられてきた主要な思想と概念は、どんな特徴と価値を含むものだったのかを考察する。

以下、第一に「生涯教育」論がどのような背景と経緯で提起されたのかを踏まえ、ユネスコ成人教育局長だったポール・ラングラン（Lengrand, P.）の議論を中心に、その構造を考察する。第二に、ラングランの提起を受けて展開された議論の系譜を整理する。ラングラン以後の多種多様な議論は従来、機関ごとの分類（国際連合教育科学文化機関（United Nations Educational, Scientific and Cultural Organization：UNESCO）と経済協力開発機構（Organisation for Economic Co-operation and Development：OECD）など）、議論の発展方向性による分類（「統合」「解放」「循環」）、学ぶ目的による分類（「教養型」「継続職業訓練型」「社会改革型」）などをもとに整理されてきた。本章ではこれらを参考に、(1)自己実現と他者との相互理解の側面、(2)労働や経済活動の側面、(3)社会変革や人間解放の側面、(4)知識基盤社会への対応の側面、の四つの側面に注目しながら整理する。さらに、これらの示唆をふまえ、生涯学習が抱える、現代社会におけるグローバル化や知識基盤社会の課題にもふれたい。

1　「生涯教育」論の提起

1.1　「生涯教育」登場の背景

ひとは生まれてから死ぬまで、生涯にわたって学習する。このような意味の生涯学習の思想は、古今東西を問わず、たとえ紀元前においてもすでに存在した。孔子の論語にある「子曰く、我十有五にして学に志す。三十にして立つ。四十にして惑わず。五十にして天命を知る。六十にして耳順う。七十にして心の欲するところに従えども矩を越えず」は、ひとが生涯にわたって学び続け、人格の修養をめざす生き方の典型例であり、すでに生涯学習の思想が存在していたことを示している。

これに対して今日、私たちが口にする「生涯学習」とは、人格の修養をめざ

すだけではなく、より具体的な内容をもち、それゆえに多様であり、社会との関係や対応をより重視した学びが想定されたものである。こういった学びを前提とする「生涯教育」の思想は1960年代に登場し、世界各地で注目され、教育政策に取り入れられるようになった。その変化の背景には、第二次世界大戦後の急激な産業化や冷戦の深刻化、近代の学校教育批判の顕在化といった社会情勢がある。

　第一に、急激な産業化は、医療や衛生面などの進歩や向上ももたらし、平均寿命の長期化、人権思想の発展、余暇の増大などの変化も生じた。これらの変化は、個人のライフスタイルを変化させるとともに、社会全体も変化させたのである。

　第二に、冷戦の深刻化は、西側諸国（資本主義陣営）と東側諸国（社会主義陣営）のあいだで、核兵器や人工衛星などの開発競争、製造の熾烈な競争を生み、ひいては学校教育にも影響をもたらした。例えば、ソ連による世界初の人工衛星スプートニクの成功（1957年）は、アメリカ社会に激震を走らせた。アメリカでは「共産主義に占領された空」を取り戻すべく高度な科学研究を奨励すべきとの議論が沸騰し、東西の競争というかたちをとる科学の進歩に一層の拍車がかかる一方、高等教育の開放と高学歴化が進んだ。

　第三に、近代学校教育の矛盾への批判が顕在化した。1964年以降、日本、ドイツ、フランスなど、多くの国で、教育と社会への批判に立つ学生運動が展開された。その顛末は国ごとに異なるが、日本の学生運動は、竹内洋によれば、高等教育のマス化を背景とするものであり、そこで教養主義からの転換を示唆するものであった[2]。他方、フランスの学生運動は、社会不安と相俟って国民規模に拡大し、ひいては高等教育のあり方を変えるものとなった。

　このような社会や学校教育などの変化に伴って、生涯教育は世界各地で注目され、政策化されていった。しかし、この一方で、植民地からの独立を果たしたアフリカ諸国は、『アフリカのための教育計画概要』（通称アジス・アベバプラン）に代表される、いわゆる教育投資論に基づき、「近代化」をめざした。し

2）竹内洋『教養主義の没落：変わりゆくエリート学生文化』中公新書，2003．

かし、貧困からの脱却、産業化、学校教育の普及などは、未解決課題として山積したままであった。これらの国は「後発国」となり、教育に関してもいわゆる南北問題が生じたのである。

1.2 ポール・ラングランの生涯教育論

　これらの世界的な変革や動向は、途上国・先進国の別なく、社会変動への適応が容易でない人々に不利益をもたらし、ひいてはこの人々を社会的弱者へと追いやる一大要因となった。第2回国際成人教育会議（1960年、モントリオール）を受けて開催された1965年の成人教育推進国際委員会会議の席上、ユネスコ成人教育部長（当時）ポール・ラングランは「生涯教育」論を提案し、「時代についていけない人は、取り残される運命にある」[3]と指摘して、社会変化への適応に重点をおいて生涯教育を提起した。

　ラングランは、生涯教育が社会において必要とされる要因として、諸変化の加速、人口の増大、科学的知識及び技術体系の進歩、政治的挑戦、情報、余暇活動、生活モデルや諸人間関係の危機、肉体、イデオロギーの危機の九つを挙げている[4]。とはいえ、彼は、これらの社会変動に適応するためのみに、あくせく学習することを推奨しているわけではない。

　ラングランの生涯教育論の特徴は、教育には年齢の制限はなく、「生きているかぎり続けられるべきものである」[5]とし、「明らかにまず必要なことは教育が学校という枠から抜け出し、余暇に属するものであれ労働に属するものであれ人間活動の場のすべてを占めるようになることである。教育は、何か外部からのもののように生活に参加してくるようなものではない。教育は、文化もまたそうであるが、手に入ってくる財産ではない。哲学者たちの言をかりれば、教育は、「所有の領域」のものではなくて、「存在の領域」のものなのだ」[6]と

---

3) ポール・ラングラン著，波多野完治訳『生涯教育入門』全日本社会教育連合会，1980. p.19.
4) 前掲3)，p.16-30.
5) ポール・ラングラン著，波多野完治訳「生涯教育について」『社会教育の新しい方向：ユネスコの国際会議を中心として』日本ユネスコ国内委員会，1967，p.75.

して、それまでの学校教育中心の教育観を転換したことにある。

彼は、学校教育の持つ強制力や圧力を批判する。

> 成績(メリット)のイデオロギーに不当に重要性を置く制度のふつごうさは、誰もがひとしく知っている。じじつ、成績(メリット)という庇護の下に、新しい特権が創設されているのである。そしてそれは、家柄とか富が、成功の唯一の基準であった過去よりもより巧妙に隠ぺいされている[7]。

ラングランは「どのようにしたら教育体系を開放的なものとして維持することができるだろうか。また、どのようにしたら、競争の圧力のもとで、工業や農業や行政の側の諸必要（そして家族的諸願望）と、機会均等や、各人のその性質や野心や天性に従っての調和ある発達という公認された目標とを、調停することができるだろうか」[8]として、だれもが生涯にわたって教育をうけることができる教育システムの再構築への転換を提起した。彼が提案した新たな教育システムは、人生のどのライフステージにあっても適切な教育機会を獲得できるように、教育制度や環境を整える（垂直的統合）とともに、学校をはじめ、あらゆる教育機会を相互に連携させ、体系化する（水平的統合）ことで、すべての人の、あらゆる場での教育機会を保障することをめざすものであった。

2 生涯教育・学習論で目指されるもの

2.1 自己実現と他者との相互理解――人間的な向上や共生をめざすことと学ぶこと

ラングランの生涯教育理念の教養主義的な思想的側面は、ロバート・ハッチンス（Hutchins, R.S.）の『学習社会』（"The learning society"）に継承された。ハッチンスは、職業訓練を必要視したが、変化が急速なために職業訓練は企業

---

6) 前掲3), p.65.
7) 前掲3), p.56.
8) 前掲3), p.57.

内で行うべきだとした。彼は「人材の過剰が社会問題となっているときに、人材の養成（manpower）が教育の目的とはなりえない」[9]とし、「教育は"人生の真の価値"つまり、人間が"賢く、楽しく、健康に生きる"のを助けることにかかわる」[10]ものだとした。人間として生きるための真の価値を追求することが生涯教育だとの立場から、ハッチンスは『学習社会』のなかで、生涯教育を学習社会の中心的思想として位置づけた。彼は学習社会を「あらゆる成長段階にいるすべての成人男女に、いつでも定時制の成人教育を提供するだけでなく、学習、達成、人間的になることを目的とし、あらゆる制度がその目的の実現を志向するように価値の転換に成功した社会」[11]であるとした。この「学習社会」は余暇社会の産物でもあり、人々の自己実現に最高の価値をおくものであった。古代アテナイ人は奴隷制度によって学習社会を実現していたとの見解に立ち、今後の私たちも機械化により労働から解放されることによって余暇が得られ、学習社会が実現可能であると彼は主張している。

1972年、ユネスコの教育開発国際委員会は生涯教育・学習に関する報告書『未来の学習』（"Learning to be"）を刊行した。同報告書は、委員長エドガー・フォール（Faure, E.）にちなみ『フォール報告書』とも呼ばれる。「人間の身体的、知的、情緒的、倫理的統合による「完全な人間」の形成は、教育の基本的目標の広義の定義である」[12]とした同報告書の特徴は、資格や学歴や権力などの獲得を目指して学習することを、機能的目的をもつ学習という意味で「持つための学習（Learning to have）」と措定し、対立概念として「生きるための学習（Learning to be）」を打ち出した点にある。同報告書は「実際、人間は「完全な生活を目指す」ことをやめないし、完全な人間として生れようとすることをやめない。このことは生涯教育にとって有利な主たる議論である」[13]とした。そ

---

9) Hutchins, Robert M., *The learning society*. 1968, p.124.
10) 前掲9), p.124.
11) 前掲9), p.134.
12) ユネスコ教育開発国際委員会著, 国立教育研究所内「フォール報告書検討委員会」（代表 平塚益徳）訳『未来の学習（Learning to be）』第一法規出版, 1975, p.186.
13) 前掲12), p.188.

して、「すべての人は生涯を通じて学習を続けることが可能でなければならない。生涯教育という考えかたは、学習社会の中心的思想である」[14]とした。

約20年後、ユネスコ21世紀教育国際委員会は報告書『学習：秘められた宝』("Learning: the treasure within")をまとめた。これは、委員長ジャック・ドロール（Delors, J.）にちなみ『ドロール報告書』とも呼ばれる。同報告書では、学習の四つの柱として「知ることを学ぶ（Learning to know）」「為すことを学ぶ（Learning to do）」「（他者と）共に生きることを学ぶ（Learning to live together）」「人間として生きることを学ぶ（Learning to be）」が示される[15]。『学習：秘められた宝』の特徴は、『未来の学習』と同じくLearning to beを教育の柱の一つとし、「個人の人格を一層発達させ、自律心、判断力、責任感をもってことに当たることができるよう、「人間としていかに生きるかを学ぶ」のである。教育はそのために、記憶力、推理力、美的感覚、身体的能力、コミュニケーション能力といった個人の資質のどの側面をも無視してはならない」[16]とした点である。あわせて、異なる文化や思想などを互いに尊重しあい、理解しあうことを重視する「共に生きることを学ぶ」を掲げたことも特筆される。

これらはすなわち、生涯教育は人格の完成をめざすものであり、異なる文化をもつ者が互いに尊重し合い、平和的に共存するためのものであるとする。このような視座は、生涯教育・学習の思想が、平和や多文化共生までも包括し得るものであることを示すと同時に、これらの思想が、すべての人が人間としての権利をもち、一人ひとりが生涯にわたって自己実現を図っていくために不可欠な基盤となり得ることを明示したものといえる。

2.2　知識や技術の進歩への対応——働くことと学ぶこと

ラングランの議論のように、科学技術の進歩が加速化するなかで、知識・技術の更新の速度が加速し、社会への適応や社会生活で必要となる新しい知識や

---
14) 前掲12)、p.208.
15) 天城勲監訳『学習：秘められた宝：ユネスコ「21世紀教育国際委員会」報告書』ぎょうせい、1997、p.66-75.
16) 前掲15)、p.76.

技術の習得のために、一生涯学び続けることが求められるようになった。現代日本では、働くことを通して社会との関係を構築する人も少なくない。働く人々や働きたい人々にとって、知識や技術の進歩に追いつくためのこのような学習は、必要不可欠になってきている。それゆえに、働きながらの学びは、最も多くの人々が携わっているものといえるかもしれない。

典型的な理念としては、リカレント教育（recurrent education）が挙げられる。リカレント教育とは、1973年、OECDの教育研究革新センター（Centre for Educational Research and Innovation：CERI）が刊行した『リカレント教育：生涯学習のための戦略』（"Recurrent education : a strategy for lifelong learning"）においてはじめて言及された理念である。

同報告書でリカレント教育は、「義務教育もしくは基礎教育以降のあらゆる教育を対象とする包括的な教育戦略」[17]と定義され、さらに「その本質的な特徴は、個人の全生涯にわたって教育を回帰的に、つまり、教育を、仕事を主として余暇や引退などといった諸活動と交互にクロスさせながら分散することである」[18]と解説された。リカレント教育は、社会変化と業績主義のあいだにあって、単に経済活動に直結した「持つための学習」だけを目指すものでなく、個人が職務遂行やキャリア変更に必要な知識・技術を更新し、変化する社会に能動的に適応できるようになることを重視するものである。それは同時に、個人の回帰的な学びを生涯にわたって保障するという意味で、教育システムとしての生涯教育の新たなあり方を示したものともいえる。

とはいえ、このリカレント教育を実現するには、労働者が職場から離れて教育を受けることが保障されねばならない。国際労働機関（International Labor Organization：ILO）はそのため、世界人権宣言第26条に基づく「有給教育休暇に関する勧告」を採択した。同休暇は、労働時間中に一定期間、教育を目的として付与され、期間中は給付金が与えられるものとされた。だが、有給教育休暇を実施するには莫大な予算が必要であり、実現には課題も少なくない。1990

17）CERI, *Recurrent education: a strategy for lifelong learning*. OECD, 1973, p.24.
18）前掲17），p.24.

年代後半には、『生涯学習をすべての人へ』("Lifelong learning for all：meeting of the education committee at ministerial level 16-17 january 1996") に明らかなように、OECD 自体もリカレント教育から離脱していった。

日本では1989年に経済団体連合会が提言したリフレッシュ教育が、欧米のリカレント教育に近いものとされる。同教育は、企業と大学の利害関係を背景に、大学や大学院が社会人特別選抜など社会人を受け入れる体制を整えることで、実現をみた。だが、実施企業が限られること、すべての人がこのような学習機会を得られるわけではなく、学習成果が企業内で評価されにくいこと、などの課題も指摘された。

リカレント的な教育のあり方が日本で検討されるようになったのは、1990年代以降である。これは欧米に比べて導入がかなり遅れており、「有給教育休暇に関する勧告」に至っては、今日もなお批准されていない。日本には、終身雇用や年功序列など、いわゆる日本型経営といわれる伝統があり、おおかたの企業内教育がそのうえに成り立ってきた。だが、その後、労働市場の流動化により終身雇用制が崩れ、コストに見合わなくなったため、企業内教育で従来担われてきた教育的機能は外注などのかたちで、企業外へと転換されるようになったことが背景にあると考えられる。

2.3　人間解放と社会変革をめざして──人間らしく生きることと学ぶこと

生涯教育は、既存の不平等を強化し、生涯にわたって人びとを管理、抑圧する道具となる反面、社会的不利益を被る人たちを解放する力にもなり得る。このように、生涯教育が両刃の剣として機能することに注目し、後者にこそ生涯教育の意義を見出ししたのが、ラングランの後任としてユネスコ成人教育部長となったエットーレ・ジェルピ（Gelpi, E.）であった。

ジェルピは、「生涯教育は政治的に中立ではない」[19]として、生涯教育の二面性を明らかにし、社会的弱者の解放にこそ、生涯教育の意義や可能性があると

---

19) エットーレ・ジェルピ著，前平泰志訳『生涯教育：抑圧と解放の弁証法』東京創元社，1983，p.17.

強調した。すなわち、「生涯教育は、生産性の向上や従属の強化のためにとり入れられ、結果的に既成秩序の強化の具と終わる危険を内包している。だが反面、それとは異なった道を選択することによって、労働や余暇のなかや社会生活や愛情に支えられた家庭生活のなかで、人々を抑圧しているものに対する闘争に関わっていく力ともなりうる」[20]とした。そして、社会的弱者にとっては、自己決定学習（self-directed learning）こそが、抑圧に対抗する大いなる力となると彼は考えたのである。このように、社会的不利益を被る人たちを解放する力を見出す理念が、生涯教育・学習論の第三のタイプである。

このようなジェルピの主張は、ユネスコ第4回国際成人教育会議（1985年）で採択された学習権（Right to learning）宣言にも反映されている。

　　学習権とは、
　　　　読み書きを学ぶ権利であり、
　　　　質問し、分析する権利であり、
　　　　想像し、創造する権利であり、
　　　　自分自身の世界を読みとり、歴史を書く権利であり、
　　　　教育の機会に接する権利であり、
　　　　個人的・集団的技術をのばす権利である。
　　成人教育パリ会議は、この権利の重要性を再確認する。
　　学習権は未来のためにとっておかれる文化的ぜいたく品ではない。
　　それは、生存の問題が決着したあとにのみ、得られるものではない。
　　それは、基礎的欲求が満たされたあとの段階で得られるものではない。
　　学習権は人が生きのびるのに、不可欠なものである。（中略）
　　しかし学習権は、単なる経済的発展の手段ではない。それは、基本的権利のひとつとして認められなければならない[21]。

20）前掲19），p.16.
21）藤田秀雄改訳「学習権　第4回ユネスコ国際成人教育会議宣言（1985年）」，藤田秀雄編著『ユネスコ学習権宣言と基本的人権』教育史料出版会，2001，p.11.

ここに、学習権はどのような国においても、すべての人に保障されるべき基本的人権であり、人類の生存にとって不可欠であることが確認されたのである。そして「学習活動は、あらゆる教育活動の中心に位置づけられ、人間を、できごとのなすままに動かされる客体から、自分たち自身の歴史を創造する主体へと変えるものである」[22]とし、学習権は、自己解放や変革の可能性と結び付けて捉えられているのである。

　1997年の第5回国際成人教育会議では「成人の学習に関するハンブルグ宣言（The Hamburg declaration on adult learning）」が採択された。冷戦構造崩壊後、初めて開催された同会議におけるハンブルグ宣言は、人権の尊重と持続可能な開発、及び市民性（citizenship）の涵養と市民参加の観点から、次のように、成人学習の必要性を説いている。

　　成人教育は一つの権利以上のものになる。つまり成人教育は21世紀への鍵となる。成人教育は行動的な市民性が生み出したものであり、また社会における完全な参加のための条件でもある。地球環境上持続可能な開発を強化するために、民主主義、正義、男女間の公正さを、そして科学と社会と経済の発展を促進するために、さらに、暴力的対立が対話と正義にもとづく平和文化に置きかえられる世界を築くために、成人教育は強力な概念である。成人の学習は主体性をつくり、人生に意味を与えることができる。生涯を通じた学習は、年齢、男女間の平等、障害、言語、文化、経済的不均衡の要素を反映した内容について再考することを伴う[23]。

　「この会議は、パウロ・フレイレに敬意を表して、識字の10年が1998年に開始されることを歓迎する」[24]と、同宣言にもパウロ・フレイレ（Freire, P.）の影響が反映されている。フレイレは1960年代から、ブラジルやチリなどで成人識

---

22) 前掲21)，p.10.
23) 堀尾輝久，河内徳子編『平和・人権・環境教育国際資料集』青木書店，1998，p.510.
24) 前掲23)，p.513.

字教育に取り組んだ人物である。彼は、世界システムの周辺国のなかで、さらに周辺に置かれている社会的弱者の人間解放を支援しようとしたとも言える。そのためにフレイレは意識化を重視し、課題提起学習を推奨したのである。さらに彼は対話を重視し、「沈黙の文化」のなかに埋没させられている人たちが自己解放と相互解放へと向かうような識字教育実践を展開した[25]。

フレイレもまた、「教育はほんらい、指示的で政治的な行為であらざるをえ」[26]ないとし、だからこそ、教育者は倫理性が必要だとする。そして「被抑圧者は、自らを解放することをとおして抑圧者を解放する」[27]とし、ここに教育の可能性が示されている。

2.4 知識基盤社会への対応——知とつきあうことと学ぶこと

冷戦崩壊後にはグローバリゼーションが世界を席捲し、各国において、従来の学習社会論は知識基盤社会論に大きく取って代わられるようになった。この動きに多大な影響を与えたのはOECDである。OECDは1990年代半ば以降、リカレント教育から「生涯学習」へと機軸を転換している。そのキーワードが「知識基盤社会」なのである。

OECDが近年、実施する「学習の成果」調査には、初等・中等教育の生徒を対象とするPISA、高等教育に焦点を当てたAHELO、成人のキー・コンピテンシーの存在を提起したPIAACなどがある。キー・コンピテンシーとは、(1)相互作用的に道具（知識、情報、技術など）を用いること、(2)異質な集団で交流すること（他人と良好な関係を結ぶ、協力するなど）、(3)自律的に活動すること（アイデンティティをもつ、権利やニーズなどの表明、計画し実行することなど）の三つのカテゴリーによる、新たな能力の考え方である[28]。

そこでは、知識の獲得能力よりも、活用能力に重点がおかれること、社会生活においても、雇用市場の流動化等とともに、ナレッジワーカー（ピーター・ドラッ

---

25) パウロ・フレイレ著，小沢有作，楠原彰，柿沼秀雄，伊藤周訳『被抑圧者の教育学』亜紀書房，1979．
26) パウロ・フレイレ著，里見実訳『希望の教育学』太郎次郎社，2001，p.109．
27) 前掲26)，p.125．

ガー）のように自分で課題を見出し対処する人材が、重視されるようになったことなどが特筆される。また、従来のフォーマル教育以外の教育の成果をも可視化し評価しようとする点や、自分一人ではなく、他者との協力・交流する力をも含めて捉えている点が、キー・コンピテンシーの挑戦的試みであるといえる。

さらに、2009年、ベレンにおいて第6回国際成人教育会議が開催された。ハンブルク会議以降、引き続き、市民団体も参加している。同会議においては、貧困の軽減、平等、持続可能な社会、知識基盤社会を構築するうえでの公平さと包括性を達成するために、生涯学習において成人教育が重要であることが、改めて強調された。同会議ではまた、成人識字に関する勧告が行われた。そこでは、2015年までに非識字率を2000年の水準から50％減少させるための努力の強化が明記され、EFAの目標達成が、改めて確認された。

以上のように、OECDにおいても、ユネスコ国際成人教育会議においても、両方とも、知識基盤社会の構築、およびそれへの対応としての生涯学習の重要性は認識されている。この点では、両者の立場は一致したものである。とはいえ、キー・コンピテンシーのいう他者との協力・交流する力は、目的遂行のためのものであり、第2節2.1の他者との相互理解とは深意の異なる場合がある。また、ノンフォーマルやインフォーマル教育の内容は、各人のおかれた環境や立場などに左右されるところが少なくないことから、それらの成果を可視化し、評価することは、時に、平等や公平と矛盾をきたす。つまり、ごく単純化していえば、知識基盤社会の構築とその対応において、OECDでは生涯学習を通した経済的効果が重視され、国際成人教育会議では人権や平等、公平さに基づいて生涯学習が志向されている点[29]が大きく異なる。一方で経済至上主義的な志向性、他方で人権、平等、公正などの諸価値が、現実の社会において必ずし

28）文部科学省のウェブサイトでは、PISA（Programme for International Student Assessment）は「生徒の学力到達度調査」、AHELO（Assessment of Higher Education Learning Outcomes）は「高等教育における学習成果の評価」、PIAAC（Programme for the International Assessment of Adult Competencies）「国際成人力調査」と訳語があてられている。http://www.mext.go.jp/b_menu/toukei/data/．及び，http:www.mext.go.jp/a_menu/koutou/shitu/1341802.htm．（参照2014-2-7）。また、キー・コンピテンシーについては、第9章のコラムを参照。

も相容れるものではないことが、両者の齟齬を生み出しているといえるかもしれない。

③ おわりに

本章でみてきたように、生涯学習は私たちに自己実現、他者との相互理解や生きる知恵、働くことや経済活動に関わる資質・能力や喜び、人間として人間らしく生きることへの指針やそのために社会をどう変えていくべきかの思想など、多くのものをもたらしてくれる。そして、今後、教育の市場化とグローバル化の進展を背景に、インフォーマルやノンフォーマルを含む、あらゆる学習の成果を評価・可視化するOECDの取り組みは推進され、各国の政財界からも支持され推進されていくであろう。

日本でも、2008年、中央教育審議会は「幼稚園、小学校、中学校、高等学校及び特別支援学校の学習指導要領等の改善について（答申）」で、「①知識には国境がなく、グローバル化が一層進む、②知識は日進月歩であり、競争と技術革新が絶え間なく生まれる、③知識の進展は旧来のパラダイム転換を伴うことが多く、幅広い知識と柔軟な思考力に基づく判断が一層重要になる、④性別や年齢を問わず参画することが促進される」[30]としている。このように知識基盤社会の到来が認識される中、OECDの提起する学力指標への注目度は高まっていくことが予測される。

他方、OECDが「生涯学習」に切り替えたこととと前後して、世界貿易機関（World Trade Organization：WTO）が成立し、「サービスの貿易に関する一般協定（General Agreement on Trade in Services：GATS）が発効した。WTO事務局ノートには、基礎教育も教育市場から除外されないと明記されており、生涯学

---

[29] 例えば、成人の学習に関するハンブルグ宣言は、「人権への全面的敬意にもとづいた、人間中心の開発と参加型社会だけが、持続可能で公正な発展に導くと再確認する。（前掲23），p.510.）」としている。
[30] 中央教育審議会『幼稚園、小学校、中学校、高等学校及び特別支援学校の学習指導要領等の改善について（答申）』平成20年1月17日，p.8．

習がグローバルな市場に巻きこまれていることは明らかである。このことから、生涯学習が既存の不平等を強化し、「人権思想の消失した世界」[31]へと進むことを懸念する指摘もある。

　ジェルピの指摘のように、生涯教育・学習は「抑圧と解放の弁証法」である。時代状況や社会変化が私たちに課す過酷な挑戦や課題を一人ひとりが慎重かつ冷静に受け止め、人間として生きるために学ぶなかで、私たちは生きることを学ぶ。場合によって、学んだ結果が抵抗や変革につながることもあるが、それも生涯学習である。

　その可能性の一つが、本などを通した自己学習であり、語りであり、グループ学習である。確かに、おとなの学びは先行強化といわれる傾向がある。だが、だからこそ、自分の嗜好や思想などにあわない類の本や、世間の流行に左右されない本も多数揃え、ワークショップなども開催する一方で、地域の情報庫や生涯学習の拠点として役割を果たす図書館の意義は、これからますます大きくなっていくといえるだろう。日々の読書や語り合いのなかに、このような学びの可能性を見出していくことこそが、明日を拓く学びへの第一歩になるのではないだろうか。

参考文献

CERI, *Recurrent education: a strategy for lifelong learning*, OECD, 1973.
ユネスコ教育国際委員会著，国立教育研究所内「フォール報告書検討委員会」（代表　平塚益徳）訳『未来の学習』第一法規出版，1975.
ポール・ラングラン著，波多野完治訳『生涯教育入門』全日本社会教育連合会，1980.
パウロ・フレイレ著，小沢有作，楠原彰，柿沼秀雄，伊藤周訳『被抑圧者の教育学』亜紀書房，1979.
エットーレ・ジェルピ著，前平泰志訳『生涯教育：抑圧と解放の弁証法』東京創元社，1983.
天城勲監訳『学習：秘められた宝：ユネスコ「21世紀国際委員会」報告書』ぎょうせい，1997.

---

31) 福田誠治「グローバリズムと学力の国際戦略」『教育学研究』日本教育学会第75巻第2号 2008，p.49.

■□コラム□■

「持つための学習」と「○○力」

　現代社会には「持つための学習」が氾濫している。「資格を持つ」「学歴を持つ」など、何らかの経済的、社会的、政治的恩恵を将来もたらしてくれるであろうことを期待した学習である。しかし、「持つための学習」が増えれば、その成果である資格や学歴も氾濫する。資格や学歴を持つ人が2倍になれば、それらの社会的・経済的・政治的な価値や効用は、半減する。将来に備えるには、さらなる資格や学歴が必要となり、資格や学歴がさらに氾濫する。こうして「持つための学習」の競争は、長期化し、ある種の悪循環となり、人々は生涯、漠然とした強制力を感じ続けることになる。

　近年では、「持つための学習」の到達目標が、「○○力」という表現で示されることが多い。「就業力」「女子力」「コミュニケーション力」などがメディアで喧伝され、それらの獲得を掲げた講座なども多くみられるようになった。

　とはいえ、「○○力」は、いわゆる資格や学歴といった従来型の「能力」とは異なる側面を持つと思われる。両者はどんな点が異なるのか、喜戸理恵『「コミュニケーション能力がない」と悩む前に：生きづらさを考える』(岩波書店、2011年)というユニークなタイトルの本を手掛かりに考えてみよう。

　第一に、従来の「能力」は、一定の基準のもと、数値で「測定することが容易」だが、「○○力」には「基準を設定することが困難」である点である。前者は「～できる」という「業績達成」を示すが、後者はより「～である」という「属性」に関わってくる。

　第二に、「能力」は個人が持つものだが、「○○力」は文脈依存的な要素に左右されるにもかかわらず、「個人の中に固定的に措定する」点である。

　よって、このように、「測定不能でどうやって身につけるか分からない曖昧な『能力』」(例えばコミュニケーション能力)も、「『能力』と言われる以上、個人が持つものとされ、優劣やある／なしという価値判断を被」るため、「実際には個人の裁量ではどうにもできないかもしれないもの」を、個人の問題とみなしてしまうという問題が指摘される。

　これらをふまえると、私たちは日々、測定困難で場や相手によって変わる曖昧な能力を、あたかも測定可能で個人が持つ確固たる能力と取り違えて一喜一憂する、という誤謬に陥っているようにも思えてくる。とはいえ、○○力の有無が社会的達成などと連結すれば、それを身につけようとするのは人の性であろう。そしてそのニーズをうけ、○○力を身につけるためのハウツーが多様なメディアを通して発信されるのも当然の成りゆきである。だが、こういった○○力を身につけるためのハウツーが広ま

るほど、○○力を固定化し、ひいては一人ひとりが培ってきた世界観や知を過小評価し、他者理解を他者評価に陥らせてしまわないだろうか。さらには、他者への寛容や多様性の寛容・理解とは正反対の方向に社会がすすみはしないだろうか。この意味では、キー・コンピテンシーの謳う「人生の成功と正常に機能する社会の実現を高いレベルで実現する個人の特性」という考え方をも、問い直してみる必要があるだろう。

【参考文献】喜戸理恵『「コミュニケーション能力がない」と悩む前に』岩波書店, 2011年.

(飯田優美)

第2章　日本における生涯学習・社会教育の特質

　現在、「生涯学習」という言葉は広く使われるようになっている。しかし、実際の使われ方をみると、その意味するところは多様である。単に「社会教育」の汎用ないし代用として、あるいは依然として学校教育との対比で使われる場合も見受けられる。他方、「社会教育」「生涯学習」ともに、行政用語として限定的に捉えられることもある。

　このような「生涯学習」という言葉をめぐる現状は、近代日本における「社会教育」の位置づけられ方に規定されることが大きい。西欧において労働教育や民衆教育をもとにして発達した「成人教育」と、日本における「社会教育」は異なる姿をとっている。これは、近代社会の形成が、双方において異なるあり方を辿ったからである。

　本章ではまず、「社会教育」が日本においてどのようにして成立し、広がりをみせたのか、またそれがどのような変遷のなかで「生涯学習」となっていったのかを概観し、日本における特質を考えることとしたい。

1　近代日本の社会教育

1.1　近代日本と教育

　福沢諭吉の『学問のすゝめ』が初めて出された1872（明治5）年、「学制」が公布され、近代日本における学校教育がはじめられることになった[1]。すでに

---

1) 京都府では、明治初年にあたる1868年に早くも小学校設立の告諭が出され、町組を単位に「番組小学校」として整備された。全国に先駆けた京都博覧会を見学に来た福沢諭吉はこの番組小学校について詳しく取材している。

この前年には「全国の人民を教育し其道を得せしむる」ために文部省が創設され、また、学制発布の前日には、学問を「財本(もとで)」と呼び、教育の必要性を強調した「学事奨励に関する被仰出書」が出された。

『学問のすゝめ』の冒頭には、「天ハ人ノ上ニ人ヲ造ラズ、人ノ下ニ人ヲ造ラズ」との原則に対し、現実においては「カシコキ人」と「オロカナル人」、「貴人」と「下人」の区別があり、それがどのようにして生まれるのか、との問いに「学ブと学バザルニヨル」と一見「功利的」に「学問のすゝめ」を説いている。しかし、これは職業や社会的地位が生まれによって決まっていた身分制社会からの脱却をも示し、教育によって「生まれ変わり」が実現する社会のしくみをも予見しようとしていた。漸次、出版されたこの本は、当初は異論も出されながらも、広く人々に読まれていった。

フランスに範をとったといわれる急進的な教育制度は、北条県（美作）の学制反対一揆に代表される民衆の攻撃の的ともなったが、教育令、改正教育令を経て、森有礼によるいわゆる学校令（1886年公布の帝国大学令、師範学校令、小学校令、中学校令、諸学校通則）をもとにやがて制度として定着化していった。急速な義務教育の実施は、「富国強兵・殖産興業」のための「上からの近代化」の一環であったが、実際に地域で教育を実施した人々にとっては、自由民権運動の存在も大きな影響をおよぼした。高知を一大拠点としながらも全国に波及した同運動によって、全国各地で政治演説会、自由懇談会、憲法研究会、公開討論会、読書会などが開かれ、後の「図書館」に相当する書籍館、文庫や新聞縦覧所などの読書施設も設けられた[2]。

「学校」「図書館」「博物館（博覧会）」は近代の文明化の装置として重要視されたが、特に政府と民権運動の対抗のなかで、学校は双方の拠点となった。両者は、西欧社会を理想の「文明」と捉え、教育を媒介に「文明」をいち早く取

---

2) 黒崎勲「義務教育発足の理想と現実」『新視点日本の歴史』第6巻, 佐々木隆爾, 山田朗編, 新人物往来社, 1993, p.62-67. 図書館では「湯島博物館」内に書籍館が1872（明治5）年に設立され、翌年には京都集書院が設けられた。全国的な展開をみせるのは日露戦争期で、例えば香川県立図書館の前身「征露記念図書館」などが挙げられる。東條文規『図書館の政治学』青弓社, 2006.

り入れることを主眼とした点において共通していた[3]。「野蛮」から「半開」を経て「文明」に到る「発展」の梯子を時間軸にそって歩むという「文明意識」は広く知識人に共有されていた。その発展は、文明＝西欧、半開＝アジア、野蛮＝アフリカ・オーストラリア、と世界地図の上に横倒しに投影された。この梯子を登るカギがひとえに、学校教育にかけられたのである。このため、やがて教育の意義を広めるための施策が展開されるようになる。

1.2　通俗教育から社会教育へ

　政府が行う学校以外の教育は「通俗教育」とよばれ、1886（明治19）年より文部省学務局第三課の分掌となっていた。しかし、当初の内容は講話会を持ち就学を奨励する学校教育の啓蒙活動が主であった[4]。村々においても、小学校教育が生産生業に優越し、やがて就学率が上昇するようになった[5]。

　これと同時に三大節（天長節・新年拝賀式・紀元節）は学校内儀式行事として定着し、海軍紀念日、陸軍紀念日の軍事行事、それに類する運動会（遠足）、修学旅行も日露戦争後に確立していった。さらに在郷軍人会、青年会などとの協力のもとに小学校が村落内軍事行事の拠点となっている。これは、行政村において小学校が中心となり国家的生活時間を確立する過程であり、そのことに在郷軍人会や青年会など、これも日露戦後に整備・拡充された村内社会集団が深く関わっていったことを表す。

　日露戦争は、動員の規模、近代的兵器の大規模な使用など、第一次世界大戦につながる画期となる戦争であった。この大規模な戦争の遂行には、兵士の命

---

[3]小谷汪之は、西欧的近代は「異文化」を破壊することを「文明化」と名付けたと指摘している。小谷汪之『歴史の方法について』東京大学出版会，1985．
[4]福沢の薫陶を受けた山名次郎によって1892（明治25）年には日本で最初の社会教育の理論書といわれる『社会教育論』が刊行され、一般には「社会教育」の語も用いられていた。
[5]例えば静岡県長田南尋常小学校（当時は安倍郡長田村）においては、1900年度の一番茶の繁忙期にあたる5月上旬では、欠席者が出席者を上回る日（5月4日では出席者200人、欠席者243人）が出るほど欠席率が高いが、1912年5月3日では出席者651人、欠席者137人と減少していく様子が分かる。岩田重則「日露戦後期における民衆統合：小学校校務日誌を通して視た」『歴史評論』425号，1985, p.46-47.

だけでなく多くの犠牲が求められた。相次ぐ増税と戦争動員は、戦後、民衆の疲弊と不満に結びついたため、政府はこれを克服すべく「戊申詔書」を発布し、国民教化と生活改善運動を展開した。内務省が主導した同運動は「地方改良運動」と呼ばれ、このなかで地方再編のために教育分野では義務教育の延長、国定教科書の改訂とならび通俗教育の本格化が志向された。日露戦後におかれた近代日本の国際状況は新たな国民統合を必要とし、教育の拡充、すなわち通俗教育の強化と後には社会教育への発展を必要とした[6]のである。

このため戦争直後の1905（明治38）年9月、文部省は通俗教育に関する調査委員会を設け、地方青年団体の改良、通俗講話会・補習学校・図書館の改良を検討し、翌年に各府県に通俗教育奨励の通牒を発し、小学校の開放と利用を促した。1907年には、青年会・処女会などの年齢集団の組織、補習学校・青年夜学会の普及、図書縦覧施設・通俗講話会開設、善行者表彰、学校儀式への卒業生参加呼掛け、一般儀式会合での教育勅語奉読などが同様に府県に通達された。さらに資本主義の成立とともに労働運動が拡大し、その対策の一環として位置づけられた社会主義者の大弾圧事件である大逆事件を契機に1911（明治44）年に通俗教育調査委員会を設け「危険思想の消防」を通俗教育に期待している。

やがて1914（大正3）年に第一次世界大戦が勃発すると日本は参戦した。同大戦で、西欧諸国と西欧資本主義が空前の惨禍を被った一方で、日本国内の産業が急成長した結果、日本資本主義は急成長を遂げた。このなかで、労働運動や普選運動などの民衆運動の台頭、都市中間層をもとにした都市文化の成立と、農村社会の変容は、新たな教育対策を必要とした。また、第一次世界大戦の終結をもたらしたロシア革命の影響は大きく、さらにシベリア出兵がもたらした米騒動は、社会に大きな衝撃を与えた。

このため1919（大正8）年には内務省に社会課が設置され、翌年社会局へと拡大された。同年には社会教育関係を統括するため文部省第四課が設置、各府

---

[6] 有泉貞夫「明治国家と民衆統合」『岩波講座　日本歴史17近代4』朝尾直弘ほか編、岩波書店、1976、p.225-226、p.230-232。より直接的には、戦争遂行に講話会など通俗教育が機能したこと、また、大規模な近代戦争が兵士の知識・精神力を必要とし、義務教育修了者の補習教育の強化と、若者組などの従来の伝統的な年齢集団の改良を求めたことにあった。

県には社会教育主事が特設された。1921年に正式に通俗教育が社会教育と改称、1924（大正13）年には社会教育課として拡充された。ここで第四課課長として「社会教育行政の先駆的開拓者」[7]となったのが第一次世界大戦後の西欧社会を視察した乗杉嘉寿である。乗杉は拡大した民衆運動に政策的統制を加えるべく「博物館・図書館行政から始まり、青年団指導、実業補習教育、融和教育にいたるまで幅広いエリアで、国民教化活動を発揮」[8]した。

　1910年代には自由教育運動が都市部の私立学校（成城小学校や自由学園など）、師範学校附属小学校（奈良女子高等師範学校附属小学校など）を中心に広がったが、1920年代に入ると、日本初のメーデーに始まり、新婦人協会の活動、日本労働総同盟、日本農民組合、全国水平社、日本共産党の結成など民衆運動が高揚し、「大正デモクラシー」と呼ばれる社会状況が出現した。ここでは、労働学校や農民学校、水平社青年同盟などの自己教育運動が生起し、地方においても青年団自主化運動や自由大学運動が展開した。

　このような状況は、新たな社会対策と民衆統制の必要性を政府や地方行政の主導者に実感させることにつながった。例えば、1922（大正11）年の全国水平社の成立は、各地域の被差別部落での水平社の結成を促したが、結成の翌年には教育・宣伝活動として巡回図書館などの文化活動や少年・少女、婦人、青少年への活動育成が提起されている。このため1925（大正14）には全国水平社創立者の一人である西光万吉を部長に教育部を設置し、演説会、町村民大会、講習会、弁論会などの組織的な教育運動を開始した。先述した内務省社会局は部落改善を管掌していたが、水平運動が広がりをみせるとこれに対抗するように部落改善政策を拡大し、やがて中央融和事業協会を設立し、成人層に対しても融和教育（1941年より同和奉公会に改組、同和教育と改称）を展開していった[9]。

---

[7] 国立教育研究所編『日本近代教育百年史』第7巻，p.756.
[8] 相庭和彦『現代生涯学習と社会教育史』明石書店，2007，p.59.
[9] 村上博光「成人に対する融和教育の形成過程」『教育学研究』38号3巻，1971，p.32-33，関口寛「再される帝国と被差別部落」『近現代部落史：再編される差別の構造』黒川みどり・藤野豊編，有志舎，2009，p.98.

1.3 「公民」から「皇国民」へ

　近代日本の教育史は、近代教育の成立と普及—「大正デモクラシー」の展開—ファシズム期の停滞—戦後期の民主教育の進展、と描かれる場合が多い。これに対応して、国民形成は、「臣民」—「公民」—「皇国民」—「日本国民」と変遷したとされる。

　明治維新は、西欧の近代化を取り入れるために、伝統的な社会・文化などを作り変えていった過程であり、早急な近代化は、伝統的な共同体秩序を破壊していくため、民衆の支持を得ることが難しく、新たな秩序をどう組み立てていくかが大きな課題となった。学校が教育機能だけでなく共同体の統合機能を分担したのもこのためである。このなかで学校教育だけでなく共同体秩序の再構築の手立てとして、日本独自の「社会教育」が求められた。村の伝統的な教育機能である若者組などが解体され、青年団や処女会（女子青年団）などに組み替えられ、学校以外の教育作用を社会教育として動員したのである。このため教育を所轄する文部省とならび内政（地方行政）、治安を担当した内務省が社会教育を担った。

　しかし、資本主義が成立し、植民地を獲得するなどの「帝国」への道を歩み始めると、自らが「国民」としての意識を備え、「自治」を担う「公民」が必要になる。普通選挙による選挙権の拡大と公民教育の必要性が、次に社会教育に課せられた新たな課題となった[10]。文部省社会教育課が設置され総力戦となった第一次世界大戦後の西欧社会を視察した乗杉がその中心となったが、社会教育の主体は政府だけでなく政党などの政治勢力、さらにはジャーナリズムにも及んだ。新聞の拡大、総合雑誌の発刊のほか、この時代に入って電波メディア（ラジオ、やがて戦後にはテレビ）が登場した[11]。

　「大正デモクラシー」と呼ばれる社会運動の勃興と、それを支える大衆が出現したが、1920年代以降には経済恐慌が相次ぎ、大衆の欲望をコントロールす

---

10) 公民教育は最初に実業補習学校に取り入れられ、1931年より中等学校において公民科として設置される。1947年、学校教育法施行により社会科となるが、1969年に公民分野として復活する。
11) 京極純一『日本の政治』東京大学出版会, 1983, p.75.

る時代を迎えることになった。教育の大衆化は高等教育・中等教育の拡大を導いたが、中等学校進学者が増加すると村々のなかに浸透してきた社会教育機能を動揺させるようにもなった。都市部を中心に広がりをみせた自由教育はこのなかで村民との緊張をはらみ、不況が本格化するなか、綴方教育運動が展開され、文部省は郷土教育振興をはかった。また1932（昭和7）年からは農山漁村経済更生運動が展開されるようになり、恐慌のなかで農村再建のため、小学校、補習学校を中心に「全村学校」が広がった。1931（昭和6）年の満州事変以降、15年戦争とも呼ばれる戦争の連鎖は、教育、なかでも社会教育の動員によって支えられた[12]。

特に1935（昭和10）年以降の教学刷新運動は、「滅私奉公」をスローガンに国民道徳を地域に浸透させるべく青年学校を義務化し、同様に「皇国民の錬成」がうたわれた。総力戦による「高度国防国家」の建設がスローガンとなり、国民教育の再編が急がれたのである。青年学校は高度国防国家に欠かせない兵士と労働力養成の場であり、「公民」「皇国民」としての青年層の教育は重視された。また、台湾、朝鮮の植民地でも「皇国臣民ヲ育成スル教育」が実施され、植民地からも兵力を補充する徴兵令の実施に備えられた。

1937（昭和12）年、日中戦争開始直後に文部省社会教育局は廃止され、教学局が組織された。また1941（昭和16）年、「皇国ノ道ニ則リテ普通教育を施シ国民の基礎的錬成ヲ為ス」目的で国民学校令が出された。これは旧来の小学校を、「地域・家庭との連関のもとに再編成しようとする試み」[13]であり、学校教育と社会教育の統合を企図していた。この年の太平洋戦争の開始によって「大東亜共栄圏」の確立が目指され、国家総動員体制の樹立がすすめられた。

---

12) 堀尾輝久は「社会教育は、教育機会の拡大・自主性・平等性等、民主的な名目のもとに実は大衆の民主主義にたいする主体的契機の未熟さを利用し、その成長を未然に防ぐという、いわば民主主義の空洞化のためにきわめて重大な任務を負わされた」と指摘する。堀尾輝久『天皇制国家と教育』青木書店，1987，p.295.
13) 寺崎昌男『総力戦体制と教育：皇国民の「錬成」の理念と実践』東京大学出版会，1987，p.336.

② 戦後日本の社会教育と生涯学習

2.1 社会教育法と公民館

　敗戦に伴う日本の占領は、戦争の惨禍を残しながらも、旧来の支配構造を温存しており、「間接統治」[14]による占領体制がとられることになった。そのため最初の教育改革は文部省自らが軍国主義の払拭と国体護持（天皇中心の政治秩序）を組み入れた「新日本建設の教育方針」（1945年9月15日）を出すことから始められた。

　しかし、連合国軍最高司令官総司令部（General Headquarters, the Supreme Commander for the Allied Powers：GHQ）が幣原内閣に示した「五大改革指令」（婦人の解放・圧政的諸制度の撤廃・教育の自由化・労働組合の結成・経済の民主化）をもとに教育の民主化がはかられることになった。すでにアメリカは戦時中に戦略局が「日本の行政・文部省」を作成し、軍国主義的な教育諸制度を解消することを決定していた[15]。具体的な教育管理としては、軍国主義、極端な国家主義排除のための教職追放、国家神道に関わる教育・支援の禁止、修身・日本歴史・地理の授業停止などが指令され、アメリカ教育使節団によって新たな教育制度として3年の義務制の下級中学の設置（6・3制）や教育委員会制度などが提案された。

　社会教育に関しては、文部省教学局を廃止し、社会教育局を再設置することから始められた。新たに制定された教育基本法において「社会教育」（第7条）が規定され、1949年に社会教育法が制定されることになった。これによってすでに「公民館の設置運営について」（地方長官あて通牒）によって動きだしていた「公民」館が法制上に位置づけられた。社会教育・社交娯楽・自治振興・産業振興・青年養成機関として「多方面の機能をもった文化施設として」[16]公民

---

14) ただし、敗戦当時の日本のなかでは、朝鮮半島・南樺太・千島列島・奄美諸島・琉球諸島・小笠原諸島はソビエト軍、アメリカ軍の直接統治下におかれた。
15) 雨宮昭一『占領と改革』岩波書店, 2008, p.41.
16) 寺中作雄『社会教育法解説　公民館の建設』国土社, 1995, p.191.

館が各町村に設置されることとなったのである。この政策の中心となったのが元内務官僚で社会教育課長であった寺中作雄である（詳細については第10章参照）。ただし、社会教育法制定にあたっては先行する社会教育施設である図書館、博物館を含めた総合的な法律案も浮上し「博図館構想」も持ち出された[17]が、図書館法は1950年に、博物館法は1951年に公民館とは別に施行された。

　この間、戦後の社会において知識人による教育文化運動が活発化していた。中井正一の尾道市立図書館をはじめとする図書館活動、新村猛を中心とする京都人文学園、また鎌倉アカデミアや青年文化会議が結びついた三島の庶民大学などの活動が繰り広げられ、これと交代するように農村において青年学級運動が広がった。これら1940年代後半の運動は、1950年代に入ると労働者のサークル運動や生活記録運動、また国民的歴史学運動など多様な形をとるようになっていった[18]。

　戦後まもなく公民館という独自の社会教育施設を創設したことは日本的な特徴だとされている。それは都市部を中心とした成人教育が発達した西欧社会に対し、日本の社会教育は農村を基盤とし、それを戦後も継続したことを表している[19]。約700万人ともいわれた植民地・支配地に送り出していた人々が敗戦後、引揚げ・復員してくると、農村は人口のプール場所ともなり、ドッジラインの強行は農村へのさらなる人口還流を加速させた。農村中心の社会教育政策はこのような状況にもとづいて生み出されたのである。

　1945年11月13日の文部省社会局の通達「一般壮年層に対する社会教育実施要領に関する件」は、戦前に組織化された各教化団体の活動を促し、また占領改革の前提となる民衆意識の変革（啓蒙）には「地域的には部落常会又は町内常会等を活用」することが明示された点で重要である。これは戦前に整備された教化団体と地域住民を行政の末端に位置づけた町内会・部落会・隣組の利用を企図していた。このため官公庁の「ノーサポート・ノーコントロール」の原則

---

17) 木田宏監修『証言　戦後の文教政策』第一法規出版社，1987，p.157．
18) 『総特集　戦後民衆精神史』『現代思想』35巻17号，2007，p.205-229．
19) 町組（学区）が独自の政治機能を持ち学制より早期に番組小学校を創設した京都市において公民館がほとんどみられないのはこのことを象徴すると考えられる。

を打ち出しているが、教育基本法が社会教育を広くとらえているのに対し、社会教育法では組織的な教育活動として狭くとらえ、1959（昭和34）年の改正では、社会教育団体への補助金交付の道を開き、「公の関与」が表面化した。

また、「皇国民の錬成」が「民主主義の改革」に置換えられたとはいえ、官制を通じた「啓蒙」「教化」の側面をもっていたことは明治の「文明化」の状況を想起させる。この意味において、社会教育は占領政策にとっても有益にとらえられたと考えられる。「公民館」を「民主主義の学校」として活用すれば、地域の末端にまで政策浸透が期待できたのである（本章コラム参照）。

2.2　社会教育と生涯学習

1950年代半ば以降、教育二法案、勤務評定など相次いだ教育をめぐる政治対立は、戦後のみならず近代日本における教育の政治性と社会との結びつきを象徴している。新たな6・3制は、中学校卒業者が町や村に残ることで、小・中学校（教員）と強く結びつき、新しい社会活動を展開する基盤となっていた。しかし、その後の高度経済成長は、日本の社会構造を大きく変化させ、なかでも学校教育を媒介として社会移動がおこり「教育爆発」と呼ばれる進学率の上昇は「学歴社会」意識を浸透させた。また大規模な都市部への人口移動は新たな教育文化を生み出し、教育需要が多様化していった。

ラングランが提唱した「生涯教育」論は、1965年にユネスコ成人教育委員会に出席した波多野完治の手で国内に紹介されたが、その後、「生涯教育」「生涯学習」をめぐって政府・産業界と民主的社会教育の研究者・実践者のせめぎ合いが展開された[20]。生涯教育が日本において政策過程に上がるのが1971（昭和46）年の社会教育審議会答申においてである。同答申で生涯教育は、社会教育の再編概念として位置づけられたが、経済政策や産業界でも高度経済成長を支える人材育成策の鍵として用いられるようになった。中曽根内閣における臨時教育審議会（1984～87年）において「生涯学習体系化への移行」が打ち出され

---

20) 渡邊洋子「日本における『生涯学習』概念の検討」『生涯学習体系化と社会教育　日本の社会教育第36集』日本社会教育学会編，日本社会教育学会，2002，p.178-189．

たが、そこでは、「学校体系の肥大化に伴う弊害」や「学校中心の考え方から脱却」が指摘され、学校の多様化・自由化、学校週5日制等の政策化とともに、「自由な学習者」をキーワードとして教育文化産業や通信教育などを軸とする市場原理の導入がはかられた。

臨教審路線は「『学校のスリム化』を積極的に推進する一方で、それに伴うさまざまな弊害へのセーフティネットとして生涯教育を考えた」[21]ともいえる。生涯教育概念は、教育を本来「生涯にわたっていとなまれる営為」とみなし、近代学校教育への批判的視点を可能にする。他方、当初、生涯教育の導入が「生涯にわたる国民の内面の国家管理」につながりかねないとの危惧が示されたこととも合わせ「この制度化に伴う国家的イニシアティブの強大化は、『国家のイデオロギー装置』の拡大再生産をひきおこす」[22]ことにつながる側面も否定できない。

1986（昭和61）年、松下圭一[23]によって『社会教育の終焉』が出版された。「なぜ、日本で、〈社会教育〉の名によって、成人市民が行政による対象となるのか、という問題である。国民主権の主体である成人市民が、国民主権による『信託』をうけているにすぎない、道具としての政府ないし行政によって、なぜ『オシエ、ソダテ』られなければならないだろうか」との彼の問いは、生涯学習への移行期に大きな反響をよんだ。

「成人市民」という言葉で市民社会の成熟を示唆し、「行政社会教育」の役割は終わったとする松下は、行政が社会教育を担い続ける事態を「『生涯教育』という言葉の導入とあいまって、成人市民は、生涯、日本の文脈では、行政による教育対象にとどまることが想定されることになった」（傍点筆者）と批判的に捉えた。

この松下の「終焉論」に対する社会教育関係の研究者・実践者の反応は、いくつかに分かれた。松下の提起に真っ向から反対するもの、その議論は都市部

21）岩永雅也『現代の生涯学習』放送大学教育振興会，2012, p.73.
22）前平泰志「解説」『生涯教育：抑圧と解放の弁証法』エットーレ・ジェルピ著，前平泰志訳，東京創元社，1983, p.258-261.
23）松下は、自治体改革、地域民主主義、シビルミニマム論の提唱者で、政治学者でもある。

には該当すると部分的に同意しつつも、農村部には該当しないと反論するもの、松下の社会教育理解に異議を唱え、個別的な反論を行うもの、松下の議論は検討の余地なしと無視するもの、などである。宮坂広作に代表される[24]これらの反論は、都市型（市民）社会のあり様や近代日本の教育の歩みを問い返すうえで重要な論点を含むものであったが、以後、議論に発展することはなかった。

　公民館を中心とする戦後の社会教育は、戦後民主主義を具現化する占領体制によって産み出されたが、そこには戦前の地方支配の経験の蓄積も組込まれていた。民主主義を早急に占領政策として「育成」する政治圧力は、戦前に整備された地域支配構造を利用することによってより効果を上げた側面をもつためである。丸山政治学の継承者でもある松下の論は、近代における国家統治概念を市民統治概念に置換える市民社会論を基底にすえていたため、占領統治下の民主化啓蒙策に始点をもつ戦後社会教育の立場からは有効な反論を形成しにくい矛盾をもっていたともいえる。

　そのような状況と並行して、1988（昭和63）年には文部省社会教育局が生涯学習局に改組され、1990年にはいわゆる生涯学習振興法が成立した。このことは教育委員会の社会教育課が担当してきた社会教育とは別に、都道府県の首長部局などが民間活力等を利用し、生涯学習活動を展開することにつながった。以後、公民館で社会教育主事や嘱託職員が企画する講座が開かれることと、「カルチャーセンター」で民間教育産業が企画・提供する学習活動、そして「コミュニティセンター」で市民活動や住民活動のなか、人々が自主的に学び合う活動とが、混在する状況が生まれ、発展してきた。

　とはいえ、その後、行政による社会教育は、縮小の一途をたどっている。国や地方自治体の財政事情の悪化および市町村合併により、社会教育、特に公民館事業の大幅な縮小に伴い、社会教育主事の配置定員も大幅に削減された。さらに、2003年に地方自治法の改正とともに「公の施設のより効果的・効率的な管理」と民間の能力活用を掲げた指定管理者制度が導入された。それに伴い、社会教育関連施設は、従来の「公立公営」から「公立民営」へと大きく軸足を

24）宮坂広作『現代日本の社会教育：課題と展望』明石書店，1987.

転換することとなった。公的施設の運営は、多くは公務員であった行政・施設職員の手から、実績やノウハウ、人材、ネットワークなどを有するNPOなどのスタッフの手に引き渡されたのである。このような公的社会教育の実質的後退と、NPOをはじめとする民間の組織や活動による新たな領域の開拓や発想の導入によって、社会教育と生涯学習の新たな関係構図と可能性が問われている。

③ おわりに

以上、明治期から現在にいたる社会教育・生涯学習をめぐる経緯について、日本的特質に注目しながら歴史的に概観してきた。

学制からわずか30年の1902（明治35）年には義務教育学校就学率は90％を越え、文字通り「国民皆学」が西欧社会でもみなかった短期間のうちに実現した。同様に、敗戦後の1946（昭和21）年に成立した新しい6・3・3・4制の学校制度は、これもアメリカをはじめ少数の地域でしか成立していなかった単線型の教育制度を整え、同様にわずか30年足らずのうちに高校進学率が90％を越える大衆教育社会状況を出現させた。この急速な学校教育の制度化によって社会が教育を媒介としながら変容していったことが、日本の「社会教育」を特色づけた大きな要因ともなっている。

明治・大正・昭和期の社会変遷に関わって歴史研究では特に、デモクラシーを標榜した1920年代と戦争に邁進した1930年代との接続をどう捉えるかとの問題が議論されてきた。30年代にファシズムに圧倒されて後退した勢力が戦後に復活したとの見方に対し、戦後は社会運動の結果、人々の要求を吸収する新たな統治が生まれたとの説明、20年代の国家による生活や文化への着目が1930年代の状況を作り出しファシズムにつながったとの説明、第一次世界大戦で作られた戦時動員体制が新たな統治形態をつくったとの総力戦体制論、デモクラシーの成果である普選体制こそが戦時体制をつくったとの論も登場した。

「民衆統治の一環として開始された社会教育が、大正期に民衆運動の高揚を

迎え、やがてファシズム体制の中に組み込まれたが、戦後に解放され新しい社会教育を実施してきた」との歴史観をもとに成立させる社会教育史像では、先の松下の市民社会論も、また率先して政策化される生涯教育（学習）体制にも十分な対応ができなかったともいえよう。この意味においても教育史、中でも社会教育史からみた戦前―戦後史像の再検討が必要である[25]。

　本章では、戦後の社会教育実践や生涯学習事業・活動の具体的展開には言及できなかったが、近年の経済状況や地域再編のなかで、社会教育―生涯学習のあり方や意義が問われ続けていることは、松下圭一の『社会教育の終焉』が、版を重ね2003年には新版まで出され、ロングセラーとなっていることにも示される。社会教育・生涯学習とは何か、それらを現代的文脈でどう捉えるべきかという問いは、社会教育・生涯学習関係者のみならず、私たち日本社会に生きる者にとって「古くて新しい問題」であるといえよう。

参考文献

宮坂広作『近代日本社会教育史の研究』法政大学出版会，1968.
国立教育研究所編『日本近代教育百年史』第7巻，第8巻，教育研究振興会，1974.
碓井正之『日本社会教育発達史』亜紀書房，1980.
松下圭一『社会教育の終焉』筑摩書房，1986.
日本社会教育学会編『生涯学習体系化と社会教育』東洋館出版社，1992.
渡邊洋子「日本における『生涯学習』概念の検討」『生涯学習体系化と社会教育　（日本の社会教育第36集）』日本社会教育学会編，日本社会教育学会，1992.
松田武雄『近代日本社会教育の成立』九州大学出版会，2004.
相庭和彦『現代生涯学習と社会教育史：戦後教育を読み解く視座』明石書店，2007.
上杉孝實『生涯学習・社会教育の歴史的展開』松籟社，2011.

---

[25] この意味において松田武雄の指摘する「政策としての社会教育と自己教育運動との矛盾構造、社会教育における国家対国民あるいは行政権力対住民・市民という枠組みだけではなく、近代日本における「社会」の成立・発展を軸にした社会教育思想史、社会教育史像の再検討をする」必要性の提起は重要である。松田武雄『近代日本社会教育の成立』九州大学出版会，2004，p.34.

第2章　日本における生涯学習・社会教育の特質

■□コラム□■

「ナトコ映画」
――占領期の社会教育映画――

　敗戦後、日本を占領したGHQは、映画を通じて民主主義などの啓蒙活動を行った。これは民間情報教育局（Civil Information and Educational Section：CIE）が主導したためCIE教育映画と呼ばれ、映画の上映に使用されたのがナトコ（National Company）映写機である。この16ミリ発声映写機は、すでにアメリカ軍によってアジア太平洋戦争の前線や占領地において慰安目的に使用されていたが、日本の社会教育のために約1300台が持ち込まれ、406作品の映画が日本各地で上映されたとされる。

　新しいメディアとして映画をプロパガンダに用いることは、すでにロシア革命やナチスドイツにおいて行われていたが、アメリカにおいてもニューディール政策後に本格化しており、占領下の日本における再教育プログラムにも組み込まれていた。戦時中に日本が国民向けに「ハワイ・マレー沖海戦」を撮ったように、アメリカも「ミッドウェイ海戦」、さらには「我々はなぜ戦うか（Why We Fight）」シリーズを製作し、自国民の戦意形成に映画を利用していた。

　占領下の日本政府は、ナトコ映画を受け入れるにあたり「わが国は戦時中、軍国主義、国家主義のもと、国際情勢を知ることを阻まれていたために世界の情勢は勿論民主主義についても正しい眼をもたなかった」とし、ナトコ映画の受入体制を樹立する文部次官通達（1948年3月）を出している。

　徳島県立教育研修センター内の視聴覚ライブラリーで「英語で書かれた古いフィルム」がみつかり、徳島県立文書館が1997（平成9）年にこの「ナトコ映画」フィルムの整理を終えた。フィルムケースには1948（昭和23）年から1960（昭和30）年までの201本のフィルムが収められており、現在89作品をDVD化し公開している。

　映画作品には「アメリカの国立図書館」や「アメリカの国立公園」などアメリカ社会を紹介したものや「なぜ朝鮮に」や「国連旗の下に」「侵略にこたえる国連」などの反共政策に通じるもの、また「会議のもち方」「新しい保健所」「新しい教育」「町も学校」「伸びゆく婦人」「成人教育」「生活水準向上の鍵」など民主化啓蒙や生活改善などの作品も多い。アメリカ以外に日本で制作されたものには「公民館」「公衆道徳」「赤の陰謀」「人間の権利」「ユネスコと私たち」「労働組合員教育」などがある。また図書館に関するものには「CIE図書館」「格子なき図書館」「図書館の宝索――知識の宝庫」「町の図書館」「図書館員」などもある。

　CIEのナトコを利用した映画教育は、1947（昭和22）年、文部省社会教育局に視聴覚教育課を、また各都道府県教育委員会社会教育課に視覚教育係を新設し、各地の

中央図書館に視聴覚ライブラリーを設け組織的に行われた。映画館は都市を中心として発達していたため、農村部への政策浸透にナトコ映画は効果をもたらしたが、教育と映像を結びつける政策は「視聴覚教育」との言葉を定着させ、学校教育に応用されることにもつながった。

　日本に持ち込まれた約1300台のナトコ映写機のうち16台が徳島県に導入されたことがGHQ/SCAP記録（国立国会図書館）から判明するが、『昭和25年度（徳島県立）図書館日誌』に当時の様子が記されている。

「四月七日　金曜日　晴
…昭和公民館よりナトコ映写連絡あり。十一日夕
四月八日　土曜日
…城南高校ナトコ映写一益田
　島田嘱託休暇につき佐々木昭和公民館之代行。
　教頭及波磨主任とナトコ映写…
四月九日　日曜日
…富田中のナトコの設営」

　このように連日ナトコのことが日誌に記され（4月だけで10日間の記事に登場）、各学校や公民館で幅広く上映されていたことがうかがえる。
　図書館、公民館が中心となって上映された「ナトコ映画」は、戦後の社会教育のあり方を考える上で貴重な資料となっている。

【参考文献】阿部彰『戦後地方教育制度の研究』風間書房，1983．竹前栄治・中村隆英監修『GHQ日本占領史　第19巻　演劇・映画』日本図書センター，1996．中村秀之「占領下米国教育映画についての覚書：『映画教室』誌にみるナトコ（映写機）とCIE映画の受容について」CineMagaziNet，京都大学．谷川建司『アメリカ映画と占領政策』京都大学出版会，2002．徳島県立文書館『文書館だより』第24号，2005．

（生駒佳也）

写真1　ナトコ映画『町も学校』
（資料提供）徳島県立文書館.

　イギリス・オークランドの学校で行われた社会科授業の紹介映画。クラスのみんなが町の歴史や産業などを調べ、「展覧会」を開催し、研究成果を町の人々に公開する過程が描かれている。映画の最後は次の言葉で締めくくられている。

　「正しい学問の正しい勉強の習慣を子供に植えつけるということ、それがまず研究の第一歩といわねばなりません。その習慣こそ、子供たちの生涯を通して、その性格にまた才能に最も重大な影響を与えるものであるということを私たちは知らなければなりません。どうですか皆さん、おわかりになりましたか。つまり、町もまた学校なのです」。

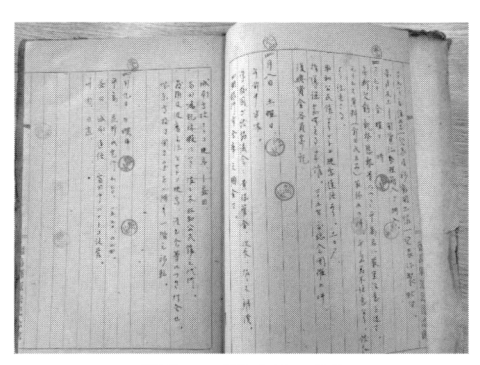

写真2　『図書館日誌』
（資料提供）徳島県立文書館.

| 第3章 | 生涯学習からみた家庭・学校・地域社会 |

　近年、都市化や核家族化に加え、少子高齢化が急速に進んでいる。家庭や学校、地域社会を取り巻く環境が劇的に変化するなか、犯罪の低年齢化、いじめ行為、不登校、引きこもりなどが課題視され、背景として人間関係の希薄化、生活体験や自然体験など様々な体験機会の不足、若者の自立の遅れなどが指摘されている。親たちの多くも課題を抱えており、育児・子育て不安が広範にみられ、児童虐待の深刻な事例も増加している。

　従来、日本の教育は、家庭教育・学校教育・社会教育と「場」をもとに区分されてきたが、現代的状況は、このような役割分業では機能しえないほど、事態は深刻になってきている。家庭・学校・地域社会が共通の目的とその達成に向けた各自の役割を自覚しつつ連携・協力し、社会全体で次世代の心身共に健やかな育ちを支援することが求められているのである。このような視点は、子どもたちの自立的・自律的な学びを支援するという側面と、おとなたちが「次世代とともに生きる」ことを学ぶという側面の二つを兼ね備えたものといえる。本章では、生涯学習施策の具体的展開における家庭・学校・地域社会の位置づけと相互関係を整理しつつ、現行のいくつかの連携事例をもとに、その成果と課題を考察する。

1　生涯学習施策の展開における家庭・学校・地域社会の位置づけと相互関係

1.1　戦後教育における三領域の成立

　日本社会に「教育の両輪としての学校教育と社会教育」が成立したのは、戦後の教育改革期とされる。同改革では、教育を学校教育と社会教育（家庭教育

第 3 章　生涯学習からみた家庭・学校・地域社会

を含む）の領域に明確に区分され、複線型の教育制度の解消が図られた。教育の民主化を目指すGHQの指令を受け、学校と家庭とをつなぐPTAが組織され、また、アメリカのコミュニティスクールに影響を受けた地域教育計画づくり（川口プラン、本郷プランなど）の民間の運動も盛んになった。1950〜70年代になると、教育の中央集権化が進み、高校進学率も上がり、学校教育と社会教育において、各々の領域及び役割の明確化・拡充がはかられようとした[1]。また高度経済成長を背景とする家庭基盤充実政策の一環として、家庭教育学級をはじめとする家庭教育振興施策が展開され、家庭教育の役割が重視された[2]。

1.2　「学社連携」論の登場から「学社融合」論へ（1970年代〜90年代）

　ポール・ラングランの提起した「生涯教育」が日本の政策文書に登場するのは、1971年の社会教育審議会答申「急激な社会構造の変化に対処する社会教育のあり方」においてである。そこでは、生涯教育の観点から、家庭教育、学校教育、社会教育の三者の有機的統合の必要性が強調された。これを受けた1974年の社会教育審議会建議「在学青少年に対する社会教育の在り方について」では、青少年期に豊かな人間形成を図るために、自然との接触、余暇を利用した屋外での身体的活動、学校の内外での幅広い交友関係、学校外の青少年団体への参加を保障する方法として、学社連携の必要性が提言された[3]。これらの動向を受け、学校体育施設など学校施設の地域開放や学校の授業における社会教

---

1) 上野景三「学校教育と社会教育の連携・協同」『生涯学習と地域社会教育』末本誠・松田武雄編著，春風社，2004，p.136-138．経験主義的なコミュニティスクールの試みは、地域の実態から遊離し学力低下を招くなどの批判をあびて次第に下火になり、系統主義に主軸が移されていった。
2) 相庭和彦「戦後日本社会の『高度ジェンダー化』と社会教育政策：1960年代における家庭教育学級を中心として」『ジェンダーと社会教育』日本社会教育学会編，東洋館出版社，2001，p.115-128．
3) 戦後の社会教育の文脈では、家庭・地域の教育は、社会教育の範疇に入るものと認識されてきたことから、学校と家庭・地域との連携は「学社連携」の問題としてとらえられてきた。他方、学校教育の現場ではむしろ「学校と家庭・地域との連携」との表現が多用される。一般的理解としての「学社連携・融合」は、狭義には、学校と社会教育との連携・融合を指し、広義にとらえれば学校と家庭・地域との連携まで含むものといえる（佐藤晴雄『学校を変える　地域が変わる：相互参画による学校・家庭・地域連携の進め方』教育出版，2002，p.1．）。

第Ⅰ部　生涯学習社会の構築にむけて

育施設の積極的な利用促進を中心に連携が進められた。なお、それまで社会教育における青少年教育は主として勤労青少年を対象とする学校教育の補完的役割とみなされがちであったが、この時期から学校に在籍する青少年を含む、すべての青少年を対象とした社会教育のあり方が明確にされ、政策としても実践されていくことになる。

　1981年の中央教育審議会答申「生涯教育について」では、日本の教育の進むべき方向が「生涯学習社会」と位置づけられた。1985～86年の全4回にわたる臨時教育審議会答申によって、従来型の学校中心の教育の考え方から脱却した「生涯学習体系への移行」の方向性が提言されると、生涯学習施策はより現実味を帯びていく。「開かれた学校」への転換を促進し、家庭・学校・地域社会の連携を強めるとともに、生涯学習の原点としての家庭の教育力の回復、青少年の教育の場として地域の役割を重視する必要性が指摘された。

　1990年には生涯学習振興法が制定され、学習機会の整備が進められる。1992年の生涯学習審議会答申「今後の社会の動向に対応した生涯学習の振興方策について」では、青少年の学校外活動の充実が重点的課題の一つに挙げられた。また、1996年の同審議会答申「地域における生涯学習機会の充実方策について」では、地域社会が学校を「地域に根ざした学校」として支援していくことが提起され、従来の学社連携の最も進んだ形態として「学社融合」が目指された[4]。学社連携論が提起されてから20余年を経た1990年代半ばに入って再び、学校教育と社会教育の関係を再検討する動きが顕在化したのである。

　1996年の中央教育審議会答申「21世紀を展望した我が国の教育の在り方について（第一次答申）」では、青少年の「生きる力」の育成に向けて、学校・家庭・地域社会の連携の一層の促進が重要であると提起された。そこでは「開かれた学校づくり」の推進と共に、「本来家庭や地域社会で担うべきものを学校

---

[4] 同答申では、学社連携は、「学校教育と社会教育が各々独自の教育機能を発揮し、相互に足りない部分を補完しながら協力しようというもの」であったが、必要な連携・協力が十分ではなかったと指摘する。その反省から、学社融合は、「学校教育と社会教育が各々の役割分担を前提とした上で、そこから一歩進んで、学習の場や活動など両者の要素を部分的に重ね合わせながら、一体となって子どもたちの教育に取り組んでいこうという考え方」であると提唱した。

が担っている」との現状の改善を図る「学校のスリム化」の方向性も出された。また、学校週5日制（1992年より段階的導入、2002年に完全実施）への移行や学校教育における「総合的な学習の時間」の新設（1998年）に伴い、子どもたちの体験活動や学校外活動の充実、家庭や地域社会との連携が、学校にとっても一層現実的な課題となり、その必要性が意識されるようになった。さらに家庭教育のあり方として、子育て支援のネットワークづくりの促進や父親の家庭教育参加の支援・促進が目指された。

ここで注目しておきたいのは、学校の教育活動に地域の教育力を生かすため、地域の人々や保護者に学校ボランティアとして協力してもらうことが、先の1996年の答申で促され、1997年の教育改革プログラムで「保護者、地域人材や団体、企業等がボランティアとして学校をサポートする活動（学校支援ボランティア活動）」の推進が提言された点である。これらが、学習の成果を個人のキャリア開発やボランティア、地域社会の発展に生かすことを提言した1999年の生涯学習審議会答申と連動し、学校支援ボランティアを含む多様なボランティア活動が広がる契機となった。

1.3　家庭・学校・地域社会の連携と協力に向けて（2000年代）

2000年代には、以下のような法制度の改正・整備などを通して、家庭・学校・地域社会の連携を前提とする生涯学習推進の仕組みづくりや制度化が進められている。

まず、2001年に社会教育法が一部改正され、「社会奉仕体験」「自然体験」の充実が条文に盛り込まれた。2000年より学校評議員制度が、2004年から学校運営協議会制度（コミュニティ・スクール）が始まり、地域住民が学校運営に参画する取り組みが進められた。

次に、2006年の教育基本法改正では、第3条で生涯学習の理念が明示され、同時に、第10条に家庭教育、第13条に学校、家庭及び地域住民等の相互の連携協力の項が盛り込まれた。これらを受けて、2008年には社会教育法も改正され、学校、家庭、地域住民その他関係者間の連携協力の促進の必要性が強調されて

いる。

さらに、2002年の学校完全週5日制への移行に先立って、地域で子どもを育てる体制の整備を目的に「全国子どもプラン」(1999〜2001年)が提起された。その流れを引き継いで「地域子ども教室推進事業」(2004〜2006年)が実施された。次いで、2007年度より文部科学省の「放課後子ども教室」と厚生労働省の「放課後児童健全育成事業」(放課後児童クラブ)とが一体的あるいは連携した総合的な放課後対策「放課後子どもプラン」が実施され、現在に至っている。

これらを足場に、2008年の中央教育審議会答申「新しい時代を切り拓く生涯学習の振興方策について」では、知の循環型社会の構築を目指して、より包括的な連携の方向性が示され、社会全体の教育力の向上のため、学校・家庭・地域が連携するための仕組みづくりが必要とされた。具体的方策としては、身近な地域における家庭教育支援基盤の形成、子育てサポーターリーダーなど家庭教育を支援する人材の育成、学校と地域の拠点として社会全体で支援する取組の推進(学校支援地域本部、放課後子どもプラン)、学校・家庭・地域を結ぶPTA活動の充実、地域の教育力向上のための社会教育施設の活用などが提起された。

同年にはまた、学校支援地域本部事業が開始された。文部科学省はこれらの取り組みを総合的に支援するため、2011年度に「学校・家庭・地域の連携による教育支援活動促進事業」を創設し、「学校支援地域本部」「放課後子ども教室」「家庭教育支援」など、地域の参画・協力による様々な教育支援を開始した。これらの施策では「地域にある様々な力を結集し、学校の内外を問わず、子どもたちの学びを支える仕組みとして地域に定着させること」が目指されている。こうして、地域子育て支援の拠点づくりなどを充実させるべく2012年に成立した「子ども・子育て支援法」とともに、学校・家庭・地域社会が一体となって次世代を育てる体制が整備されつつある。

②　家庭・学校・地域社会の取り組みにみる連携と協力

本節では、これまでみてきた家庭・学校・地域社会の連携と協力の実際と課

題について、三つの具体的事例をもとに考察する。

2.1　学校支援地域本部事業（文部科学省）

　家庭・学校・地域社会の連携に向けた体制が整備されるほど、そこに関わる地域住民や地域団体・NPOなどの市民団体の意義や役割も大きくなる。学校支援の発展段階として2008年度、地域人材の活用や学校支援ボランティアなどを念頭におく「学校支援地域本部事業」が開始された。学校支援を共通目的に地域ぐるみで子どもを育てる体制（地域につくられた学校の応援団）づくりが主眼とされた。全国の中学校区に学校支援地域本部が設置され、「地域教育協議会」が組織される。協議会は、学校長、教職員、PTA関係者、公民館長、自治会長、商工会議所関係者などで構成される。

　そして、地域の多様な人材を「学校支援ボランティア」として組織し、学校からの要請に応じて派遣する存在として「地域コーディネーター」がおかれる。同コーディネーターは事業の中核を担う存在で、学校と地域の事情を熟知し、連絡調整を担うために、PTA役員経験者や退職教員などが担うことが多い。実際の活動では、保護者や地域住民、学生などが学校支援ボランティアとして、授業等で教員を補助する学習支援、部活動指導の支援、図書室や校庭などの校内環境整備、通学路における子どもの安全確保、学校行事等の会場設営や運営に関する支援などを、学校の協力依頼に応じて行っている。

　学校運営や学校の教育活動に、地域住民が積極的に参加する契機をつくることで、子どもたちの学びの場である学校が多様に開かれ、その学びが豊かなものになる。同時に、地域住民にも学校を支える自覚が生まれ、学習成果を生かす場が広がり、「地域の教育力」を向上させる可能性を持つものとして期待される。このような意味での同事業の実態と可能性の示唆を得るには、文部科学省『平成22年度学校支援地域本部事業の実施状況調査報告書』[5]が示唆的であ

---

5) 文部科学省生涯学習政策局社会教育課『平成22年度学校支援地域本部事業の実施状況報告書』2011.
http://www.mext.go.jp/a_menu/01_l/08052911/__icsFiles/afieldfile/2011/12/27/1314507_2_1.pdf．（参照2014-2-4）

報告書によると、同事業の活動内容は「学習支援」が最も多く77%を占め、「校内環境整備」(69%)、「読み聞かせ・読書活動支援・図書室整備」(67.8%)、子どもの安全確保(64.7%)と続く。同事業として取り組んでいる活動のうち、学校として特に重要と考える活動を図3.1に示したが、2009(平成21)年度、2010(平成22)年度共に「学習支援」が最も多い。また、2010(平成22)年度は前年度に比べ、「読み聞かせ・読書活動支援・図書室整備」が重要だと考えられる割合が増えている。この傾向について高橋興は、同事業が「とかく部外者が学校に入ってくること、とりわけ教室に入ることに強い抵抗感を持つとされる教職員にとっても受け入れられやすい」とし、「新学習指導要領が重視する『言語力育成(言語活動の充実)』につながるとの期待をもつ学校関係者が多いことも追い風になっているようである」[6]と分析される。子どもの読書活動の充実が求められる昨今、地域住民、学校図書館、地域図書館などのよりよい連携が生まれていくことが期待されている。

さらに、学校として感じている本部事業による効果(図3.2)としては「子どもたちが地域住民と交流することにより、様々な体験や経験の場が増え、学力や規範意識、コミュニケーション能力の向上につながった」点で、「効果が得られた」(38.9%)「ある程度効果が得られた」(53.5%)を合わせると92.4%となっている。

これに対し、学校自身が「本部事業に対する学校・教職員の理解が不十分」(25.7%)と感じている点は依然として大きな課題である。その他、「学習支援」活動の位置づけと充実策を図ること、読み聞かせや学校図書館の運営支援等の一層の充実、コーディネーターの資質向上策、さらに多彩なボランティアの発掘・確保、事業費の弾力的運用の要望にどう応えるか、2010年度より補助事業に移行した後も安定的で継続的な取り組みとなるよう努力すべき、といったことが課題として挙げられている[7]。関わる人が変わっても、継続的に支援でき、

---

6) 高橋興「調査結果を踏まえた考察：調査結果から見た今後の主要な課題」前掲5), p.31.
7) 前掲6), p.31.

第3章　生涯学習からみた家庭・学校・地域社会

図3.1　学校として特に重要と考える活動（2つまで回答）

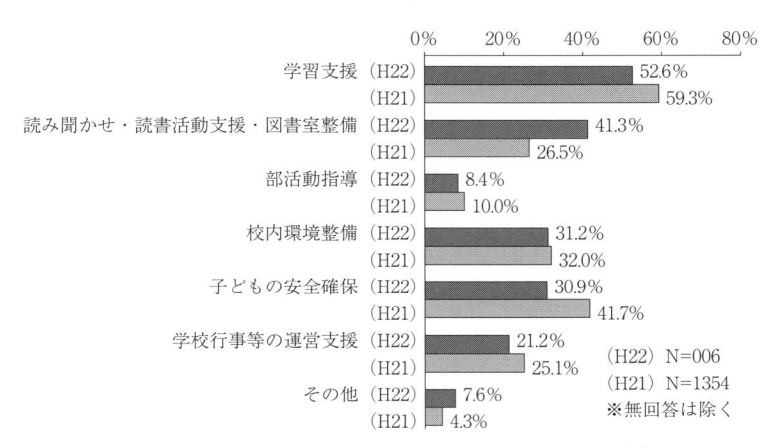

活動	H22	H21
学習支援	52.6%	59.3%
読み聞かせ・読書活動支援・図書室整備	41.3%	26.5%
部活動指導	8.4%	10.0%
校内環境整備	31.2%	32.0%
子どもの安全確保	30.9%	41.7%
学校行事等の運営支援	21.2%	25.1%
その他	7.6%	4.3%

（H22）N=006　（H21）N=1354　※無回答は除く

（出典）文部科学省生涯学習政策局社会教育課『平成22年度学校支援地域本部事業の実施状況調査報告書』2011, p.8.

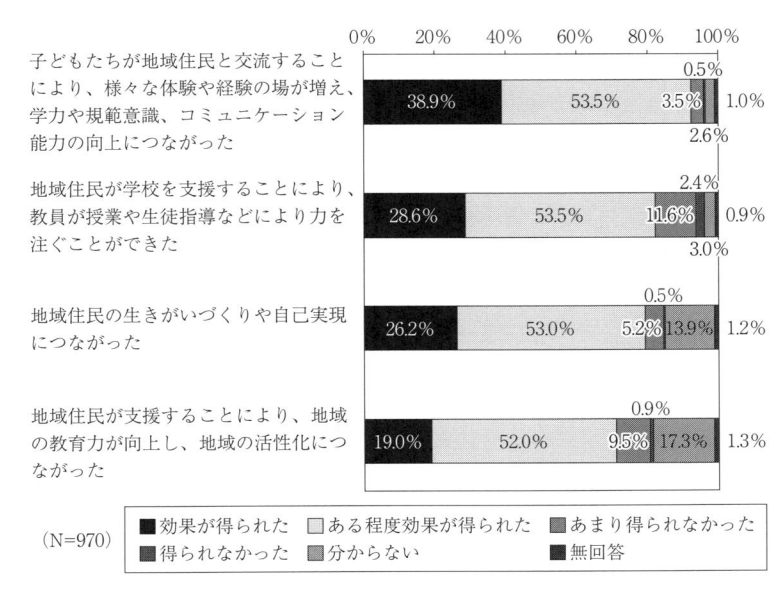

図3.2　学校として感じている本部事業による効果

項目	効果が得られた	ある程度効果が得られた	あまり得られなかった	得られなかった	分からない	無回答
子どもたちが地域住民と交流することにより、様々な体験や経験の場が増え、学力や規範意識、コミュニケーション能力の向上につながった	38.9%	53.5%	3.5%	0.5%	2.6%	1.0%
地域住民が学校を支援することにより、教員が授業や生徒指導などにより力を注ぐことができた	28.6%	53.5%	11.6%	2.4%	3.0%	0.9%
地域住民の生きがいづくりや自己実現につながった	26.2%	53.0%	5.2%	0.5%	13.9%	1.2%
地域住民が支援することにより、地域の教育力が向上し、地域の活性化につながった	19.0%	52.0%	9.5%	0.9%	17.3%	1.3%

(N=970)

（出典）図3.1と同じ. p.11.

質の向上を目指していける組織づくりが求められている。

　他方、笹井宏益は、同事業を、「地域という大きなステージの上での関係性に基づく活動ととらえると、教育支援機能と同時に、自らの意識の変革や人間関係の拡充をもたらす社会教育機能をもつものととらえることが可能になり、地域づくりとの関連で学校・地域住民の連携協力にかかる活動の意義や役割をとらえ直すことが可能になる」[8]と指摘する。子どもとそこに関わる人たちの育ち合い・学び合い・支え合いの過程を大切にしながら、よりよい地域づくりへと繋がっていくことが期待される。

2.2　放課後子どもプラン（文部科学省・厚生労働省）

　2007年、文部科学省は「地域子ども教室」を引き継いで「放課後子ども教室推進事業」を創設し、厚生労働省の「放課後児童健全育成事業（放課後児童クラブ）」と連携した総合的な放課後対策事業「放課後子どもプラン」を実施している。そこでは、放課後や週末等に子どもたちが安全で安心して健やかに育つことを目指し、子どもたちの学びや体験・交流、遊びや生活の場と機会を提供している。

　同事業において市町村は、策定したプランに基づき「運営委員会」を組織し、活動内容やボランティアの確保など、両事業の運営方法を検討・調整して実施する。同委員会は行政、学校、放課後児童クラブや社会教育・児童福祉関係者および地域住民などで組織される。またコーディネーターを各小学校区に配置し、学校や関係機関などとの連絡調整、ボランティアなど協力者の確保・登録・配置、活動プログラムの策定などを行う。都道府県は市町村をバックアップする役割を担い、放課後対策事業の総合的なあり方を共同で検討する「推進委員会」の設置、放課後子どもプランに関わる指導者（員）の研修などの実施、関係者の情報交換・情報共有、資質の向上の推進に努める、というものである。

---

8) 笹井宏益「学校・家庭・地域住民の連携協力の基本原理にかかる考察：3つの政策を分析して」『学校・家庭・地域の連携と社会教育』日本社会教育学会編，東洋館出版社，2011，p. 20-21．

第3章　生涯学習からみた家庭・学校・地域社会

　具体的には、放課後や週末等の子どもたちの適切な遊びや生活の場の確保（放課後児童クラブ）に加え、小学校の余裕教室などを活用して、地域の方々の参画を得ながら、学習やスポーツ・文化活動、地域住民との交流活動などの取り組み（放課後子ども教室）を実施している[9]。

　同事業は、子どもたちにとっては放課後の居場所や学び、体験、交流の場が広がり、そこに関わる地域住民にとっても同事業への関与が生きがいや楽しみになる、新しい地域の繋がりにつながるなど、それぞれに意味が見出され得る点で、重要性のある施策といえよう。それをふまえたうえで、同事業の放課後子ども教室が、それ以前の「地域子ども教室」に比べると、施策の比重が子どもの週末から放課後へと明確に移行し、実施場所・日数も学校で行われる割合が高まり、地域や地域のおとなの位置づけが後退しているとの指摘に注目したい[10]。阿比留久美は「子どもの生活は、学校のみで構成されているのではない。校門があり、不審者をシャットアウトできる学校は確かに『安全・安心』であるが、その『安全・安心』によって、子どもが地域の中で経験することのできる様々な機会や出会うことのできる人の多様性が損なわれる。子どもの生活と発達の全体を見すえ、子ども教室の実施によって、子どもの生活に地域社会の多様さを反映させられるような事業の実施が求められるのではないだろうか」[11]と述べている。また子どもたちにとって、学校以外の場へと活動の空間が変わることの意味も大きいと考える。

　これまで社会教育の実践において、社会変化の状況に応じて活動の形態を変化させながらも、青少年団体、青少年センターや児童センター、地域子ども文庫や親子劇場、冒険遊び場（プレイパーク）など、地域社会での子どもの居場所づくりを通じて、子育て運動、異年齢集団による育ち、子どもの自治を支援

9）文部科学省・厚生労働省「放課後子どもプランの推進について」http://manabi-mirai.mext.go.jp/houkago/propulsion.html，（参照2014-2-4）．
10）阿比留久美「『学校と地域の連携』をすすめるデザイン：東京都中野区と目黒区の地域／放課後子ども教室の事例に注目して」『学校・家庭・地域の連携と社会教育』日本社会教育学会編，東洋館出版社，2011，p.121．
11）前掲10），p.122．

する活動が積み重ねられてきた[12]。これらの活動に携わる人々とどのように対話し、どのような空間を創っていけるか、またそこに参加する子どもや保護者、地域の人々自身がどのような空間を望ましいと捉えるかが、家庭・学校・地域社会の連携の方向性に関わる重要な課題であると考える。

2.3 通学合宿（教育委員会・社会教育関係団体等）

　学社連携や子どもの体験活動の場として広がりをみせている活動に、「通学合宿」がある。通学合宿とは「公民館や青少年教育施設等の施設に、子どもたちが一定の期間寝食を共にしながら学校に通う活動（学校の部活動での合宿や学校の休業期間のキャンプ、山村留学等を除く）」[13]のことをいう。主に小学4～6年生くらいの子どもたちが親元を離れて地域の公民館や青少年教育施設等に2～6泊程度宿泊し、団体生活のなかで日常生活の基本を自分自身で行いながら学校に通うというかたちで実施される。そこでは、子どもの社会性、自主性、協調性を伸ばし「生きる力」を育むこと、学校と家庭の教育力の向上、地域の教育力の発見・向上にもつなげることが期待されている。

　「通学合宿」は、1983年に福岡県庄内町の5泊6日の「通学キャンプ」が先駆けとされ、1990年代後半から答申などで例示されたこともきっかけとなり全国的に広がってきている。国立教育政策研究所の調査によると、2006年度に実施された通学合宿は808事業あり、子どもの延べ参加者数は約23,000人である。実施主体は、市町村では「実行委員会」が43％、「教育委員会」が26.8％、「社会教育関係団体」8.7％であり、国立・都道府県青少年教育施設では、「当施設」が50％、「実行委員会」が9％となっている。2001年度調査と比較して教育委員会主体の割合は減少しており、地域の教育力の萌芽がうかがえる。実行委員会の構成員は、PTA、教育委員会事務職員、校長・教頭、子ども会育成

---

[12] 田中治彦，萩原建次郎編著『若者の居場所と参加：ユースワークが築く新たな社会』東洋館出版社，2012，白井愼監修，小木美代子，姥貝荘一編著『21世紀への展望　子どもの地域生活と社会教育』（学文社，2002）などを参照。
[13] 国立教育政策研究所社会教育実践研究センター『地域における「通学合宿」の実態に関する調査報告書』2007, p.ⅰ.

会、婦人会などの女性団体、実施する施設の職員、保護者、ボランティア団体、児童・民生委員、老人クラブ、青年団、学生、おやじの会、などである。宿泊場所は、市町村では「公民館など社会教育施設（青少年教育施設を除く）」（51.3％）が最も多く、次いで「青少年教育施設」（18.1％）、「高齢者福祉施設等の公共施設」（5.3％）、「民間の施設」（3.0％）、「その他」（20.0％）は、「地域の集会所、自治会館、コミュニティセンター等」となっている。国立・都道府県立青少年教育施設では、すべて「当施設」で実施されている。実施期間は、4〜5日間が最も多く、2〜3日間、6〜7日間も比較的多い。学校との連携は、募集要項（チラシなど）の配布や申込書回収、事業説明などで協力を得ているところが多い[14]。

　子どもたちの「生きる力」や「生活能力」の向上をめざす教育活動としては、青少年教育施設における集団宿泊生活や山村留学などもあるが、通学合宿の利点として、「①日常生活圏で実施できる活動であること、②公民館や集会所など、地域にある施設を利用できること、③衣食住といった生活そのものが活動となっていることなどから、事業コストも比較的安価に実施できる」[15]ことが挙げられている。まさに、子どもたちが日常生活の場で、地域の人々と一緒に行うことが特徴であり、魅力なのである。

　通学合宿の活動プログラムとしては、「入校式・修了式」、「自炊」、「ふろ・部屋などの掃除」、「自習」、「自由時間」、「レクリエーション」、「洗濯」などが行われる。特に、自炊、掃除、洗濯などの生活に関するプログラムの実施率が、スポーツ・文化・自然体験などのプログラムよりも多い。例えば、滋賀県の「おうみ通学合宿」では「もらい湯」を企画に組み込むこともある。子どもたちは地域住民の家庭で風呂を借りた後、その家の人から昔話を聴き、打ち解けて語り合うなどの交流が可能になるという。また、夜間に住民から地域の歴史や生活についての話を聞く、地域文化の体験をするなどの活動も、子どもたちが地域に直接ふれ、地域のことを知る機会となっている。

---

14) 前掲13), p.4, p.12-16, p.27.
15) 前掲13), p.62.

通学合宿の成果としては、子ども自身が家事の大変さを実感し、そこから「協力」や「気づき」が生まれ、地域住民が子どもの現状を理解する場になっているという。また、子どもが身の回りのことを自分でする意欲が生まれたことで、保護者側も「待つ姿勢」でいるよう努めるようになり、保護者自身が子どもとの関わり方を考え直したり、地域の他の子どもたちのことを考えるようになったりする契機となるなど、様々なかたちでプラスの影響が生まれている様子がうかがえる[16]。

このような「草の根的な活動が、子どもを『当たり前』に見守ることができる地域を形成していくのでしょう」[17]との指摘のように、子どもたちの日常生活に新たな発見と関係性をもたらしうる通学合宿の取り組みは、地域の子ども・おとなの関係をより豊かなものにしていく契機となるかもしれない。そこに関わる人々の経験がさらに多くの人々に広がり、より多くの関わりを生み出していくことが期待される。とはいえ、地域住民の熱意と協力なしには成り立たない事業であり、実際には既存の地域団体や組織が大きな役割を担っている。調査からも、地域住民の社会教育事業への関心が高い、学校と社会教育の連携が進んでいる、NPOやおやじの会の活動や地域行事が活発である地域の方が、通学合宿を実施されていることが分かる[18]。特に、様々な理由で立ち上げにくい地域に向けた支援が求められる。

3 連携と協力に向けて求められる課題

3.1 コーディネーター力とネットワークづくり

これまでみてきた事例をふまえ、家庭・学校・地域社会との連携・協力への

---

16) 高見啓一，小林理恵「地域オリジナルの通学合宿が育む、子どもとおとなの自己形成」『未来を拓く子どもの社会教育』上杉孝實，小木美代子監修，立柳聡，姥貝荘一編著，学文社，2009，p.295-301．なお、通学合宿の成果や課題については、国立教育政策研究所社会教育実践研究センター『地域における「通学合宿」の実態に関する調査研究報告書』，2007，などを参照。
17) 前掲16)高見，小林，p.302．
18) 前掲16)国立教育政策研究所社会教育実践研究センター，p.32．

第3章　生涯学習からみた家庭・学校・地域社会

取り組みに共通する役割や課題を整理しておきたい。

　第一に、連携・協力の取り組みは、複数の組織や団体あるいは個人が関わっていくものであるため、必然的に連携の支援や調整を行う「コーディネーター」的な役割の人材が必要かつ重要となってくる。家庭・学校・地域社会の連携に関わる取り組みでは、「学校、家庭、そして地域といったそれぞれの『社会』の人間関係や人間模様を熟知し、活動にかかわるニーズや実現可能な活動内容等を把握して初めて可能になるものであり、そこにはある種の専門性が必要となる」[19]という事情から、実際には元校長、PTA関係者、社会教育関係者などがその役割を担うこと多い。継続的に事業を実施できるような人材育成の仕組みや研修も必要である[20]。そこに行政が果たす役割は大きく、社会教育主事には、地域コーディネーターをコーディネートする役割が期待されている。そのコーディネーターの力量としては、「①人と人、人と活動、活動と活動を結ぶ力量②住民の学習実践の発展のためのまちづくりの視点で関連行政の連携を具体化し、地域づくりを進めていく力量③行政の側面的援助と市民の主体的活動を結びついた共同学習をベースに生活課題、地域課題の解決に向かう社会教育的発想と取組み」[21]などが提起されている。またコーディネーターのみならず、そこに参加するボランティアや団体等が共に現状を把握・理解し、対話を行っていく環境づくりが求められている。そこでは、社会教育が従来、地域のなかで培ってきた経験を生かしていくことが重要である。

　第二に、ネットワークづくりに関わる課題である。人やモノ、関連機関、情報など、さまざまな学習資源についての情報をニーズに応じて提供していける

---

19) 前掲8），p.17.
20) 例えば、「あおば学校支援ネットワーク（ASN）」（神奈川県横浜市）は、学校・教育支援活動に関わるボランティアと学校をつなぐコーディネーターのネットワークとして、2005年に発足した市民グループで、学校のニーズの把握、学校とボランティアのコーディネートや情報提供、ボランティアの養成やスキルアップのための講座等を開講している。
「あおば学校支援ネットワーク（ASN）」http://www.aobaschoolsupport.net/index.html，（参照2014-2-4）
21) 村田和子「大阪府貝塚市における社会教育実践の展開と職員」『学びあうコミュニティを培う：社会教育が提案する新しい専門職像』日本社会教育学会編，東洋館出版社，2009，p.85.

ような、またニーズに応じて適切な連携・協力がしていけるような体制づくりが求められている。課題が複雑化するなかで、既存の組織やネットワークに依拠するだけでなく、新しい関係を築き、地域資源や取り組みをつないでいくことも必要である。行政としても、1998年の生涯学習審議会答申でも提起されたように、人々の学習活動・社会教育活動を社会教育行政のみならず、学校・学校教育行政、首長部局、生涯学習施設、民間諸事業者、市町村の広域的連携など、様々な立場から総合的に支援していく「ネットワーク型行政」の構築が求められている。そして、ここでもまたコーディネーターの役割が重要となるのである。

3.2 子ども・おとなの自己形成・相互形成

子どもの育ちや学びを支援することを主目的とする活動では第一に、子どものためによりよい環境をつくり、子どもにとっての成果や課題を捉えていくことが重要である。同時に、そこに関わるおとな（地域住民や教員、職員、学生など）にとっての活動の意義や学びの過程を捉えていく視点も必要である。さらに、組織改革にも繋げられるような「学び合うコミュニティ」づくりも展望される。ただ、それは容易なことではない。子どもの育ちや学びを支援する活動でも、学校に足場をおく学校教育関係者と地域に足場をおく社会教育関係者とでは、価値観のずれや考え方の違いが生ずることも少なくないだろう。そのような場面で、異なった価値観や考え方を、「対話」に繋げていく努力・過程こそが、新しい活動を生みだす契機になるのである。連携・協力に向けた姿勢こそが問われている。

また、通学合宿にも見られたように、「参加者」の子どもが、次（別）の機会にサポーターやボランティアリーダー（スタッフの一員）として関わることがよくある。単発的な参加であれ、継続的な参加であれ、その場・空間を体験した子どもたちは、社会を担うおとなになり、次の世代にまた文化を伝えていく存在である。このような契機を設けることが、人材育成に繋がり、活動の継続性や活動内容の充実に繋がっていくだろう。短期的な視野で成果を図るのでは

なく、長期的な視野と子どもの育ちを見守る姿勢、そして人と活動の循環のサイクルを見据えながら進めていくことが大切だと考える。

3.3　子ども・おとなの参加・自立の支援に向けて

　重要なことは、子どもやおとなの「参加・参画」の視点を大切にしていくことである。例えば、社会教育実践においては、子どもの自治の育成が目指され、1994年の子どもの権利条約の批准を受け、子どもの権利の理念が重視されてきた。子どもは単に受身的で「お客様的」な参加者であってはならない。子ども自身の考えや想いを引き出し、活動プログラムに反映させていく、また「協働」とも呼べる協力関係において活動をともに創り上げていこうとの関わり方が重要になる。もちろん、おとなも同様である。一人の人間として、権利の主体として成長していくことが望まれる。子どもとおとなの関係のあり方が問われているのである。行政には、時代状況や地域の実態に合わせ、支援のあり方を模索し続けていくことが求められる。参加・参画の度合いは、活動内容や目的によっても異なるであろうが、主体的な学びや活動力を支えていく上で不可欠の視点である。

④　おわりに

　以上、家庭・学校・地域社会が連携・協力しながら子どもの育ちを支援する取り組みを進めていくことで、より豊かな学び合いや育ち合いの環境が生まれることが示唆された。本章では取り組みの全体的な動向を示したが、具体的な地域の実践を相互に参考にしつつ、連携の内容や方法自体の検討も含め、各地域の特徴を生かした展開が求められる。

　最後に心に留めておきたいのは、家庭・学校・地域社会の連携・協力の広がりは、「みんなが同じ価値になる」ことを意味しないということである。どこへいっても同じように自分をみられたら、息づまる思いをし、居場所がなくなる子どもたちも出てくるだろう。多様な人間関係、多様な価値観が存在する、

共生の空間の担保を忘れてはならないのである。そして、「連携」「協力」を意識せずとも、インフォーマルに人々が助け合い、学び合う風景がより一層自然なものになっていくことが、生涯学習社会の理想的な姿ではないだろうか。

参考文献

ロジャー・ハート著，木村勇，田中治彦，南博文監修，IPA日本支部訳『子どもの参画：コミュニティづくりと身近な環境ケアへの参画のための理論と実際』萌文社，2000.

佐藤晴雄『学校を変える　地域が変わる：相互参画による学校・家庭・地域連携の進め方』教育出版，2002.

日本社会教育学会編『子ども・若者と社会教育：自己形成の場と関係性の変容』東洋館出版社，2002.

上杉孝實，小木美代子監修，立柳聡，姥貝荘一編著『未来を拓く子どもの社会教育』学文社，2009.

日本社会教育学会編『学校・家庭・地域の連携と社会教育』東洋館出版社，2011.

田中治彦，萩原健二郎編著『若者の居場所と参加：ユースワークが築く新たな社会』東洋館出版社，2012.

第3章　生涯学習からみた家庭・学校・地域社会

■□コラム□

ボランティアがつなぐ家庭・学校・地域社会
――民話伝承の活動を通して――

　1990年代以降、様々な場でのボランティア活動の輪が広がっている。図書に関わる活動も多岐にわたり、地域の民話を活用したおはなし会も広がってきている。民話には歴史的背景や世情、教訓、おとなの子どもへの思いやりの気持ちが含まれ、方言による語りには温もりを感じられるため、地域の文化や伝統を保存し伝える取り組みとして注目されている。民話伝承の活動が地域の良さや歴史を学ぶ機会となり、世代間交流や地域住民のコミュニケーションの促進につながることも期待されている。

　例えば、福井県永平寺町立図書館等で活動するボランティアグループ「B-メイト」では、町内の昔話・伝承を題材とする紙芝居を作り、町内の子どもや高齢者への読みきかせを行っている。地域の学校・施設などで口演し、紙芝居は図書館に寄贈されて郷土資料として残される。同活動の成果として、小学生の家族からは「子どもが学校で聞いた民話のことが夕食の時の家族の話題になった」、高齢者施設では「紙芝居を通して、昔の話に花が咲いて楽しかった」などの感想も寄せられている。会員同士のなかでも、民話についてや互いの出身地域の話題も広がるという。

　また、愛媛県新居浜市のボランティアグループ「民話の里・すみの」では、「ふるさとの昔話を通して、子どもたちが郷土を愛し、優しさや命の尊さ、豊かな心を育むこと」を願って活動している。図書館や小学校、児童館での読みきかせに加え、街中での自転車紙芝居や高校生との協働活動が行われている。高校生とともにふるさとに残る民話の現地探索を行ったり、高校生が読みきかせや紙芝居作り、語り部としてともに関わったりという活動が生まれているという。

　同活動を通じて、資料や人との出会い、図書館員とのつながり、聞き手を通じた家庭や学校、地域社会とのつながりなど直接的・間接的に、人々の昔と今と未来へのつながりが生み出されている。司書や司書教諭などとのよりよい連携を通じて、より豊かな実践活動が広がっていくだろう。どのような「文化」をどのように後世に伝えていけるのか、地域づくりにつなげていけるのか、それぞれの地域の特徴や知恵、そして想いを大切にしながら、人の心に残り、受け継がれていくことが期待される。

【参考文献】文部科学省国立教育政策研究所社会教育実践研究センター『図書館におけるボランティアの実態に関する調査報告書』2011.「民話の里・すみの」http://www.nbn.ne.jp/minwa15/,（参照2014-2-4）.

（安川由貴子）

第Ⅱ部　生涯学習の対象・内容・方法

第4章　生涯発達と成人期の学習

　生涯学習とは、ある一定の時期における学びではなく、子どもからおとなに至るまで、あらゆる年齢層における学習活動を意味する。その範囲は、学校教育のような制度化された学習のみならず、学校外のノンフォーマルな学習活動や日常生活におけるインフォーマルな学びをも幅広く含む。人は、心身の発達、成長とともに様々な学びを体得し、成人期以降も生涯に渡り発達し続ける存在である。それゆえ、人生各期のなかでも最も長期にわたる「成人期」の学習活動には、学習者自身の人生経験が様々な形態で反映されることになる。

　生涯学習の中で、「成人期」に行われる学びに対応する教育を「成人教育」概念で示すことに関わって、渡邊（2002）はプラス・マイナスの両面があることを指摘する。プラス面は、「成人期の人々」の多様性や個性を十分に考慮する限りは、漠然とした「生涯教育」概念よりはむしろ対象が焦点化され、教育の目的や方向性が明確化されやすくなる点である。マイナス面は、「成人教育」が「成人（おとな）」いう属性を持つ人々のみを対象とする、生涯学習より狭い概念と捉えられかねない点や、どのような人が「成人」に含まれるのか（見なされるか）の基準には、社会・文化的要因による差異や歴史的にも変化する可能性がある点などである[1]。

　確かに、一口に「成人期」といえどもそこに含まれる年齢層は幅広く、性別、職業、学歴、生育歴など、各人の背景は多様である。また学習活動の目的も、昨今では、趣味や娯楽のような余暇を楽しむことを念頭においた活動から、仕事に必要な専門的知識の習得や大学、大学院にて学位の取得を目指すなど、多

[1) 渡邉洋子『生涯学習時代の成人教育学：学習者支援へのアドヴォカシー』明石書店，2002，p.34.

岐にわたる。学習内容も初心者レベルから高度に専門的な領域におよぶこともあり、実に多様な様相を呈する。それだけに、成人期の学習活動を支援するには、その特質と多様な諸側面を十分に把握しておく必要がある。

　そこで重要なことは、成人期の範囲をどのように捉えるかである。1976年の総会で採択されたユネスコ「成人教育の発展に関する勧告」では、成人の定義について「その社会において成人とみなされる者」との認識が示され、日本においては、法令上の規定として20歳が成人年齢とみなされてきた。とはいえ、近年は「大学ないしは就職の時期」である「青年後期」（19―22歳）[2]が注目され、青年期の長期化や「ポスト青年期」[3]の課題が指摘されるなど、成人を20歳とする認識が変化してきた。これらをふまえると、成人期はおよそ20代前半から老年期までをも包括するものと捉えられよう。

　本章では、人間の発達、成長に応じた生涯発達論や人生各期における発達課題の全体像を示し、現代的課題を確認する。そして、成人教育の基本的理論をふまえ、成人期の学習活動の実際について、多くの人々が親しんでいる読書活動を事例に検討する。読書を通じて、成人期だからこそ見出される学習活動の意義や課題を捉え直し、おとなの学びのゆたかさを提示したい。取り上げる時期は、広範におよぶ成人期のうち、20代から中高年期が中心となる。

1　生涯発達と現代的課題

1.1　発達課題論と現代のライフコース

　人はこの世に誕生してから以降、日々の生活上、不規則に生じる出来事や様々な状況、場面における多様な学びを経験し過ごしている。少なくとも、幼少の頃から多様な経験を蓄積するなかで、生活感覚や物事の判断力を養い、日々の生活を送っているのである。

---

2) 生涯学習研究 e 事典，加藤千佐子「青年期の理解と学習　1 青年の発達理解」http://ejiten.javea.or.jp/content.php?c = TWpJeU1ETTA%3D，（参照2014-1-31）.
3) 例えば、宮本みち子著『ポスト青年期と親子戦略：大人になる意味と形の形容』勁草書房, 2004.

人間の一生には、乳児期、幼児期、児童期、青年期、成人期（または壮年期）、高齢期（または老齢期）という発達の過程があり、順序性に基づいた発達段階を経て成長を遂げていく。そこで「人間が健全で幸福な発達を遂げるために各発達段階で達成しておかなければならない課題」「次の発達段階にスムーズに移行するために、各時期区分において習得しておくべき課題」を「発達課題」として提示した発達心理学者ロバート・J・ハヴィガースト（Havighust, R. J.）や、同様の提起を行ったエリク・H・エリクソン（Erikson, E. H.）の理論は、今日においても誕生から始まる人間のライフコースを考える上で参考になる（表4.1、表4.2参照）。しかし、各ライフステージの課題は、その時々の社会情勢や社会、文化的環境によって大きく変容し、また歴史的にも差異があることには留意しておかなければならない。「子ども」という時期も、かつてフィリップ・アリエス（Aries, P.）が指摘したように、中世の社会においては「小さなおとな」という存在でしかなかったのである。とりわけ、少子高齢化が加速する今日の日本社会の現状からすれば、晩婚化や生涯未婚の人が増加していることに加え、ライフスタイルそのものが大きく変容している。

　戦後日本ではとりわけ、少子化が加速化してきた。女性が一生のうちに産む子どもの数は、第一次ベビーブーム（1947～49年）の4.32、第二次ベビーブーム（1971～74年）の2.14、さらに、1889年の「1.57ショック」を経て、過去最小と言われた2005年の1.26に至るまで低下の一途をたどった。2010年には1.39と持ち直したとはいえ、少子化の現状は、深刻といわざるを得ない。また、図4.1に示されるように、晩婚化は顕著に進み、生涯独身で過ごす未婚率の割合も1980年代から比すれば、男性は約10倍の20.14％、女性は約2倍の10.61％と増加傾向にある。このような状況からも、人々のライフスタイルそのものが大きく変化しており、必然的に、女性のみならず、男女ともに生き方や家族のあり方も変容していることがうかがえる。

　以上のように、時代ごとの人口構成や産業構造の変化、それらによるライフスタイルの変化などを考慮すれば、異なる時代や社会で提起された発達課題論や年齢区分に基づいた従来のライフコースの捉え方を適用して生涯学習を考え

表4.1 ハヴィガーストの発達課題

乳幼児期	・歩行の学習　　　　・固形の食物を摂取することの学習 ・話すことの学習　　・排泄の仕方を学ぶこと ・性の相違および性に対する慎みを学ぶこと ・生理的安定を獲得すること ・社会や事物についての単純な概念形成 ・両親、兄弟および他人と情緒的に結びつくこと ・善悪を区別することの学習と良心を発達させること
児童期	・普通の遊戯に必要な身体的技能を学ぶこと ・成長する生活体としての自己に対する健全な態度を養うこと ・友達と仲良くすること ・男子（女子）としての社会的役割を学ぶこと ・読み、書き、計算の基礎的技能を発達させること ・日常生活に必要な概念を発達させること ・良心、道徳性、価値の尺度を発達させること ・人格の独立性を達成すること ・社会の諸機関や集団に対する社会的態度を発達させること
青年期	・同年齢の男女との洗練された新しい関係を学ぶこと ・男性（女性）としての社会的役割を学ぶこと ・自己の身体構造を理解し、有効に活用すること ・両親や他の大人からの情緒的独立 ・経済的独立に関する自信を持つこと ・職業選択と準備　　・結婚と家庭生活の準備 ・市民として必要な知識と態度を発達させること ・社会的に責任ある行動を求め、かつ成し遂げること ・行動の指針としての価値や倫理の体系を学ぶこと
壮年初期	・配偶者の選択　　　　　・家庭を管理すること ・配偶者との生活を学ぶこと　　・職業に就くこと ・子どもをもうけること　　・市民的責任を負うこと ・子どもを育てること　　・適切な社会集団を見つけること
中年期	・おとなとしての市民的社会的責任の達成すること ・一定の経済的生活水準を築き、それを維持すること ・十代の子どもたちが信頼できる幸福な大人になれるよう支援すること ・おとなの余暇活動を充実すること ・自分と配偶者が人間として結びつくこと ・中年期の生理的変化を理解し、適応すること ・老年の両親に適応すること
老年期	・肉体的な力と健康の衰退に適応すること ・引退と収入の減退に適応すること ・配偶者の死に適応すること ・自分の同年代の人々と建設的な関係を築くこと ・社会的、市民的義務を引き受けること ・肉体的生活を満足に送れるように準備すること

（出典）R.J.ハヴィガースト著，荘司雅子監訳『人間の発達課題と教育』（玉川大学出版部，1995）より筆者作成．

第Ⅱ部　生涯学習の対象・内容・方法

表4.2　エリクソンの発達課題

	発達課題	課題達成に失敗した場合
乳児期	基本的信頼感の形成	基本的不信感
幼児期	自律心の形成	恥辱感
児童期	勤勉性の形成	劣等感
青年期	アイデンティティの形成	アイデンティティの混乱
成年前期	親密性の形成	孤独感
成年後期	生殖性の形成	停滞感
老年期	統合性の形成	絶望感

(出典) エリク・H・エリクソン, ジョーン・M・エリクソン, ヘレン・Q・キヴニック著, 朝長正徳・朝長梨枝子共訳『老年期：生き生きしたかかわりあい』(みすず書房, 1997) より筆者作成.

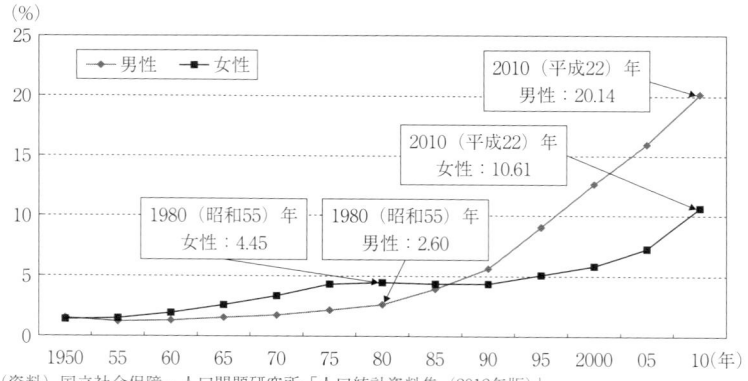

(資料) 国立社会保障・人口問題研究所「人口統計資料集 (2012年版)」.
(注) 生涯未婚率は, 45～49歳と50～54歳未婚率の平均値であり, 50歳時の未婚率.
(出典) 平成24年度版『子ども・子育て白書 (全体版)』内閣府.

図4.1　生涯未婚率の年次推移

ることは、現実的ではない。人々の働き方や生き方など、生活様式が多様化する今日、親子関係や家族の形態、生活環境なども含め、現代社会における発達課題そのものを、多面的に捉え直していくことが求められているのである。

1.2　日本社会における「成人期」の現在

学校教育を修了し、社会人、職業人、または、家庭人として社会生活を送る

第4章　生涯発達と成人期の学習

ライフコースのなかで、本章で注目する「成人期」は、人間の発達段階のなかでも様々な役割や社会的責任を引き受けることが中心になる時期でもあり、その様相は日々、多様化している。しかし、過去には、成人すれば経済的に独立し、結婚して自らの所帯を構えるものと考えられ、地域社会においても生活のなかでの規律、行動などを訓えられるというような、「成人」に向けての自己形成、社会化がなされた時期であったことも事実である。

　それに対し、今日の社会情勢では、若者の雇用さえ十分に確保されず、長期雇用を望むにも不安定な経済状況下では安定した生活基盤を得ることさえ厳しい現実がある。それゆえ、青年期から成人期への移行は長期化する傾向にあり、「ポスト青年期」として30歳を過ぎても親への経済的依存・半依存という特徴を持つ世代が拡大し、社会問題となっている。また、成人期は自らの働き方や生活様式など、多様な価値観と向き合う時期でもある。一人の市民として、あるいは男性または女性として、否応なく付与される社会的役割を引き受けなければならない。自然災害や不慮の事故など、予測不可能な事態に直面することもあり、人生は必ずしも発達課題論のように、時間軸の推移とともに成長・進歩・達成と一直線に伸びていく単線モデルばかりではない。

　知識基盤社会といわれる今日、グローバリゼーションの下であらゆる物事が瞬時に移り変わるなか、知識や情報も日々更新されるため、絶えず学び直すことが求められている。インターネットや携帯電話、スマートフォンなど利便性の高いICTツールの利用は日常的なものとなり、アクセスさえ可能ならば、情報収集には事欠かない社会でもある。そこではまず、情報格差に飲み込まれないために、アクセス方法の習得が肝要ある。そのうえにどんな情報が必要なのか、膨大な情報のなかで取捨選択する能力や判断力、また、昨今の複雑化する社会情勢を読み解く能力、建設的な人間関係を築いていくコミュニケーション力など、成人として備えているべき能力は、むしろ必要性を増している。

　文部科学省によれば、2012年度に大学や専門学校で学んだ社会人は12万人にもおよび、国内の産業構造の変化に伴い、新たな知識や技術が必要となることが予測されている。この動向から翌13年、政府は産業界と協力し、社会人向け

教育プログラムを開発する大学や専門学校に費用を助成する方針を固めた。また、女性の職場復帰やシニア層の地域活動に役立つプログラムを支援する教育改革プランが発表された。これらの政策には人材活用の意図が濃厚であるが、同時に、学習者の自己実現の視点から、年齢に関係なく学び直せる社会を築くことが、人々のゆたかな生活基盤を切り拓くものとして求められる。

2　成人（おとな）の学びをめぐる基本理論

　近代以降、学校教育が発達した欧米社会では、成人期を対象とする教育活動は、子どもの教育とは異なる「価値」をもつものとして、取り組まれてきた。成人の学習をめぐっては、様々な理論的枠組みによる研究が蓄積されている。アメリカの成人教育学の第一人者シャラン・メリアム（Sharan B. Merriam）は、成人の教育をめぐる基本的理論として、アンドラゴジー（Andragogy）、自己決定性／自己主導性（self-directedness）、意識変容の学習、の三つの概念を提示している[4]。

　まず、アンドラゴジーとは、自己決定性とともに、マルカム・ノールズ（Knowls, M.）が提起した概念である。ノールズは、アメリカ合衆国成人教育協会の演説で成人が学ぶことの意味と「成人の学習を援助する科学と技術」の意義を提唱した。ギリシャ語を語源とするペダゴジーが子どもの教育学を指すのに対し、アンドラゴジーという造語により、おとなの教育を提起したのである。そして、成人の学習の四つの項目（学習者の概念、学習者の経験の役割、学習へのレディネス、学習への方向づけ）に着目し、ペダゴジーと比較しながらアンドラゴジーの特徴を示してみせた[5]。

　表4.3のアンドラゴジーとペダゴジーとの比較において興味深い点は、おと

---

[4] シャラン・B・メリアム著，長岡智寿子訳「成人学習理論の新しい動向と研究」『生涯学習の理論』立田慶裕，井上豊久，岩崎久美子，金藤ふゆ子，佐藤智子，荻野亮吾著，福村出版，2011，pp.225-239.
[5] マルカム・ノールズ著，堀薫夫，三輪建二監訳『成人教育の現代的実践：ペダゴジーからアンドラゴジーへ』鳳書房，2002，p.39-41.

表4.3　ペダゴジーとアンドラゴジーの考え方の比較

項目	ペダゴジー（子どもを対象とする教育）	アンドラゴジー（成人教育）
学習者の概念	学習者の役割は、依存的なものである。	成長するにつれて、自己決定性が増していく。
学習者の経験の役割	学習者が学習状況に持ち込む経験は、あまり価値を置かれない。教師の存在や教材等が重視される。	成長、発達するにつれて、経験の貯えを蓄積するようになる。経験は、自分自身、および他者にとっての豊かな学習資源となる。
学習へのレディネス（準備状態）	社会や学校を中心に学ぶべきことを学習しようとする。学習は標準化されたカリキュラムの中に組み込まれるべきである。	現実生活の課題や問題への対処、応用に向けて、学習活動が順序づけられるべきである。
学習への方向づけ	教科中心的	課題達成中心的

（出典）M.ノールズ著，堀薫夫，三輪建二監訳『成人教育の現代的実践』（鳳書房，2002）p.39より，筆者作成。

なには成長とともに蓄積された人生経験が備わっており、経験を学習材料として活かすことが可能であること、また、成人の学習は、現実生活における課題の克服に向けた活動へと「順序づけられていく」と捉えられていることである。つまり、成人期の学習は、子どもの頃の国語や算数などの教科中心の学習とは大きく異なっていることへの理解が必要であり、成人学習者にとっては知識の習得と活用が切り離せないこと、それでこそ「生きた学習活動」が具体化されていくことなどが、示唆されたのである。

次に、自己決定性／自己主導性（self-directedness）[6]である。ノールズは成人の学習活動を考察するなかで、子どもは主要な特性において自己概念が依存的であるのに、成人の場合は、成熟するにつれて自己決定的／自己主導的になっていくとしている。子どもは生活上、あらゆる面でおとなに依存しているが、年を重ね成熟するにつれて、様々な物事の判断を積み重ねることで行動に移すことが可能になり、ゆえに自己決定的な存在になっていくという。

ノールズは、子どもとおとなを学習者として対立したものとみるのではなく、子どもからおとなへの成熟のプロセスにおいて、次のような変化が生み出されるものと捉えた。

---

[6] self-directedness の二つの訳語（自己決定性と自己主導性）については、前掲1）を参照。

(1) 自己概念は依存的なパーソナリティから、自己決定的になっていく。
(2) 人は経験をますます蓄積するようになるが、このことが学習の豊かな資源となっていく。
(3) 学習へのレディネス（準備状態）は、ますます社会的役割の発達課題に向けられていく。
(4) 学習の方向づけは、教科中心的から課題達成中心的へ変化していく。

　成人教育実践のゆたかな経験をもつノールズは、このような成熟のプロセスとそこでの変化に着目していた。他方、これらの変化は成人期になれば自然に起こるのではなく、フォーマル、インフォーマルな学習活動を通して促されるものと捉えていた。ゆえに、ノールズは、成人を対象とする学習活動にはどのような支援方法やアプローチが望ましいのかを考えることを通して、「おとなが学ぶ」意味を探究し続けたのである。例えば、学習者への説明のしかたや教室内の雰囲気づくり、机の配置や時間配分をどのようにすべきかなどの具体的・実践的事項を通してである[7]。

　ノールズはまた、おとなと子どもでは、行動や物事の判断、理解のしかたに加え、学習に取り組む際のレディネスのあり方も異なることを重視した。学習へのレディネスとは、特定の学習に必要な条件が学習者の側に整っているかどうか、その状態を意味する概念である。例えば、就学年齢の児童であれば、小学校での学習に取り組むための必要条件が整っているかという観点から、心身の健康状態はどうか、友達との集団生活が可能であるか、教師の話を聞く態度が備わっているかなどが、レディネスとして問われることになる。ノールズは、おとなの学習のレディネスは、年齢や心身の状態、一定の資質や能力というよりはむしろ、その社会的役割を果たすにあたって求められる課題への問題意識や、取り組みの意欲・姿勢によって生み出されていくと考えたのである。

---

7) 自己主導型学習の具体的な展開については、ノールズ、M著, 渡邊洋子監訳, 京都大学SDL研究会訳『学習者と教育者のための自己主導型学習ガイド』（明石書店, 2011）を参照されたい。学習者である成人の学習活動の進め方や教師（ファシリテーター）の役割、学習リソースなど、詳細に述べられている。

最後に挙げるのは、意識変容の学習である。メリアムは学ぶことにより、単に、何かの事がらについての知識をたくさん得ることができたとする量的な変化ではなく、どのような方法でどのように理解をしたのか、あるいは、どのように捉えるようになったのかを重視すべきであると述べる。ものの見方や考え方の変化を促す学びこそ、学習の成果であると主張するのである。

　意識変容の学習の代表的な研究者としては、パウロ・フレイレ（Freire,P）とジャック・メジロー（Mezirow,J）が挙げられる。フレイレは、故郷ブラジルの貧しい農民を対象に、文字の読み書き学習（識字教育）に取り組んだ教育学者である。フレイレの識字哲学では、ただ、文字を機械的に暗記するような学び（＝銀行型学習）ではなく、文字の習得を通して、学習する人々がこれまでおかれてきた状況（あるいは、現在の状況）を批判的に読み解いていく学び（＝問題提起型学習）の必要性が提唱された。文字の獲得を通して世界を読み解いていこうとする学びこそ、おとなの学びであると提起したのである。

　また、メジローにおいては、成人の学びのプロセスで考え方やものの見方が変容していくことに着目し、そこに学びの本質があることを提示した。そして、意識変容の学習（transformative learning）の三つのタイプ（①内容の振り返り、②プロセスの振り返り、③前提の振り返り）を提示し、意識変容に至るには、物事の前提となっている信念や価値観を批判的に振り返ることで、経験を意味づけられるようになるとの理論を提示した。フレイレ、メジローの共通点は、批判的省察（振り返り）を行うことにより、自身の思い込みや信条、ものの見方が変化することを述べていることである。成人期の学びにおける批判的思考の重要性を説いたのである。

　以上の基本的理論をふまえつつ整理すると、学習者としての「成人」とは、①過去の知識や経験を学習活動に取り込む、②ある特定の価値観や「ものの見方」が成立しているが、変容の可能性をもつ、③物事を文脈との関わりで理解する、④自己決定性を志向する存在であると捉えることができよう[8]。また、成人の学習活動を円滑に進めるには、学習活動を育む社会的背景についても考

8）前掲1）.

慮しなければならないことをつけ加えておきたい。

3 読書活動における成人の学び

3.1 成人の読書活動の様相

　成人の学びは目的や内容、そして形態も実に多様ではあるが、ここでは、成人期の学習活動について読書活動を事例に検討していこう。

　読書活動は子どもから高齢期の人々に至るまで、幅広い年齢層の人々が親しむことができる学習活動の一つである。子どもの頃の読書活動といえば、課題図書の読書感想文や、絵本の読み聞かせなどが記憶に残る人は多いであろう。成人でも読書会や輪読会、朗読の会のように、複数の人々と読書を楽しむ活動、内容について意見交換する活動など、広範、かつ多様な形態で展開されている。

　また、活字離れ・読書離れが危惧されるなか、あらゆる世代の人々が読書を楽しめる社会を築いていくために、「国民読書年」（2010年）のような取り組みもある。政官民協力のもと、マスメディアを介して国民読書年の特集番組の放映や新聞、雑誌への記事掲載、各種イベントなどが実施されている。読書環境の充実は活字を読むことだけでなく、言葉を創造する活力にも繋がっていく。子どもを対象に行われている物語や絵本の「読み聞かせ」の活動等も、成人においても役立つものである。活字にふれる機会があればあるほど、言葉を駆使して伝えることや多様な表現の手立てを学ぶことになるからである[9]。

　2013年に独立行政法人国立青少年教育振興機構が実施した「子どもの読書活動の実態とその影響・効果に関する調査研究」にて、成人の読書活動の実態が明らかにされた[10]。その結果、読書が「とても好き」「わりと好き」と答えた成人は全体の6割で、「1か月あたり何冊くらい本を読みますか」という問いに対して「1冊」以上を選択した成人は約7割とであった（表4.4参照）。

---

9) 秋田喜代美，庄司一幸，読書コミュニティネットワーク編『本を通して世界と出会う』北大路書房，2005.
10) 成人5,258人、中・高校生21,168人を対象に、読書活動の実態や子どもの頃の読書状況が成人以降の読書や意識・能力に及ぼす影響などが調査された。

第4章 生涯発達と成人期の学習

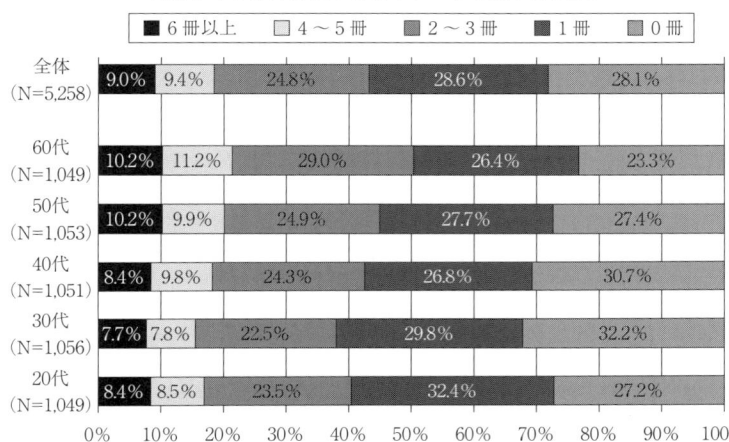

表4.4 「1か月あたり何冊くらい本を読みますか」

	6冊以上	4～5冊	2～3冊	1冊	0冊
全体 (N=5,258)	9.0%	9.4%	24.8%	28.6%	28.1%
60代 (N=1,049)	10.2%	11.2%	29.0%	26.4%	23.3%
50代 (N=1,053)	10.2%	9.9%	24.9%	27.7%	27.4%
40代 (N=1,051)	8.4%	9.8%	24.3%	26.8%	30.7%
30代 (N=1,056)	7.7%	7.8%	22.5%	29.8%	32.2%
20代 (N=1,049)	8.4%	8.5%	23.5%	32.4%	27.2%

（出典）独立行政法人国立青少年機構『子どもの読書活動の実態とその影響・効果に関する調査研究』2013, p.5-6.

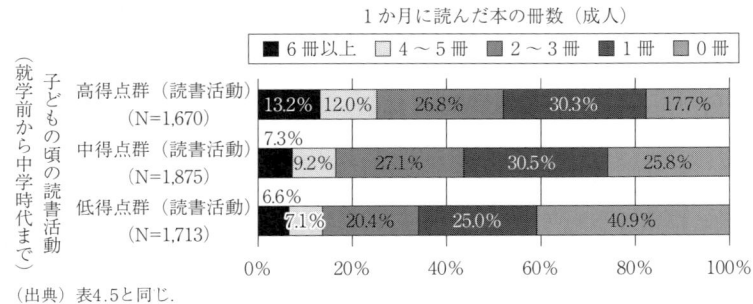

表4.5 「子どもの頃の読書活動と成人以降の読書との関係」

1か月に読んだ本の冊数（成人）

子どもの頃の読書活動（就学前から中学時代まで）		6冊以上	4～5冊	2～3冊	1冊	0冊
	高得点群（読書活動） (N=1,670)	13.2%	12.0%	26.8%	30.3%	17.7%
	中得点群（読書活動） (N=1,875)	7.3% 9.2%		27.1%	30.5%	25.8%
	低得点群（読書活動） (N=1,713)	6.6% 7.1%		20.4%	25.0%	40.9%

（出典）表4.5と同じ．

　読書の理由としては、「楽しむことができるから」「読書は面白いから」という理由が多い。そして、子どもの頃に読書活動を多く経験した成人は、現在における読書活動も多く経験しているという興味深い傾向が確認されている（表4.5参照）。子どもの頃の読書活動の豊富さが、成人期における未来志向や社会性、自己肯定、意欲・関心、文化的作用・教養、市民性のすべての面において、意識が高いという結果は興味深い。子どもの頃から親しんだ読書の経験は、成人以降も様々な側面で、意味を与えているものと考えられる。

3.2 本との関わりと読書環境の変容

　特別に読書家ではなくとも、書店や図書館の入り口に立った際、最初に立ち寄るコーナーを決めている人も少なくはないだろう。新刊や話題の本が平積みされている箇所に立ち寄り、実際にページをめくることや、本の装丁から目についたものを手にしてみることもある。また、新聞、雑誌、インターネット等メディアを通じて紹介される書評に目を通し、現在、話題になっている本の内容を把握することも読書活動の一つである。

　例えば、1991年よりNHKBSプレミアムで放送された番組「週刊ブックレビュー」は、成人の読書活動をテレビという媒体で展開した事例として興味深い。番組自体はすでに終了（2012年3月）しているが、21年間で紹介された本が約2万冊におよぶ人気番組であった。ゲストによる「今週のおすすめの本」のコーナーや司会者やゲストの評価も、番組の魅力の一つであったと考えられる。テレビ番組で本の内容にまつわる会話や評価がなされることに、視聴者は興味・関心を抱いたであろう。また、教養番組で話題の本が紹介され、その作家をも交えてブックトークが展開される番組は、視て聴いて楽しむ読書活動ともみなすことができよう。

　同番組が20周年記念を迎えた際、20年間で成人の本との関わり方や読書環境が大きく変化したことが紹介された[11]。一つは、書店のあり方である。建物全体が書店であり、フロアーごとにあらゆる領域の書籍が販売されている大型書店が都市部を中心に拡大したという変化、そして、ごく一部の人が古書を購入していた時代から、本のリサイクルショップが出現し、自宅に眠る本の売買が広く一般化したという変化である。

　次に、インターネットの普及・浸透によるネット社会の成立である。ネット書店が拡大し、中古本や古書のネット書店も支持され、書籍の5、6冊のうち1冊はネット書店で販売されるようになった。オンライン蔵書目録を完備している公共図書館であれば、自宅からアクセスして本の探索・貸出予約が可能と

---

11) 『ステラMOOK 週刊ブックレビュー20周年記念ブックガイド』NHKサービスセンター, 2011.

なった[12]。タブレット端末やスマートフォンの普及で電子書籍も登場し、紙媒体から電子媒体へと今日の読書環境は大きく変わりつつある。

　ネット社会がもたらした利便性や効率性は無視できないとはいえ、店主が選んだ大型書店では扱われない書籍、絵本、雑誌のみを並べるセレクト書店も注目されている[13]。カフェのような書店や図書館も登場し、好みの書籍に囲まれて心地よい空間で読書を楽しみ、心の休息を得ることを求める人は少なくない。来訪者の質問やニーズに対応可能な書店員や司書の存在も、読書活動を楽しむための大きな要因である。成人の本との関わり方は、読書の楽しみ方やニーズにあわせた本との出会い方にかかわってくるのである。

3.3　成人における読書活動の意味

　成人の読書活動の原動力となるのは、紙媒体か電子媒体かにかかわらず、何よりも、人々の「知りたい、読みたい」という知的欲求や必要性である。また、書籍をめぐる多様な活動領域が存在していることにも改めて気づかされる。

　例えば、若い頃に親しんでいた物語や小説を改めて読み返してみると、年齢を重ねるなかでようやく著者のメッセージが理解できるようになり、以前に読んだはずの小説が、まるで異なる作品のように思えてくることがある[14]。また、文芸作品をあえて異なる視点により読み解いていくことで、他の領域にも通ずる課題や新たな価値を見出すこともある[15]。さらには、分かりやすく解説された医学書、税金関連などの実用書なども、生活課題に直結した情報収集として活用され、暮らしのなかでより具体的な意味を持つことになる。

　物事がめまぐるしく変化する日常生活のなかで「私にとっての1冊」に出会うことが、成人にとっては新たな気づきや発見を促し、読書活動をさらに充実させていくものと考えられる。そこには、これまでの生活や人生上における

---

12)　永江朗「本と本をめぐっての20年」、前掲 pp.131-134.
13)　「本があれば、週末はもっと楽しい」『The GOLD』、2013年2月号，p.41-53.
14)　宮本輝『本をつんだ小舟』文藝春秋，1993.
15)　長岡壽男「吉村昭の作品から読み取る経営の風景」『大阪青山大学紀要』vol.4，2011，p.19-30.

様々な出来事を経て培われてきた経験知が反映されているのであり、まさに、ノールズの述べるアンドラゴジーを反映した、自己決定性に委ねられた学習活動といえる。換言すれば、人は、成長、発達とともに多様な経験を重ね、同時に、理解力、判断力、ものの見方など、様々な思考力も培っていくのである。

　つまり、成人の学習活動のゆたかさは、新しい知識やスキルをどれだけ多く学ぶのかではなく、生活のなかで蓄積されてきた知識を異なる角度からみつめ直すかのように、質的な意味で意識変容を迫る契機に結びつくことにある。フレイレやメジローが提起したように、物事の前提となっている信念や思い込み、価値観を批判的に振り返ることで、私たちは自身の経験を新たに意味づけることができるようになる。もっとも、過去の経験に捉われ過ぎるあまり、固定観念から抜け出せない人も少なくはない。それだけに、成人期の学びにおける批判的思考の重要性は、読書活動においても意味を持つものといえる。

4 おわりに
―― 「学ぶこと」を学ぶ学習活動に向けて ――

　成人の学習活動は、机に向かって分厚い専門書のページをめくることばかりではなく、実際の仕事や生活を通して育まれるものであり、多様な価値が見出されている。読書活動ならば、単に活字を読むだけでなく、書籍を題材にこれまで想像さえしなかった新しい気づきや発見が得られることや、既知の物語や小説を異なる視点で読み解いてみるなど、人は年齢を重ねるなかで、これまで意識してこなかった（見過ごしてきた）数々の視点に改めて気づくことがある。そのような活動が、自らの生き方やものの見方を振り返る契機につながるのであり、成人期の学習のゆたかさを示すものであろう。

　1965年、ポール・ラングランが提唱した「生涯教育」は、フロントエンドモデル（教育機会が子どもから成人するまでの限られた期間に集中する伝統的な教育システム）を脱却し、学校教育修了後も人々が多様な学習機会を活用して学ぶことができる社会の創造を目指して、成人（おとな）が学ぶことの意義を重視するものであった。昨今では、OECDが進める国際成人力調査（Programme for the

International Assessment of Adult Competencies：PIAAC）により、各国の成人が日常生活や職場で必要とされる技能をどの程度有するかを明らかにする取り組みが行われている。そこでは、急速に変化し続ける現代社会に必要とされる知識やスキル、技能を駆使し、社会に参画することが可能な「成人力（adult competencies）」を育むことがおとなの「生きる力」として求められている[16]。

学びは、蓄積されてきた多様な経験を様々な場面で活かすことを促すゆたかさを秘めている。成人期の学習活動が人々の生涯にわたる学びのなかで、さらなる意味を持つとともに、「学ぶこと」を学ぶ学習活動としても、今後も幅広く展開されていくことが望まれる。

参考文献
ロバート・J・ハヴィガースト著，荘司雅子監訳『人間の発達課題と教育』玉川大学出版部，1995．
エリク・H・エリクソン，ジョーン・M・エリクソン，ヘレン・Q・キヴニック著，朝長正徳，朝長梨枝子訳『老年期：生き生きしたかかわりあい』みすず書房，1997．
シャラン・B・メリアム，ローズマリー・S・カファレラ編『成人期の学習：理論と実践』立田慶裕，三輪建二監訳，鳳書房，2005．
立田慶裕・井上豊久・岩崎久美子・金藤ふゆ子・佐藤智子・萩野亮吾著『生涯学習の理論：新たなパースペクティブ』福村出版，2011．

16）国立教育政策研究所内国際成人力研究会編著『成人力とは何か OECD「国際成人力調査」の背景』明石書店，2012．

■□コラム□■

おとなの学習事例
―生涯学習音楽指導員養成講習会での実践から―

　公益財団法人音楽文化創造財団では、地域社会で音楽活動に携わる成人を対象に、生涯学習音楽指導員養成講習会を実施している。その目的は、音楽活動に携わる指導者が音楽の技術指導力を高めることだけでなく、広く市民を対象に、地域社会のなかで音楽という文化活動を広める「橋渡し役」として活躍してもらうことにある。

　筆者が担当した講習会では、講義に加えて、絵本の読み聞かせ活動に取り組んでもらうことを課題とした。グループに分かれ、音読だけでなく効果音も即興で創り、発表するのである。受講生は皆、音楽の専門家であるが、通常とは異なる課題や状況に、「えぇ、そんなこと、今までしたことがない！」「どうすればいいんだろう？」と戸惑う声が多々、聞かれた。しかも、楽器は一切、使用しないことが条件である。教室内は、やや混乱状態。しかし、休憩時間に教室の様子をうかがうと、物語に合わせて曲や歌を考え、その歌声に合わせて、楽器の代わりに手、足、文房具などを活用した猛練習が行われていた。「どんなイメージ？」「これではちょっと、寂しいかな？」などと互いに確認し合いながら作業が進められていた。

　さすがに音楽の専門家である。その後の成果発表では、どのグループも見事な「音と語りのコラボレーション作品」が披露され、拍手が鳴り、教室内は受講者間で互いの発表のすばらしさに感動する場となった。

　「こんなかたちの音楽活動もあるのですね。面白いです！」「今後は、音だけでなく、その他の表現活動も試してみたい」「朗読活動をしている人にも声をかけ、一緒に挑戦してみようと思います」など、多数の意見が交わされた。講習会での実践は、ささやかではあるものの、音楽教師という立場にある人が、自身の専門領域を活かしながらも、いつもとは異なる状況下で日々の活動をみつめ直す興味深い機会であったといえよう。

写真　指導者養成講習会のひとコマ
（資料提供）公益財団法人音楽文化創造財団。

（長岡智寿子）

第5章　生涯学習の内容と学習課題

　生涯学習における「学習内容」とは何だろうか。
　あまりにも自明にみえて、実は曖昧模糊として捉えどころのないこの問いを考えるために、本章ではまず、「生涯学習」と「生涯教育」、「生涯学習」と「学校教育」、「学習の位置づけ」と「学習目的」、「学習領域」と「学習課題」などの概念的な問題を整理する。その上で、「生涯学習で私たちは何を学ぶのか」について、実践的・具体的に考える手がかりを提示したい。

1　生涯学習における「学習内容」の前提と考え方

1.1　「生涯教育から生涯学習へ」の示唆

　これまでの章でもみてきたように、戦後世界における「生涯学習」は、ユネスコの生涯教育論を起点として生み出され、発展してきた考え方である。
　生涯学習とは基本的に、人が生まれてから死ぬまでの生涯にわたり、所属する社会や集団、関係性などから要請される課題の解決への取り組みを通し、またその人自身の内面から生じる多様なニーズを満たすことを通し、人らしく生き、活動していくためのあらゆる学びを含む。またそのような学びを「いつでも」「どこでも」「だれでも」が、実態やニーズに応じて享受できるようにするべく、環境を醸成し、機会を保障し、学びを支援する営みを、生涯教育と呼ぶ。それゆえに、「生涯教育から生涯学習へ」というキーワードの変遷を、「教育」を否定し、代わりに「学習」を迎え入れたものと理解するのは、正確とは言い難いのである。
　日本における1980年代の「生涯学習」概念の登場は、教える側から学ぶ側へ

第Ⅱ部　生涯学習の対象・内容・方法

の転換として好意的に捉えられてきたといえよう。教育から学習へというこの軸足の変更は、教育者主体から学習者主体への基本姿勢の変化を象徴するものとして、肯定的に受け止められた。もちろん「学習者」が生涯学習の主体であることが明確化された点は、特筆される。とはいえ、学習ニーズの高度化・多様化に対応して「生涯学習」を掲げた臨教審最終答申が結果的に、「自由な学習者」の概念とともに受益者負担主義の導入を容易にした経緯も否定できない。カルチャーセンターなどの教育文化産業を中心に広範な学習市場が形成された一方、「無償性」を掲げる公民館などの社会教育では事業予算が削減され続け、結果として大きな教育（学習）格差が生み出されるに至った経緯も、以後の日本社会のたどってきた道なのである。

　ここで改めて確認したいのは、学習概念の登場により、学ぶ側の視点が生まれ、強調されるようになったことは、必ずしも、教育側の視点が否定されたことを意味するわけではないという点である。冒頭に挙げた生涯学習と生涯教育の関係図式、すなわち Learning/Teaching を一体化させて捉える発想は、欧米の成人学習・教育において理論的・実践的基盤をなすものでもある。「生涯学習」の登場で生じたのは「学習から教育へ」の変化ではなく、「教育」という概念とその役割の変化なのである。

　言い換えると、生涯学習では、従来の学校でみられたような「教える─教えられる」というタテ関係において、学習者を「直接に教え導く」という役割から、「学ぶ／おしえる」[1]というヨコの関係において学習者を主人公としつつ、それを「直接的・間接的に支援する」役割へと、教育（者）の役割こそが、大きく変化した。それはむしろ、学習者が、タテ関係のなかで「教え導かれる」存在から、ヨコ関係で「支援される」べき「学びの主人公」として、学習の前面に歩み出てきたことに連動したものである。それゆえに「学習内容」も、教育者から手渡される既製の「パッケージ」から、学習者が自ら選び取り、内容

---

[1] 渡邊洋子『生涯学習時代の成人教育学：学習者支援へのアドヴォカシー』（明石書店，2002）では、知識の伝達を示す「教える」に対し、学習支援を意味する「おしえる」を用いて区別している。

を吟味しながら組み立てる自前の「プロダクト」へと、その性格が大きく変化したのである。

1.2 「学習内容」の基本的な考え方

　生涯学習では、「学習内容」の捉え方が、学校教育とは大きく異なっている。

　学校教育で教えられる内容には、「学習指導要領」という基準が存在する。小学校では、国語や算数、中学校以上では、英語や社会（歴史）、理科（生物）などの教科が決められており、「教えるべき」（＝「学ぶべき」）内容が、同要領に細かく規定されている。そこでは、「学校で教える範囲」「学校では教えない事項」のように、「含まれる」「含まれない」ものの明確な区別が存在し、「○年生で学ぶ内容」のように、年齢（学年）ごとに具体的事項が決められている、また学年進行とともに、易しいものから難しいものへ、単純なものから複雑なものへと、内容が系統的に並べられている点も、特徴的である。

　同要領は文部科学省の管轄下にあり、教育基本法や学校教育法のもと、社会の教育期待をも反映しつつ、全国一律の教育を保障する拠り所となっている。ただ、取り扱う内容や取り扱い方に一定以上の逸脱がみられた場合には、法的拘束力が目に見えるかたちで行使されることもあり得る。他方、学習内容の系統的な構成には、子どもたちの発達段階に応じた学習内容を重視する「レディネス」（学習の準備性）の考え方も反映される。すなわち、学校教育における学習内容は、国家・社会の要請や子どもの発達などをもとに、学習者自身の学ぶ目的やニーズとは異なる文脈において、決定・規定されているともいえる。

　これに対し、生涯学習においては、学ぶ内容の制限や基準も、年齢制限も存在しない。学習者が何をどのように学ぶかは、基本的に、学習者自身が決めるものである。ある目的のためにある内容を学ぶこと、例えば、高度情報社会の中でインターネットの使い方を学ぶことや、高度高齢社会に向けて年金制度について学ぶことは、国家・社会など周囲から期待・推奨されることはあっても、命令・強制されることはない。生涯学習で国民が何をどう学ぶかについてはむしろ、国家・社会の命令、規制や強制があってはならないのである。

その大きな前提が、日本国憲法における思想信条の自由や学問の自由である。戦前期の社会教育[2]は、国民の学びや内面に国家が強く関与・介入し、戦時翼賛体制への国民の精神的動員に加担した歴史的経験を有する。戦後日本は、その深い反省と自己批判をふまえつつ、日本国憲法の理念のもとに、社会教育法を成立させたのである。同法において行政の役割は、国民・住民が自ら求める学びのための「環境の醸成」や、学習機会の提供及び奨励、関係者間の連携・協力の促進にあることが明記され[3]、国家や自治体が学習の内容や方法に踏み込むことは、禁止・抑制されている。すなわち、行政は、国民・住民がよりよく学ぶための体制やサポートにのみ徹するべきであり、個々の学習者が何をどう学ぶか、学んだ成果をどう活かすか等には、直接に関わらないとの立場が取られている。

また、社会教育に関わる専門職として社会教育主事が挙げられている。同主事の職務に、国民・住民の学習内容を決定・伝達することが含まれない点にも注意する必要がある。その役割は「社会教育を行う者」に対して「専門的技術的な助言と指導」を与えることであり、「命令及び監督」を行わないものと規定されている。生涯学習の文脈では、国民・住民（学習者）自身が学ぶ内容や方法を選択・決定するとの前提に立ち、その効果的な実現を、社会教育主事を含む行政・教育担当者が支援するものと捉えられている。

以上のことから、教育＝学校教育の図式で「学習」を捉える人ほど、学習指導要領のような基準や指針が存在しない生涯学習を「曖昧」で「わかりにくいもの」と感じるかもしれない。だが、生涯学習とは、人が人らしく生き、活動していくプロセスにおける広範な学びを指すがゆえに、学習内容は、「人が生きる」ことに直接的・間接的に関わり、あらゆる領域におよぶものなのである。

生涯学習における「学習内容」とはすなわち、自らの学習の位置づけに応じて、学習者自身が社会の様々な事象や対象から選び取った学習領域・項目を、

---

[2] 戦前の社会教育のあり方と戦後社会教育との「断絶」の様相については、例えば、相庭和彦『現代生涯学習と社会教育史』（明石書店，2007）を参照。
[3] これらは「国及び地方公共団体の任務」として社会教育法第三条に掲げられている。

自らの学ぶ目的とニーズに見合う形態や方法において構成した、学習要素のまとまりのことを指すものなのである。

2 「人は何を学んでいるか」から考える

2.1 生涯学習の「イメージ」と学習経験

現代日本では、生涯学習で人は何を学ぶとみなされ、また実際に何を学んでいるのか。まずは、調査に示された、生涯学習の「イメージ」と学習経験からみてみよう。

1988年以降、内閣府（当初は総理府）では、数年おきに「生涯学習に関する世論調査」を実施している。同調査は「生涯学習に関する国民の意識を把握し、今後の施策の参考とする」ことを目的としたもの[4]であるが、そこでは「学習内容」という言葉は、調査項目にも設問にもみられない。代わりに、「あなたは、生涯学習という言葉から、どのようなイメージを持ちますか」との問いが設けられている。

2012（平成24）年7月実施の同調査で挙げられた生涯学習の「イメージ」をみてみよう。回答率順に示すと、「幼児期から高齢期まで、生涯を通じて学ぶこと」(46.2%)という理念に関わる回答が最も多いが、続いて「生活を楽しみ、心を豊かにする活動をすること」(42.7%)、「趣味・教養を高めること」(40.6%)、「高齢者の生きがいづくり」(34.7%)「公民館や生涯学習センターなど、公の機関での講座や教室における学習活動」(30.9%)など、「何を学ぶか」に関わる事項が選ばれている。さらに、健康・体力づくり、民間の機関での講座や教室での学習活動、職業上必要な知識や技能の習得などが20％前後で続き、学校における学習活動は10％程度である。

以上から、生涯学習の「イメージ」としては、公的機関で講座や教室などの

---

[4] 内閣府「生涯学習に関する世論調査」は、生涯学習の現状、今後の意向、振興方策の3本だてで構成され、日本国籍を有する20歳以上の男女3000人を対象に行われている。近年は、2008（平成17）年、2011（同20）年、2012（同24）年の各年度に実施された。

かたちで提供される、生活を楽しみ、心を豊かにする学習活動、趣味・教養の学習、生きがいづくり、などに関わる活動が想定されていることがうかがえる。

同調査ではまた、過去1年間の「生涯学習経験」を複数回答で尋ねている。調査員が回答者にその設問に答える前に「よく読んでもらう」ための「資料」には、生涯学習について「学校教育や、公民館における講座等の社会教育などの学習機会に限らず、自分から進んで行う学習やスポーツ、文化活動、趣味、ボランティア活動などにおけるさまざまな学習活動のことをいいます」とある。これを受けた選択肢には、「趣味」「教養」「社会問題」「健康・スポーツ」「家庭生活」「育児／教育」「職業」「情報」「ボランティア」「体験活動」「正規課程」などのキーワードで構成された学習領域と例が提示されている。

具体的には、「趣味的なもの」（音楽、美術、華道、舞踊、書道、レクリエーション活動など）、「教養的なもの」（文学、歴史、科学、語学など）、「社会問題に関するもの」（社会・時事、国際、環境など）、「健康・スポーツ」（健康法、医学、栄養、ジョギング、水泳など）、「家庭生活に役立つ技能」（料理、洋裁、和裁、編み物など）、「育児・教育」（家庭教育、幼児教育、教育問題など）、「職業上必要な知識・技能」（仕事に関係ある知識の習得や資格の取得など）、「情報端末」（コンピュータやタブレット端末など）や「インターネットに関すること」（プログラムの使い方、ホームページの作り方など）、「ボランティア活動のために必要な知識・技能」、「自然体験や生活体験などの体験活動」、「学校（高等・専門・各種学校、大学、大学院など）の正規課程での学習」などである。特に回答が多いのは「健康・スポーツ」（30.4％）、「趣味的なもの」（25.7％）などであった。

生涯学習に「取り組んでいる」と自覚的に回答しているのは、このような個々の学習領域を足場として、様々な形態で学んでいる人々なのである。

2.2 「学習行動」「学習関心」と「学習項目」

別の調査においては、学習内容を「学習項目」の一覧として示す試みが行われている。

藤岡英雄は、「NHK学習関心調査」（1982～98年に5回実施）の開発・実施に

携わった立場から、同調査を分析している。そこでは「学習」が「ある程度まとまりをもった知識・技能（あるいは態度・能力）の獲得・維持・向上を目指して行う行動」と定義され、「すでに行動化している学習（学習行動）」と「学びたいという意識（学習関心）」に焦点を当てる形で、学習の傾向性と学習行動、学習関心の実態の解明が試みられている[5]。

「学習内容」について藤岡は、従来の各種の学習要求調査では「学習内容の分類が粗すぎる」と指摘する。同調査ではそれをふまえ、学習行動や学習関心の対象を6カテゴリーに分け、その具体的な下位領域を「学習項目」（「音楽」ならばピアノ、ギターなどの楽器演奏、歌謡曲、民謡、作曲など）として並べ、一覧表を作成している[6]。以下は、その概略である。

1 「趣味・おけいこごと」
　　音楽、美術、舞踊、美術、手工芸、文芸制作、茶華道、ゲームなどから、65項目
2 「家庭生活・日常生活」
　　被服、住まい、調理・食品、健康、家庭教育、家庭の経済・法律、生活技術などから、49項目
3 「スポーツ・体育・レクリエーション」
　　球技、格闘技、個人スポーツ、体育、レクリエーションなどから、43項目
4 「教養」
　　外国語、日本古典文学、外国文学、短歌・俳句・現代詩、哲学・思想・宗教、日本・世界の歴史、民俗学、女性史、政治学、経済学、社会学、文化人類学、社会思想、心理学、教育思想、自然科学、芸能の知識と鑑賞などから、81項目
5 「社会」
　　文化・社会、教育、福祉、保健・衛生、事件、地域、資源・エネルギー、経済、労働、政治、国際などから、76項目
6 「職業」

---

5) 藤岡英雄『学習関心と行動：成人の学習に関する実証的研究』学文社，2008.
6) 前掲5），p.40-41.

経営・管理、農林水産、工業技術、被服・縫製、編集・制作、資格の学習から、68項目

2.3　改めて「学習内容」をどう捉えるか

「生涯学習に関する世論調査」の生涯学習「イメージ」の例示も、「学習経験」として挙げられた学習領域も、さらに「NHK学習関心調査」において細分化された「学習項目」も、いずれもが、人々が選択し学ぶ（学んでいる）科目領域や学習テーマが、既存の領域区分のどこに該当するかを示したものである。すなわち、各々の学習者が取り組んでいる「学習内容」が大枠として、既存の学習領域のどこにあてはまるのかを示唆したにすぎないとも言える。

生涯学習における「学習内容」とは、学習者自身が「自分にとっての学習の位置づけ」と「学ぶ目的」をもとに、ある学習領域や学習項目を足場として（「総論から各論へ」ないし「各論から総論へ」のいずれかの方向において）学ぶ際に、必要と求めに応じて（一定の体系性や論理、順序をもって）学ばれる、学問知や実践知、問題解決に向けた臨床知、および関連情報のまとまりを指す。そこでは、学習者自身の学習意欲や学習ニーズが明確であればあるほど、学ぶ目的、さらにその達成に必要な「学習課題」が明確化する。この「学習課題」を深め、それに自分なりに取り組もうとする道筋が、学習内容を構成する重要な柱立てとなっていくのである。

3　「学習内容」の規定要因と「学習課題」

3.1　学習の位置づけと学ぶ目的

通常、一定の学校教育を終えた後に、私たちが学ぶ目的は多様である。図5.1では、現代社会における「一人のおとなの学びと学習の位置づけ」を図式化してみた。「一人のおとな」の学びは、「個としての学び」「生活者としての学び」を中核としており、「社会人としての学び」「職業人としての学び」「余暇・趣味・教養のための学び」が各々、その外延に位置し、それらがさらに外

第 5 章　生涯学習の内容と学習課題

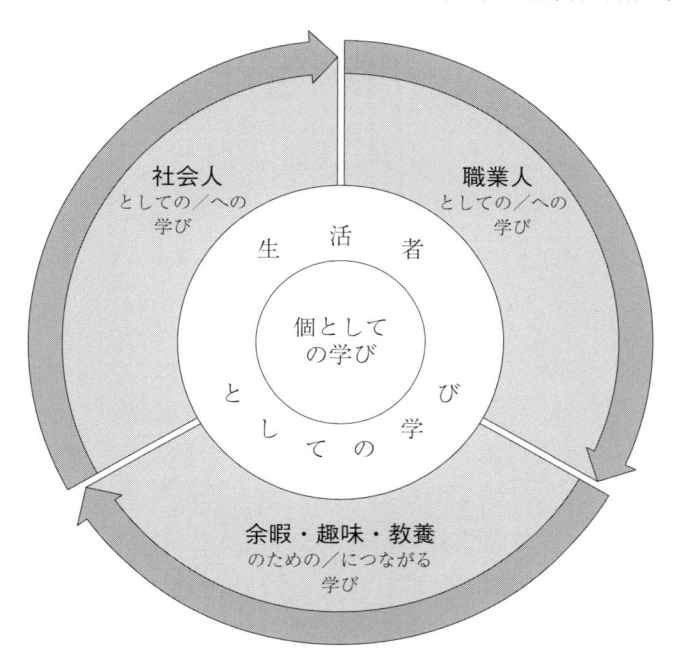

図5.1　一人のおとなの学びと学習の位置づけ
（注）筆者作成．この図は平面図であるが，学びの程度と切実さの度合いを考慮すると，円柱型の立体的なモデルを構想する必要があると思われる．

側に向けて広がっていく。そこには同時に、「個の形成に向けた学び」「生活者に向けた学び」「社会人に向けた学び」、「職業人に向けた学び」「余暇・趣味・教養につながる学び」なども、含み込まれる。以下、これらの学びの特徴をみていこう。

① 個としての学び

　一人の個人としてどう生きるかに関わる学びであり、すなわち、他者とは違う「自分」を見つめ、自己のあり方や生き方そのものを問い直し、今後に向けての課題と展望を明らかにするための学びである。それゆえ、学ぶ目的は必然的に、「個」としての自分について考え、捉え直すヒントを得るという内面探究的なものとなり、「自分さがし」やジェンダー意識の考察なども含まれる。

② 生活者としての学び

　日々の生活を健康かつ安全安心で質の高いものに保ちつつ、具体的な足場や活動において支障なく快適に過ごすことを目指す学びである。この生活者としての学びは、家庭生活、地域生活、職業生活のうち、主に「家庭」を足場とする。学ぶ目的としては、衣食住、家庭経済（家計・消費生活）、生活環境・家庭環境、「家族（夫婦・親子・世代間関係、育児・子育て、健康管理、看病・介護）などに関わる、より合理的・円滑な維持管理や快適な環境づくり、相互理解や心地よい関係性づくりなどが挙げられる。

③ 職業人（働く人）としての学び

　「働く」ことに関わる、「働く」存在としての学びである。学ぶ目的には、より望ましい形でキャリアをデザインすること、自分なりの「職業人生」を始め、軌道修正しつつ歩むこと、よりよく「働きながら学ぶ」「働くために学ぶ」こと、専門職としてキャリア形成すること、ワークライフバランスを考慮しながら中長期的な見通しで「働き続ける」こと、「退職後」の第三の人生に備えること、などが挙げられる。

④ 社会人としての学び―社会生活・社会活動のための学び

　一人の社会的存在としてどう生きるか、に関わる学びである。学ぶ目的としては、地域の一員として円滑に生活し、地域に根ざしたゆたかな関係性を培うこと、社会人としての素養や態度を培い、円滑な社会生活を送れること、社会活動に参画し、そこで役割や責任を担い、社会組織を形成・発展させる力をつけること、などが挙げられる。

⑤ 余暇・趣味や教養のための／につながる学び

　「自分の時間＝人生」を充実させ、一人で／他者とともに、心ゆたかな人生を歩むことにつながる学びである。学ぶ目的は、余暇活動やレクリエーション、スポーツ、趣味や教養などを通して、日常生活の疲れをリフレッシュし、精神

第 5 章　生涯学習の内容と学習課題

表5.1　学習の位置づけと学習の目的、および学習内容の領域・テーマ例

学習者にとっての学習の位置づけ	学習の目的（カッコ内は領域・テーマ例）
個としての学び	「自己の内面や現在の自分のあり方を見つめる」 「自己の行動や歩みを振り返る」 「他者との関係性を見直し考える」 「今後の生き方をデザインする」
生活者としての学び	「衣食住に関わる知識・技術、経験知を得る」 「家庭経営や家庭生活に関わる知識・技術を身につける」（法律、家計・消費生活、社会的慣習など） 「生活環境の向上・改善をめざす」（衛生など） 「家族への理解を深め、その改善に関わる新たな知識や技術を習得する」（夫婦・親子・世代間関係、育児・子育て、健康管理、看病・介護など）
職業人としての学び	「生涯的なキャリアデザインおよび持続可能な働き方を追求する」 「就職・就業・起業に向けて必要な準備を行い、課題や障碍を乗り越える」（就職準備教育、ICT、実務技能の修得など） 「知識・技術を良好に更新しながら、よりよく働き続ける」 　（企業・継続教育、専門職教育、労働者教育など） 「職業生活やキャリア全体を見直す」 「退職後の生活に向けて準備を始める」 「職業生活を振り返り、退職後の人生を見通す」
社会人としての学び	「地域生活に必要な知識・資質・態度を得る」 「社会人に求められる態度や役割を、体得し向上させる」 「社会生活上必要な知識・技術を習得する」 「社会活動への参加に関わる／向けた知識・態度を形成する」 「社会組織の形成・発展に関わって／向けて、知識やノウハウを獲得する」
余暇・趣味・教養としての学び	「余暇活動を充実させ、時間を有効に活用する」 「趣味を充実・発展させる」 「教養の獲得・向上につなげる」 （具体的には、人文社会系、自然科学系、社会科学系、実技系、芸術系、語学・コミュニケーション系、ICT系、旅行系などが含まれる）

(注) 筆者作成.

的な充実感や達成感、生涯にわたる持続性をもった学びに繋げること、それらを、個として、生活者・職業人・社会人としての学びに結びつけ、さらなる段階に発展させていくことなどが、挙げられる。

　表5.1に整理したように、学習者にとっての学習の位置づけと、より焦点化

された学習の目的に応じて、学習者のニーズに最もふさわしい学習領域やテーマが決まってくる。次に重要なのが、学習内容の構成と展開のしかたである。すなわち、大別して、フォーマルな学びで多くみられる「総論から各論へ」という流れを取るか、ノンフォーマルな学びで顕著にみられる「各論から総論へ」の流れを取るかの選択である。

3.2　学習内容の構成と展開

　生涯学習における学びのなかでも、大学の通常授業に準ずる一部のフォーマルな学習は、学問体系を学ぶうえで常道とされる「総論から各論へ」の流れに沿って、主に講義形態で進められてきた。一方、自主学習サークルや市民活動などのノンフォーマルな場面での学びや日常生活の中でのインフォーマルな学びは対照的に、「各論から総論へ」の経路をたどるかたちで、多様な学習形態をとって取り組まれてきた。すなわち、これら二つのアプローチの違いが、学習者の学び方、学ぶ順序やそこで直接に扱われる素材や情報などを大きく規定しているのである。

（１）「総論から各論へ」の学び──コンテントプランで学ぶ

　近代の学問知は、明治期以降の教育において、大学を足場に、教授ないし講師が、留学先や洋書などから学び取った学問体系の概要をかみ砕いて講義する、というかたちで伝えられた。学生や受講者は「拝聴」したものを丁寧に記録し、そこから再生された「講義ノート」を継承する、という営みが繰り返されてきた。それゆえに、大学の授業は一義的に「講義」と呼ばれてきたのである。

　そこでは、まずは講師ないし教育者が、学問体系の全体構造と柱立てを大まかにつかみ、それをわかりやすく伝達すること、学習者はそれを正確かつ丁寧に受け取り、さらに系統的に再生できる程度にまで、学問知を自らのものとして内面化することが求められる。学習者はこの全体構造、すなわち学習場面でいう「総論」が大枠として把握できて初めて、特殊具体的な「各論」を学ぶことが可能になると認識されてきた。「総論」が理解されないうちは、「各論」の

学びは、ほとんど意味をなさない、あるいは逆に、全体的な理解に偏りや齟齬を生み出してしまう、と否定的に捉えられてきたのである。

このような「総論から各論へ」の学びは、ノールズのいう「コンテントプラン」(伝達すべき学問知の論理を基調として構成される学び)に相当するものであり、講義の聴講と同じ学習プロセスを想定した通信教育などにも同じ構造がみられる。さらに、『○○学概論』『××学入門』のように授業のテキストや講義ノートをまとめた書籍を用いる自学自習の学びにおいても、同様である。これらの学びは、学問知の全体構造を大枠にせよ、意識しながら学ぶことができ、系統的にまとまった知識を得ることができる点で、問題意識が明確な学習者には達成感が得られやすい。また時間的・物理的な制約のなかで集中的に学ぶ場合に、一定の有効性を持っている。だが反面、学習者の問題意識が希薄で、取り上げる対象にあまり関心がない場合には、与えられた知識や情報を鵜呑みにし、再生してみせることで、学習目的を達成したとの思い込みを抱きやすい。また自分の眼で対象を吟味し、また他者と意見交換しながら考える余地が不十分であると、受動的でマンネリ化したものになりやすいなどの短所をも内包している。

(2)「各論から総論へ」の学び——プロセスデザインで学ぶ

その一方で、学習者にとって身近で関心が高い話題、ないし問題意識が共有されやすい論点など、「各論」から学びが始まり、それが一角に位置づくような「総論」へと視野を広げ発展させていく学びも、広範に展開されている。この「各論から総論へ」の流れは、フォーマルな学びの一部、およびノンフォーマルな学びの大半でみられるが、戦後日本の社会教育において、地域に根ざし、生活課題や地域課題など住民が直面する課題の解決に向けた学習の取り組みとして、多くの実践が蓄積されてきた点にも注目しておきたい。

最近の例としては、特定の発達課題や現代的課題を掲げる講座やセミナーなどを通して学ぶ場合、問題意識の近い人々が集まって共通の学習課題を掲げ、問題解決を目指して学び合う場合、当日まで面識のない人々が、ワークショップなどで具体的な「問い」を立てながら双方向的に学ぶ場合など、多様で広範

な取り組みが含まれる（具体例は、本書第6章を参照）。

学習内容の論理に沿った「コンテントプラン」に対し、個人の問題意識や共有された課題から出発し、その学習プロセスを重視する「プロセスデザイン」では、当該の学習領域において、学習者自身が学習の目的やニーズに応じて、自らの学びの方向づけをしていくプロセスそのものから学習が構成されるとみなす。ゆえに、そこでの学習内容は、学習プロセスの軌跡と学習者の経験の結びつきに沿って、関連する知識や情報が、学習者自身のなかで再編成される中で生成されるものである。プロセスデザインでは、学習者の問題意識の深まりや認識の高度化が同時に、学習そのものの深まりや発展可能性に繋がっていく。

コンテントプランでは学習者の知識の量や問題関心の幅が、教育者の知識の量や問題関心の幅を超えることはほとんどみられないのに対し、プロセスデザインの学習者は、自らの学びへの取り組みそのものが、学習内容の拡がりと奥行を構成していくがゆえに、教育者をはるかに超えていくような学習の発展可能性をも、潜在的に含み込むことになる。とはいえ、学問知の体系性という観点からの物足りなさはあり得るし、また「総論」に行き着かずに学習が中途半端に終わることを避けるには、周到な準備や配慮が必要とされるのである。

3.3　生涯学習における「学習課題」

学習課題とは、時代状況に応じて社会全体に共有される問題関心、ある属性の人々に共通する学習ニーズなどをもとに、当該学習領域で関心や重要度が高い特定テーマ、注目されるトピック、解決すべき切実な問題などを「学ぶべき課題」として捉え、学際的・実践的にまとめて集約したものを指す[7]。

「学ぶべき課題」とは、学習者自身が自覚的に捉えることもあるが、むしろ、社会教育・生涯学習などにおける学習支援者や学習機会提供者が、教育的・発達的観点に立って取りまとめてきたものといえる。従来、学習課題は、次のよ

---

[7]「学習課題」については、以下も参考にされたい。渡邊洋子「共生・共働社会への社会教育：生涯学習時代に学習課題設定の方法を考える」『生涯学習時代の社会教育』黒沢惟昭編, 明石書店, 1992, p.69-120.

うな形において取り上げられ、個々の学習機会や学習場面に組み込まれてきた。

(1) 地域課題・生活課題

　戦後の社会教育、とりわけ地域の公民館などでは、地域に根ざした人々の生活の改善・向上に寄与する学習プログラムの企画・立案にあたり、どんな学習課題を取り上げるべきかが、重要な問題であった。そこでは、地域住民が共有しともに取り組むべき「地域課題」や個々の生活者が抱える問題で普遍性を持つ「生活課題」などが、学ぶべき学習課題として設定されることが多く、社会教育予算の削減のなかでも、これらは公共性の高い課題として、比較的、優先的に予算配分されてきたものといえる。

　地域課題としては例えば、ゴミ問題、過疎問題、子育て環境問題、学校と地域の連携問題、地域の文化遺産をめぐる問題などがある。住民自身が自らの住む地域がどんな状況にあるのかの実態を知り、そこにどんな問題点や改善点があるのかを、専門家の意見も交えながら住民同士で話し合うといった学習活動が生み出された。

　生活課題としては例えば、健康づくりと衣食住、開かれた育児・子育て、女性／男性としての生き方、家族介護をめぐる諸問題、年金・保険に関わる法律を学び法的改正や備え方を考える、などが挙げられる。このような生活上の関心事や問題点について、同じような状況や問題を抱える参加者が、お互いの状況や見解を出し合いながら、ともに解決策や新たな視点、さらなる取り組みの方向性を探ろうとするものである。戦後社会教育を特徴づける憲法学習も、生活課題と社会・国家のあり方をつなぐ重要な学習として生み出されたものだったと言える。

(2) 要求課題・必要課題

　これらの課題も、社会教育において人々のニーズに応えつつ、教育的な意図や配慮をも反映させながら、住民が主体的に学べる学習プログラムをいかに企画立案するか、との文脈で重視されてきたものである。要求課題とは、地域住

民自身が「(住民として)これを学びたい」と自ら表明する学習課題であり、本格的な学習ニーズ調査を行わなくても、日頃の関わりや日常会話のなかで、または他の学習場面での何気ないやりとりを通して、ある程度の把握が可能である。他方、必要課題とは、住民自身がその時点で「必要」とは自覚していないものの、「教育」という観点に立った第三者の眼からみて、個々の住民の主体的な生き方や住民同士の対等で円滑で双方向的な関わり、住民主体の地域づくりなどの意味で、「これを学ぶことが必要」であると判断された課題を指す。

要求課題と必要課題とを明確に一致させることは難しいが、一つのプログラムのなかに両者が組み込まれ、調和的に結び合わされることが最も望ましいであろう。とはいえ、要求課題において、公共的な志向性や相互の共通利益より個人的な信条や利害が優先される場合、また逆に、必要課題が教育(者)側の一方的な思い込みや政治的誘導などによって設けられる場合には、生涯学習における両課題の存在意義が失われてしまいかねない。この点に、十分に注意すべきであろう。

(3) 発達課題

ハヴィガーストは、1960年代のアメリカ社会において人々が乳幼児期から高齢期に至る各期で直面する発達上・社会生活上の諸課題を時期・領域ごとに整理し、人々がその社会で発達段階に応じて出会う課題、すなわち発達課題として提起した。この発達課題は、心身の発達のみならず、仕事に就くことや家庭をもつこと(結婚や出産)などに関わる社会的役割の習得をも含んでいる点が特徴的である。

80年代後半に日本で生涯学習施策を展開する際、生涯的な発達の視点に立った学習プログラムを企画立案するために、この発達課題論は必要不可欠の前提とみなされた。実際、多くの市町村で、ハヴィガーストの提起した発達課題に基づく生涯学習計画が策定されている。とはいえ、この発達課題が60年代のアメリカ社会に生きた人々の「社会的発達」を下地に設定されものであるがゆえに、80年代以降の日本社会への安易な適用には、限界や問題も見出された。そ

れをふまえてもなお、行政による一方的な「おしきせ」ではなく、個々の学習者の時期ごとの発達上の課題を起点に学習機会をデザインしようという学習者重視への転換は、生涯学習の「学習内容」を検討するうえで重要な示唆を与えるものである。

(4) 現代的課題

　現代的課題とは、現代社会に特有の顕著な社会事象や社会問題を取り上げ、私たちがこの社会を生き抜くうえで、学ぶことが必須の学習課題として捉え、その課題の構造と論点、展望などを、実践的視点からまとめたものである。例えば、高度情報化、少子高齢化、グローバル化（国際化）、高度知識基盤型社会の到来に関わる諸問題、環境問題、ジェンダー、障がい者やマイノリティを取り巻く問題に始まり、患者や犯罪被害者などにも及ぶ広範な人権問題、最近では、食の安全やTPPなど貿易関税問題、貧困問題、東日本大震災などの復興問題や原発問題、歴史認識問題などである。

　これらの問題は、教養を深める学習のなかに組み込まれることも多いとはいえ、その意味合いはだいぶ異なる。同じ学習テーマが「教養」よりむしろ「現代的課題」として位置づけられることは、私たちが、これらの問題を第三者的に捉えるのではなく、これらの問題の当事者、すなわち解決主体とみなされることを意味しているのである。

4　おわりに

　本章でみてきたように、生涯学習の「学習内容」とは、学習者自身が「自分にとっての学習の位置づけ」と「学ぶ目的」をもとに、ある学習領域や学習項目を足場として学ぶ際に、コンテントプラン／プロセスデザインの流れで構成された、学問知や実践知、問題解決への臨床知、関連情報のまとまりを指す。今後の生涯学習では、個々の学習者が抱える切実な問題、悩み、学習ニーズなどに直結した「学習課題」こそが、学びを推し進める原動力となるだろう。

参考文献

黒沢惟昭編『生涯学習時代の社会教育』明石書店，1992．
黒沢惟昭，森山沾一編『生涯学習時代の人権』明石書店，1995．
国生寿，吉富啓一郎編著『社会教育と現代的課題の学習』あいり出版，2006．
相庭和彦『現代生涯学習と社会教育史』明石書店，2007．
藤岡英雄『学習関心と行動：成人の学習に関する実証的研究』学文社，2008．
赤尾勝己『生涯学習社会の可能性：市民参加による現代的課題の講座づくり』ミネルヴァ書房，2009．
Peter Jarvis, John Holford,Colin Griffin eds., *The theory and Practice of Learning*, Kogan Page, 2003.
Peter Jarvis, *Learning to be a Person in Society*, Routledge, 2009.

■□コラム□■

フォーマル／ノンフォーマル／インフォーマルな学び

　生涯学習における学びは、形態によって大きく方向づけられる。
　フォーマルな学びとは、意図的・系統的・組織的な学びである。意図的とは、当初から教育・学習の目的や意図が明確にされていることを意味し、系統的とは、教える／学ぶ内容が、易しいものから難しいものへ、単純から複雑へと秩序だって並べられていることを示す。さらに組織的とは、あらかじめ時間や場所が明示され、実施主体や実施体制などが定まっていることである。学校教育を中心に、大学の公開講座、公民館やカルチャーセンターの講座などがこれに相当する。
　ノンフォーマルな学びとは、意図的・非系統的・組織的／非組織的な学びである。すなわち、教育的な意図は有するが、学ぶ内容は「総論から各論へ」という系統性より、「各論から総論へ」という非系統的な取り組みが中心となる。実施に当たっては、主に小グループを単位に組織的に運営されることもあるが、時間や場所を事前に特定せず、状況と必要に応じて、臨機応変に非組織的な運営が行われる場合もある。
　例えば、開発途上国などにおいて、大きな木の下に女性たちが車座にすわり、その真ん中で、NGOのスタッフなどが、参加者の抱える悩みや問題などについて一人ひとり発言を求めながら、例えば家族計画の問題や衛生問題などについて、リーフレットやホワイトボードを使って情報提供し、解決策を一緒に考えていく活動などが、ノンフォーマルな学びの特色を最も顕著にあらわすものと言える。
　さらに、インフォーマルな学びは、非意図的・非系統的・非組織的な学びである。私たちは日常生活のなかで、何気ない出会いや経験が「これまでの人生で最も勉強になった」というように、「結果としての学び」を得ることが少なくない。これらは当初から特定の教育成果を目指すものでないがゆえに、非意図的である。それはまた、学びのルートや契機を事前に計画・準備することが不可能なため、系統的でも組織的でもあり得ない。この種の学びは、例えば、アルバイト先での就業経験や人間関係、部活動・サークル活動での大会出場や練習、先輩後輩のつながり、あるいは留学や旅行、ボランティア活動などのなかでも、よく経験される。このようなインフォーマルな学びは、偶然性を前提とするがゆえに、何らかの教育的意図が入り込んだ途端に、インフォーマルな学びとして成立しなくなる点が特徴である。
　インフォーマルな学びを意図的に引き起こすのは無理でも、フォーマル／ノンフォーマルな教育活動や教育場面にインフォーマルな学びの要素や契機を組み込み、バランスよく組み合わせて学習機会を企画・運営することは、可能でも有効でもある。

（渡邊洋子）

第6章　生涯学習の学びを支える「教育方法」

　本章では、生涯学習における多様な学びを理解し支援するために、実践的な「教えるわざ」としての教育方法を見直し、それを魅力的なものするのに役立つ考え方を取り上げる。筆者は大学院修了後、教員として大学の授業を初めて担当するにあたり、「学ぶ側」から「教える側」へと軸足を変えるのに大いに戸惑った記憶がある。自分が「学ぶ側」として経験した受け身の授業の退屈さを、「教える側」としてどう克服できるのか、また様々な場所で経験してきた能動的・魅力的な学びを、どう伝えることができるのか。これらが長年の問いである。以下、学習者の学びを引き出し、促進し、支援するための「教育方法」について考えてみたい。

1　生涯学習と教育方法

1.1　生涯学習における方法選択の意味

　生涯学習では、学習者が自発的・能動的に学ぶことを中心に据えて考える。そのため、学習が教師主導から「学習者主導」に変化するのに対応して、教育方法も根本的に見直されることになる。決まった知識をそのまま伝える技術ではなく、学習者が自ら探究するのを助ける「学習支援」へと転換するのである。教育そのものが模倣・記憶を中心とするものから、問題解決・創造性を育てるものに変わる。「教える（teaching）」という営みは、制度としての教育（education）が成立するずっと以前から、おとなが子どもに、親が子に、師匠が弟子に、知と技を伝える方法として受け継がれてきたのである。

　学校教育のなかでも、学習者としての子どもを重視する教師たちは、効率的

第6章　生涯学習の学びを支える「教育方法」

表6.1　生涯学習における『教育方法』の位置づけと考え方

	a　学習者理解		
学習形態／目標	自律的な活動	ツールの活用	人間関係の形成
個人学習	b　動機づけ	c　メディア	d　対面支援
ワークショップ	e　学習環境	f　経験・体験	g　表現
講義	h　授業デザイン	i　教材・学習材	j　コミュニケーション
	k　振り返り		

（注）筆者作成．

に知識を伝える技術だけでなく、子どもたちの個性と生きる力を育てる「教える」営みを大切にしてきた。生涯学習における「教育方法」は、最新の学習理論に依拠するのみならず、こうした「学びを支える知恵」としての教育を引き継ぐものであろう。

　生涯学習の目標は、社会の仕組みや変化への「適応」だけではなく、自ら思考・判断し、多様性を認め支えあい、社会に参加し変革する「能動的な市民（active citizenship）」を自己形成・相互形成することにある。本章ではこの市民形成を実現する教育方法のトピックを、表6.1のように11項目にまとめて捉える。中核的なトピックである「学習者理解」、学習目標としてOECDのキー・コンピテンシーに対応する「自律的な活動」「ツールの活用」「人間関係の形成」を個人学習、ワークショップ、講義の各形態でどう実現するかに関わる9項目、そして「振り返り」である[1]。この考察は、子どもやおとなを対象とする講座やワークショップを地域・家庭・学校、生涯学習施設で実施する際の学習支援の手引きになるであろう。

1.1　教育方法を考える基盤——「a　学習者理解」

　生涯学習における教育方法を考える前提として、学習者（生徒・学生・施設利用者）をどう捉えるのかを見直す必要がある。生涯学習（特におとなの学習）で

---

1) 最初（学習者理解）と最後（ふり返り）以外は順不同であり、相互に関連しあうものである。D. S. ライチェン，L. H. サルガニク編著，立田慶裕監訳『キー・コンピテンシー：国際標準の学力をめざして』明石書店，2006，p.201．

目標とされてきた「自己主導型学習（Self-Directed Learning）」の考え方では、学習者は自分で学ぶ目標・内容・方法を選択し、責任をもって学んでいくものと捉えられる（「自己教育」という言葉もしばしば使われる）。だが、だれでも最初から「自己主導」で学ぶことができるわけでなく、おとなも教師に依存して「教えてもらう」ことに慣れていることが多い。

したがって教師・教育者の役割は、学習者が自己主導的になるのを援助すること、つまり目標を明確にして適切な方法で学べるよう支援することとなる。ノールズはこれを「学習内容を伝えるだけ」の役割から、学習を促進するための「ファシリテーター」の役割への転換として示し、教育者が学習を進めるうえでの「ガイド役」になるべきだと提起している[2]。

自己主導的な学習者になるには、学び方をマニュアル的に身につけるのではなく、むしろ、他者との対話のなかで自らの関心や目標を見つめ直し「行為や価値観や知識を意図的に変える」プロセスが必要になる[3]。この「変容的学習」とは、学習者が自身の経験や考え方を「振り返り」、新たな情報や他者との出会いのなかで「気づき」を深めるものである。とはいえ、日本の現状では、教師・教育者が教えるうえで、知識伝達を中心とするだけの「模倣的様式」を無意識・無批判に受け入れ慣れてしまっている点も否定できない。「模倣的様式」から、創造的思考や自己表現に根ざす「変容的様式」への転換は容易でない[4]。

学習者の「ニーズ」は、表面的な欲求ではなく、対話を通じて形成される。生涯学習における教育方法とは、学習者自身が適切な学習方法を選び取り、それに取り組むことからはじまる。そのため教師が「模倣的様式」に囚われている限り、自己主導的な学習への支援は困難である。生涯学習を支援する教育方法では、担当する講座やプログラムのカリキュラムを計画通りに遂行することよりも、それぞれの学習者の次の学習につながる課題と意欲を掘り起こすこと

2）M. S. ノールズ著，渡邊洋子監訳，京都大学 SDL 研究会訳『学習者と教育者のための自己主導型学習ガイド』明石書店，2005，p.14.
3）P. クラントン著，入江直子他訳『おとなの学びを拓く』鳳書房，1992，p.76.
4）佐藤学『教育の方法』左右社，2010，p.45.

が目標となるからである。教師・教育者は、学習者の理解に並行して、自分がどれほど「模倣的様式」を内面化している（していない）か、「変容的様式」への移行が容易か（否か）を問い直し、それを自覚しつつ支援に携わる必要があるだろう。

② 「個人学習」をささえる

生涯学習では「自己主導型学習」を重視するために、読書や独学などの「個人学習」が大きな位置を占める。それは個人の多様化する興味・関心に対応し、学習者に適した方法・場所・時間・ペースで学ぶことを可能にする。個人学習は「教育なき学習」とも呼ばれ、学習者と資料・教材との出会いをつくり出し、その楽しさや学び方を「教える」ことを原点とする。以下、「動機づけ」「メディア」「対面支援」において、個人学習を支える教育方法を取り上げる。

2.1 自律的な学びへの導入──「b 動機づけ」

個人学習を支える「教育方法」は、学習者との対話を通して学びたいことを明確化し、学びに必要な人や情報を選び出し、学習者を励まして伴走することに始まる。学習者は、前章でみたような多様な学習内容への漠然とした「知りたい・面白そう」という興味を、より深く・広い関心へと育てていく。それを具体的な課題・目標として捉え、その解決・達成の道すじとして示す学習の「導入」となる部分である。

このプロセスをすべて一人で確定していける学習者もいるとはいえ、なかなか困難な道のりである。このプロセスを引き出し、促進し、支えていくのが、生涯学習において「教える」出発点になる。その際、教育者は、学びたいテーマに関わって求められる「知識・スキル・態度」をどの程度、身につけているかを、学習者が「自己診断」し、目標達成のために取り組むべき課題を、学習者自身が明確にできるよう支援する役割がある。

生涯学習では、人生（ライフサイクル）のなかで解決しなければならない課題

に突き当たった状態が、しばしば学習に取り組むきっかけ（レディネス）になる[5]。学習者との対話のなかで、学習者が抱える葛藤や課題に気づき、解決のための動機づけをするのも教育の仕事である。子どもから大学・職場まで、日本のあらゆる教育に関わる現場で、「学ぶ意欲」の低下が指摘される理由の一つは、「教育を与えられる」ことに慣れすぎているためとも考えられる。学習者が自分の力で目標を設定し、自己の現段階を診断し、具体的な課題を設定する「最初のステップ」は、個人学習においてとても重要である。

2.2 一人で学ぶツールの活用──「c メディア」

　図書や通信教育を用いて学ぶ独学・個人学習は、生涯学習では最も一般的なものである。インターネットの一般家庭への普及で、基本的な情報の入手は容易になったが、その知識の価値や真偽を判断し、有効に活用する能力には、大きな格差が存在する。またSNSやブログなどで発言・交流する機会が増えるなか、トラブルや偏りを避けながら、多様な意見を受け入れ、情報発信するスキルも求められる。マスメディアを含むマルチメディアの多元化・双方向化が進み、学習者の能動的な情報選択能力が、学習の充実度を左右するといっても過言ではない段階にある。その中で、IT/ICTを手段として使いこなす能力と同時に、メディアが現実を構成する様式を理解し、批判的に読み解き、コミュニケーションに活用するスキルを身につける「メディア・リテラシー」の獲得が、喫緊の課題となっている[6]。

　図書館や博物館もまた、資料・情報にアクセスするための重要な「メディア」であり、通信教育やeラーニングもメディアを活用した生涯学習である。いずれも、決まった知識を伝達するだけではなく、学習者からの要求や希望に

---

[5]エリクソンが指摘するように、アイデンティティ・親密性・生成・統合といった発達上の課題は、生涯をかけて葛藤をくり返し、他者との相互関係のなかで取り組んでいくものである。E. H. エリクソン著，西平直，中島由恵訳『アイデンティティとライフサイクル』誠信書房，2011，p.102-108.
[6]水越伸，東京大学情報学環メルプロジェクト編『メディアリテラシー・ワークショップ：情報社会を学ぶ・遊ぶ・表現する』東京大学出版会，2009，「はじめに」（p. i -vi）.

対応して、無数のデータから資料を選択し提供する支援が不可欠である。

例えば、個人学習を代表する「読書」に対して、図書館の「レファレンスサービス」は、利用者の質問に答え、新たな資料との出会いをうながす学習支援である[7]。資料で「調べる」専門職である図書館員の役割は、地域づくりやビジネス支援を含め、直接に「調べてあげる」だけでなく、「調べ方を教える」こと、すなわち学習資源となる豊富な資料へと案内し、利用者が自ら資料を探索し手に取り、資料から学べるよう手助けすることである。

またウェブや通信教材を活用する生涯学習は、場所と時間を特定しない個人学習のニーズに応えるだけでなく、教材の内容やレベルを学習者に合わせて調整(カスタマイズ)し、学習者同士の交流や議論を容易にするものでもある。

2.3　学びを支える人間関係──「d　対面支援」

学び続けることに強制力のない個人学習において学習の継続は、時には、孤独感や不安を伴うものである。それゆえ、生涯学習を支える教育の役割には、学ぶ意欲の維持を支援し、精神的に励まし続けることも含まれる。学習支援に必要な共通のスキルや態度を身につけること、例えば学習者を共感的に理解するための「傾聴」や、学習者の価値観を尊重する「受容的態度」あるいは適切な「言葉がけ」なども求められる。

このような学習支援の中で、とりわけ、専門職やスポーツの分野をも含む広範な分野で、開発・活用されてきたのが、一対一の対面支援、すなわちメンタリングやテューターによる個人指導、コーチングなどの手法である。そのなかでも、青少年教育や企業研修などで幅広く実践されてきている「メンタリング」は基本的には、「メンター」と呼ばれる助言者が学習者一人ひとりにつき、日常的な対話を通して継続的に、学習援助・相談・助力・診断・ケアといった幅広い役割を担うものである[8]。この手法は、指導者と学習者の間の徒弟的な

---

7) 高田高史『図書館のプロが伝える調査のツボ』柏書房, 2009.
8) 渡辺かよ子『メンタリング・プログラム:地域・企業・学校の連携による次世代育成』川島書店, 2009, p.1-2.

上下関係や上司・先輩による一方的な助言ではなく、双方向的なやりとりを通して能動的な学習態度を引き出し、観察と対話を通じてきめ細かく支援する点を特徴とする。これらはまた、学習者自身が他の学習者を共感的に理解し、協力的な人間関係を構築する基盤をつくり、グループや授業での学習活動をスムーズに進めることにも役立つ。

3 「ワークショップ」を組み立てる

　企業や学校を含めて、広範な生涯学習活動で、学習者の自発的・能動的な学びを促すよう、ワークショップや参加型学習・グループワークなどが、用いられている[9]。ワークショップの運営役は「ファシリテーター」（促進者）と呼ばれる。ワークショップでは、講義とは異なる双方向的な学びを創ることが目指されるため、ワークショップは「教育」方法ではないとみなされがちである。だが、マニュアル的なワークショップの解説書を用いてノウハウだけ身につけて実際に取り組んでも、議論を深める問いや知識を伝える要素を欠如させていたのでは、成果が期待できないことを実感する。

　ここでは、ワークショップを、生涯にわたる学びを支援する対話的な教育方法と位置づけ、雰囲気づくり、経験の活用、「学習をファシリテートする」ことについて考えていく。

3.1　自律性を促す雰囲気づくり――「e　学習環境」

　ワークショップの開始にあたり、ファシリテーターの多くは学習の場を「温め、ときほぐす」ための「アイスブレイク」や、「活気づける」ための「エナジャイザー」を取り入れている。それらは身体を動かすゲーム的なものや、自己紹介など人間関係をつくるもの、クイズなど興味を引き付けるものなど、多

---

9) R. チェンバース著，野田直人監訳『参加型ワークショップ入門』明石書店，2004，p.19-25.
堀公俊，加藤彰『ワークショップ・デザイン：知をつむぐ対話の場づくり』日本経済新聞社，2008.

岐にわたる。これらが必要とされるのは、多くの学習者にとって、初対面の人々と新たな活動に取り組むことが、かなりの緊張感を伴うものだからに他ならない。そのような心身の「こわばり」は自発的な学び方を妨げるだけではなく、多様な考え方・知識や人間関係を受け入れることを困難にする。

特に、おとなを対象とするワークショップでは、参加型の活動は苦手だからと消極的・否定的になる人が多い。このため、学習者の経験や知識を尊重するような活動（テーマについて話すなど）の工夫がいるだろう。

シリーズ『ワークショップと学び』では、教えられなければ学べないという「学びの凝り」を解くことを、「まなびほぐす」（unlearn）という言葉をキーワードに論じている[10]。教える側も学ぶ側も自分の意見や気持ちを表に出さず、「遊びではなく体系的に学ばなくてはいけない」といった思い込みに、囚われる傾向にある。これをときほぐすには、参加者どうしのコミュニケーション・ワーク、身体に意識を向けるボディ・ワーク、自分の思考・認知の枠組みの振り返りなどが有効である。そのためには、活動の空間構成や時間設定、リラックスできる雰囲気づくりも重要である。アイスブレイクのみならず、ワークショップ全体を通して、各々の学習者の「こわばり」をほぐす働きかけが求められるだろう。

3.2　ワークショップを成功させるツール――「f　経験・体験」

ワークショップでは、参加者同士でお互いの経験や意見から学ぶことが、重要な部分を占める。ファシリテーターは、時には、学習者自身が意識せずに忘れている知識・記憶や感情を想起するきっかけを提供し、それを他の参加者と共有するように働きかける。例えば、最もよく知られる「ブレーンストーミング」に加え、テーマについて連鎖的にイメージを広げる「マインドマップ」、会話を重視した「相互インタビュー」などがある。似たものをグループ化して

---

[10] 苅宿俊文，佐伯胖，高木光太郎編『ワークショップと学び1　まなびを学ぶ』東京大学出版会，2012．p.24．「学びほぐす」については、鶴見俊輔『教育再定義の試み』（岩波現代文庫，2010）を参照のこと。

整理する「KJ法」は、発想をゆたかにするだけではなく、自らの経験を意味づけ直し、他者との意見との違いを受容することにも役立つ。

　生涯学習における教育方法としてのワークショップでは、結論をまとめることよりも、学習者が自他の経験をふり返るプロセスで、テーマについて多面的な理解を深めることや、コミュニケーションのスキルを獲得することが目的となる。

　ワークショップでは、熟達者のもつ言葉になりにくい「実践知」や「経験知」、意識せずに身につけてきた「暗黙知」をも、自覚的に捉えることが重視されてきた[11]。文脈から切り離された抽象的な知識では学べない「コツ」や発見のプロセスなど、言語化しにくいスキルこそが、生涯学習では重視されるのである。

　そのため、実習やフィールドワークのような「実体験に基づく学習」に加え、現実に起こりうる場面を想定した「シミュレーション」「ロールプレイ」も用いられる。そこでは、現実味をもったシナリオ、実写映像や事例研究、知識や経験を活用して思考・判断する手立てとなるような、練り上げられた教材が求められる。自他の経験を振り返る活動においては、それまでの認識が揺らぎ、不安を生じることもあり得る。このため、学習者が過去・現在の自分の経験を見つめ直し、その意味を捉え直すプロセスに配慮しつつ見守ることも、活動をファシリテートするうえで重要である。

3.3　人間関係形成の手だて──「g　表現」

　ワークショップでは、グループで学んだ成果を発表し、多様な形式で表現することも、学習のプロセスに含まれる。すなわち、経験の共有やディスカッションを通じて引き出された「気づき」を言葉にして、理解やその後の行動につなげることを意味する。気づきや振り返りを、他の学習者に対して表明することは、自らの感情や意見（欲求や権利）をうまく他者に伝える方法（アサー

---

11) 金井壽宏・楠見孝編『実践知：エキスパートの知性』有斐閣，2012，p.11-19．また M. ポランニー著，高橋勇夫訳『暗黙知の次元』ちくま学芸文庫，2003．

ティブネス）の習得にも役立つ。特に日本の学校教育では、自分の意見や気持ちを主張する態度、他者の異なる意見に耳を傾け受け入れるスキルは重視されてこなかったため、丁寧な支援が求められる。自らが何を学び、何をどう活用するのか、じっくりとふり返り、言葉にして記録するのも、不可欠な表現活動の一つである。

　この表現には、話す・書くなどの言語的表現に加え、絵画や音楽のような芸術的表現、演劇やダンスのような身体的表現も含まれる。生涯学習では作品の展示や実演、あるいは体験・制作のワークショップのプロセスそのものが、学習者にとって到達目標となることが多く、「表現」そのものが中核的な学習経験となり得る。

　例えば、「読み聞かせ」や朗読を含めた演劇的な手法を使ったワークショップでは、身振りや表情による非言語的な感情表現やコミュニケーションなど、多くのことが学ばれ得る。「ポスターセッション」のように図表を用いて概念を整理したり、詩や物語、写真や映像表現のような創作をもって表現したりすることは、与えられた内容を手際よく「まとめる」よりも、はるかに高度な理解を促すのである。パフォーマンス・作品の完成度で学習者の評価を行うことは、生涯学習場面では一般的ではなく、活動の成果を、そのプロセスを含めて相互に確認・評価することが、次の学習へのステップとなる点にも留意したい。

④　「講義」を見直す

　生涯学習では、個人学習やグループ学習に比べ、一斉授業や講演会などの講義型の教育方法への志向性は、減少傾向にあるようにも思われるが、実際にはまだ主流をなしている。インターネットで配信されている TED（ETV『スーパープレゼンテーション』）を観ると、魅力的なスピーチやプレゼンテーションが人の心や社会を動かす力をもつことに、改めて気づかされる[12]。講義や講演は、知識や情報を体系的に整理するとともに、学習者の思考の深化や新たな認

---

12)「TED ウェブサイト」http://www.ted.com/．（参照2013-2-5）．

識をもたらす手法である。おとなの学びにおいても「講義」を学習形態の一つとして活用することが、今後も続いていくだろう。ここでは、講義型の授業を見直す視点について、デザイン、教材、対話に注目して考えたい。

4.1　自律的な学びを生み出すしくみ──「h　授業デザイン」

　講義型の授業のデザインは、選択したクラスやコース全体の教育目標に学習者を合わせるのではなく、学習者の関心や到達度に沿った個々の学習プランに基づき、全体で共有したい知識や情報を組み立てることが必要だろう。生涯学習の場面では、学ぶ目的や具体的関心も異なり、同じクラスでも知識・スキルのレベルに幅があることが多い。ゆえに、授業（講義・講座など）全体の目標を設定するだけではなく、各々の学習者の学習プランの達成度・満足度を意識した展開が求められる。そこでは、授業担当者が学習者に「合わせる」という発想だけでは学習者の自律的な学びは引き出せない。学習者自身が、自分の求める課題・教材選択・学習方法について具体的に考え、自らに適したプランを探し出し、選ぶための助言や支援が求められる。受け身で「教育される」ことに慣れてきた学習者には、適切な学習プランを独力で立てることは、容易ではないためである。

　また講義型の授業における問いかけ（発問）は、知識の確認だけではなく、それぞれが自分自身の生活や人生にひきつけて課題を意識し、次の学習プランを進めるための刺激となる。成人教育学者ピーター・ジャーヴィス（Jarvis, P.）は、日常の自明性を揺さぶるような「問い」を投げかけて「断絶（disjuncture）」をつくり出すことが、学習者が課題に向き合う動機づけになることを強調する[13]。このような断絶と思考を生み出し、多様な答えを可能にする「オープンエンド」な深い問いを投げかけるには、綿密な準備と学習者理解が欠かせない。

　さらに、図書館司書のブックトーク（本の紹介）や、魅力的な博物館学芸員

13）ジャーヴィス著，渡邊洋子，吉田正純監訳『生涯学習支援の理論と実践：「教えること」の現在』明石書店，2011，p.160．

のギャラリートーク（展示室での解説）は、資料の説明に留まるのではなく、その魅力を伝え、好奇心をもって学びたいとの意欲を引き出すことをも可能にする。これらの情報を提供しつつ、個別の学習プランをより具体的な学びに繋げていくのも、教育の重要な役割だといえる。

4.2　能動的な学びのツール――「ⅰ　教材・学習材」

　生涯学習では能動的な学びを促進するために、今後ますます「課題探究型学習／教育」が導入されるだろう。問題解決学習や探究型学習とも呼ばれるこの手法は、調査や実験を取り入れるだけではなく、豊富かつ周到に準備された「教材」（人や資料・映像などの多様なリソース）があってはじめて効果を発揮する。博物館教育でも注目されている「構成主義（constructivism）」の考え方によれば、資料や知識には、普遍的な「正しい解釈」があるわけでなく、学習者が自らの経験と状況に基づいて意味を作り上げていくのだ、という考えに立つ。「課題探究型学習」では、知識の習得そのものよりも、個々の課題を解決するために教材を多面的に活用する力をつけることが重視され、そのための支援が求められる。生涯学習における教材は、教育内容と一体化しており、多様な解釈・読み解き方を許容する「学習材」でもあることが望まれる。

　課題探究型の教材の制作・構成にあたっては、学習者の実生活に即した内容を選ぶとともに、その学習機会を通して、最終的に学習者に何を伝えたいか、明示する必要がある。それは資料・情報を根拠に基づいて自分なりに情報やアイデアを読み取り判断するための、批判的思考力や実践的な情報活用力を育てるものがふさわしい。医師養成など専門職教育で用いられる「課題基盤型学習（PBL）」は、具体的な状況を想定したシナリオを用いて、情報を読み解き課題解決のために必要なスキルの習得を目的とする[14]。学校教育における「パフォーマンス課題」も、学んだ知識を実生活で活用できるシナリオを選択し、思考・判断・表現の力を育てていくものである[15]。教材を考慮・工夫することによって、自分で問いを深め、資料を分析し、意見を生み出す能力は、授業を

---

14) D. R. ウッズ著，新道幸恵訳『PBL：判断力を高める主体的学習』医学書院，2001，p.14.

つうじて培うことが可能になるといえる。

4.3 人間関係を活用した授業——「j　コミュニケーション」

　講義型の授業において自己主導的な学習を促すには、一方的な伝達のみではなく、様々なかたちで教育者と学習者との意見交換や、学習者同士のコミュニケーションを組み込むことが不可欠である。例えば、グループ活動やワークショップの併用、学習者からの感想・質問（コミュニケーションペーパー）の収集とフィードバック、指名による発言、質疑・討議の時間の設定などである。マイケル・サンデル（Sandel, M. J.）の講義「白熱教室」に顕著なように、大講堂・大人数の講義で、しかも「正義」のような意見が分かれる難しい哲学的なテーマでも、進め方次第では、深い思考と学びに導入することが可能である。生涯学習では、お互いの経験や意見そのものが学習の貴重な素材となるため、「正解」ではなく多様な見方を受容するような場をつくることが重視される。時には、批判的・対立的なコメントをあえて取り上げることで、当該テーマの多面的な捉え方が可能になるだろう。

　とはいえ、「正解」のある受け身の講義に慣れている学習者には、他の受講者の前で自分の意見を述べることや議論をたたかわせることに、抵抗感が小さくない。大人数の授業であっても、3、4人程度の少人数で話し合う時間を設ける（バズ・グループ）、質問への答えについて、別の場所に移動して意見を聞く（部屋の四隅）などの手法を用いることもできる。授業の導入に、身近な話しやすい話題を選択することや、受講者の何気ない発言を「拾う」ことも、議論を活性化するうえで有効である。

　さらに、学習者自身の力で多様な意見をまとめコンセンサスをめざす「話し合い」は、市民社会でもっとも必要な合意形成・協調のスキルを高めるものといえる。そのためには例えば、意見の「発散・収束・活用」を見える形で整理する「ホワイトボード・ミーティング」のような方法も挙げられる[16]。これは、

---

15) 田中耕治編『パフォーマンス評価：思考力・判断力・表現力を育む授業づくり』ぎょうせい、2011、p.9-17.

講義型の授業でも可能な、多様な意見を知り、表明し、議論の活性化と合意形成に向けた演習であるといえよう。

5 振り返りから「次の学び」へ

5.1 気づきの共有化と問いの深化——「k 振り返り」

　学習活動の最後に、個人やグループでの活動をつうじて学んだ内容や各々の「気づき」を共有し意味づける「振り返り」を行うことは、「次の学び」を見通すためにも不可欠である。それは学習者の疑問を解消し、知識やスキルの定着を図るだけではなく、各々の問いをさらに深め、次の学習課題に向けて動機づけるものである。個人の感想やグループでの発表などを含めて、学習者の関心や理解度を把握するとともに、コメントを加えてフィードバックするために十分な時間を確保する必要がある。生涯学習では多くの場合、学習者自身の到達度についての「自己評価」が重視される。評価基準としては、主観的な満足度よりむしろ、自らの生活上の課題と結びつけて学び得たか、学習を通して、期待・想定された行動・意識の変容が生まれ得たかどうかなどが、鍵になるだろう。

　学習活動の「振り返り」には、学習者と並び、学習支援者の教育活動の振り返りも含まれる。多様な教育活動において「実践記録」が重視されてきたが、生涯学習でも、これまでの学習活動を客観的に捉え直し、理解を深めるために記録が活用できる。学習者の意見や言語的・非言語的な反応、予想外の展開や「失敗」も含め、学習者・学習活動に焦点を当てた記録が求められる。特に保育や看護の場で活用されてきた「エピソード記述」やエスノグラフィーのように、実践者の主観的な観察や理解をも含む「語り（ナラティヴ）」を取り入れた技法が注目される[17]。

---

16) ちょんせいこ『元気になる会議：ホワイトボード・ミーティングのすすめ方』解放出版社，2011.
17) 鯨岡峻『エピソード記述入門：実践と質的研究のために』東京大学出版会，2005, p.3-15.

教育活動の振り返りに学習者の参加を促すことで、学習活動の意味をより深め、教育方法と教育内容の改善にも、意見を反映することができよう。

6 おわりに

以上、本章では、生涯学習の学びを支援する教育方法への考え方を、11の観点から取り上げてきた。総じて、担当する講座やプログラムのカリキュラムを計画通りに遂行すること自体より、各々の学習者の次の学習につながるような課題と意欲を掘り起こすことが、より重要な課題であることがわかるだろう。それゆえに、最後の「振り返り」をさらに新たな「学習者理解」につなげていく視点、学習者の生活・社会の文脈で学びをひろげていく視点も必要となろう。そこでの教育者像は「技術的熟達者」よりむしろ、振り返りを通じて教育実践の力量を高める「省察的実践者（reflective practitioner）」（ドナルド・ショーン [Schön, Donald. A.]）のイメージに近いと思われる[18]。

これからの生涯学習支援は、学習内容（所蔵・展示資料）の専門家であるのみならず、多様な学習者（施設利用者）がどのように学習内容と出会い、どうやって世界を広げていくかという問題意識と、多様な教育方法、そしてそれを適切かつ有効に活用できるスキルを体得することが求められる。

参考文献
D. R. ウッズ著，新道幸恵訳『PBL：判断力を高める主体的学習』医学書院，2001．
鯨岡峻『エピソード記述入門：実践と質的研究のために』東京大学出版会，2005．
ちょんせいこ『元気になる会議：ホワイトボード・ミーティングのすすめ方』解放出版社，2011．
苅宿俊文，佐伯胖，高木光太郎編『ワークショップと学び1　まなびを学ぶ』東京大学出版会，2012．

---

[18] D. ショーン著，柳沢昌一，三輪建二監訳『省察的実践とは何か：プロフェッショナルの行為と思考』鳳書房，2007，p.349．

第 6 章　生涯学習の学びを支える「教育方法」

■□コラム□■

ブッククラブ

　ブッククラブとは、共通の本を参加するメンバーが事前に読んできて、感想などをお互いに話し合う集まりを指す。日本でいう「読書会」にあたるが、図書館や個人宅を活動場所にするものや学校・職場で行うものなど多様であり、ジャンルも小説やノンフィクションなど様々なものが存在する。

　米国では月一回・10人前後の気の合う仲間で、夜に集まって行なうブッククラブが広がり、プロのファシリテーターがより深い学習や議論を支援することもある。メンバーだけで集まる場合でも、本選びや意見交換はそれぞれが平等に行い、話し合いを活性化するために様々な工夫がなされている。

　映画化もされた小説『ジェイン・オースティンの読書会』には、6 人の仲間が 6 冊の小説のテーマに自分の人生を重ねながら、食事とワインつきで語り合う様子が、魅力的に描かれている。ブッククラブでは何よりも、楽しく読むことが重視されている。楽しみながら読む中で、より深い読み方やより深い知識へのアクセスが可能になり、同時に、対話を通じて多様な読み方が経験できるようになっている。

　日本でも、ブッククラブの活動は少しずつ普及し始めており、生涯学習活動の一つとして注目される。ワインつきで……とまではいかなくても、今後、日本の図書館においても、子ども向けの読み聞かせだけでなく、様々な年齢の読者や多様なジャンルの本を対象に「いつもとは違う」わくわくする読書を満喫できる機会が、提供されるようになることを心から期待したい。

【参考文献】K.J. ファウラー著，中野康司訳『ジェイン・オースティンの読書会』筑摩書房，2006．吉田信一郎『読書がさらに楽しくなるブッククラブ：読書会より面白く、人とつながる学びの深さ』新評論，2013．

（吉田正純）

第Ⅲ部　生涯学習の支援

第7章 生涯学習社会における学習支援者の仕事と役割

　本章では、生涯学習社会において教育者として多様な仕事を担う人々が、具体的にどんな役割を期待され、いかなる実践を担っているかを全体として捉えつつ、特に図書館司書の文脈における学習支援の実際について考察しようとするものである。

　現代日本では理念上、最も包括的な概念は生涯学習であるとはいえ、多くの地域において、公民館などの社会教育施設を足場に、地域婦人会やスポーツ少年団などの社会教育団体が、社会教育活動に日常的に携わっている状況が存在する。また婦人会長やスポーツ少年団の監督などは「指導者」と呼ばれることが多い。本章ではこのような社会教育指導者を含め、生涯学習に多様なかたちで携わる教育者を「学習支援者」と呼び、生涯学習社会においてこれらの人々が担うべき役割を考察したい。

　社会教育・生涯学習における学習支援者は、学校教育における教師像と様々な面で大きく異なる。最も顕著な違いは、社会教育・生涯学習ではノンフォーマルやインフォーマルな学びが主流になるため、学習者の自主性・自発性を最大限に促す配慮がなされる点である。このことは、学習者が子どもの場合でも同様である。教育者と学習者のあいだには「教える―教えられる」というタテの関係性ではなく「学ぶ／教える」というヨコの関係性が重視される[1]。学習支援としての「教える」営みはこのような関係性の上に成立し、知識や情報の伝達よりむしろ「学習を促し、援助する」との意味合いを有するものである。

---

1) 渡邊洋子『生涯学習時代の成人教育学：学習者支援へのアドヴォカシー』明石書店、2002、p.32-33. 同書では、生涯学習における「教える」概念の特性と包括性を強調する目的でひらがなの「おしえる」を用いるが、本章では一般的な「教える」とする。

従来、図書館司書は、図書・資料の収集と整理、貸出業務、レファレンスなどを担う専門職とされてきたが、「学習支援者」と呼ばれることは皆無に近かった。だが、情報化の進む現在でも、多くの人にとって日常生活のなかで図書や雑誌、新聞などにふれることが「学びの第一歩」となり得ていることは想像に難くない。このような原点に立ち返ると、情報が氾濫する現代社会における図書館司書の役割は、「知の世界」の玄関に立つ案内人として、新たな文脈から捉え返す必要があることが示唆される。

　従来、図書館司書の役割に「学習支援」が馴染まないとみなされてきたのは、読書という行為自体の特性にもよるだろう。読書が自主性・自発性に基づく自己教育活動であることから、「他者」（である司書）が要請される以上の介入をすべきでないとの前提が共有されてきたためと思われる。とはいえ、インターネットに代表される情報技術の革新を受け、国内外で図書館の新たな社会的使命が提唱されてきていることは、看過し得ない。例えば、ユネスコの1994年の「公共図書館マニフェスト」が挙げられる。同文書では「公共図書館は、地域でアクセスできる知の入り口であり、生涯学習や自立的な判断、文化的発展の基盤である」[2]との宣言がなされた。生涯学習社会における図書館司書には、この新たな図書館に向けてどんな役割や働きかけを期待されるのかが、鋭く問われている。

　以下、本章ではまず、社会教育・生涯学習分野における「学習支援者とは何か」を明らかにする。次に、学習支援者の養成をめぐる先行研究の議論を整理し、学習支援者に求められる資質や能力を抽出する。最後には、近年にみられる新しい図書館像に向けた学習支援者としての司書の役割を検討したい。

1　学習支援者とは何か

　学習支援者とは、教育・学習関連行政、関係施設、公的・民間の様々な活動

---

2) ユネスコ「公共図書館マニフェスト」(1994年) http://www.unesco.org/webworld/libraries/manifestos/libraman.html, (参照2014-1-30).

において、学習環境・学習条件の整備、学習機会の企画・運営、学習場面での直接的な援助・支援、学習情報提供や学習相談、学習組織の設立・運営支援など、多様なかたちで人々の学びをサポートする人々を指す。具体的には、次に見るように、社会教育関係の専門職と施設職員、社会教育指導者、その他の多様な学習場面での学習支援者に分けて考えることができる。

1.1　社会教育関係の専門職、生涯学習・社会教育関係の施設職員

> 都道府県・市町村の教育委員会に所属する社会教育主事
> 公民館主事、図書館司書、博物館学芸員、および各施設の館長、体育指導員
> 青少年活動センター、男女共同参画センター、生涯学習センターなどの館長・職員など

　社会教育の専門資格である社会教育主事は「社会教育を行う者に専門的技術的な助言と指導を与える」(社会教育法第9条) ことを職務とするものであり、「ただし、命令及び監督をしてはならない」と補足されている点が注目される。同主事はまた「学校が社会教育関係団体、地域住民その他の関係者の協力を得て教育活動を行う場合には、その求めに応じて、必要な助言を行うことができる」ものとされる。社会教育主事や主事補は、同規定に基づき、公民館などの施設を地域拠点として、具体的に地域の学習ニーズの把握、プログラムの企画・運営、関係者・関係団体との連絡・調整などの役割を担っている。同主事は、近年の市町村合併などの影響を受け、減少の傾向にある。

　社会教育法で詳細が規定された社会教育施設、公民館の職員については、第27条で館長とともに「主事その他必要な職員を置くことができる」と規定されている。館長の役割は「公民館の行う各種の事業の企画実施その他の必要な事務を行い、所属職員を監督する」、主事の役割は「館長の命を受け、公民館の事業にあたる」ものとされる。公民館主事は、社会教育主事資格を有することが期待されるが、行政職員の人事管理の下にあり、公民館配属後に社会教育主

事講習などで資格を取得することも少なくない。

　また同法第9条第1項では「図書館及び博物館は、社会教育のための機関とする」と明確に位置づけられている。これを受け、図書館司書は「図書館の専門的事務に従事する」（図書館法第4条）として、博物館学芸員は「博物館資料の収集、保管、展示及び調査研究その他これと関連する事業についての専門的事項をつかさどる」（博物館法第4条）と、各々の専門職性が規定されている。また体育指導員は「スポーツの実技の指導その他スポーツに関する指導、助言を行う」（スポーツ振興法第19条）非常勤の専門的職員である。ほかに、青少年活動センター、男女共同参画センター、生涯学習センターなどの施設の館長・職員が含まれる。これらの多くは行政職員や団体職員であり、各々、必要に応じて専門的な研修を受けている。

1.2　社会教育指導者

社会教育関係団体（PTA、自治会、婦人会、青少年教育団体など）の代表者・世話役

市町村教育委員会への登録社会教育（学習）関係団体・自主学習グループの推進者

社会教育委員、公民館運営審議会委員、図書館協議会委員・博物館協議会委員・生涯学習審議会委員など

　社会教育関係団体とは、社会教育法第10条により「法人であると否とを問わず、公の支配に属しない団体で社会教育に関する事業を行うことを主たる目的とするもの」を指す。全国・地方組織を持つ教育関係団体を意味する場合に加え、市町村の教育委員会に登録している教養・趣味関連の学習団体や学習サークル、社会貢献活動を担うグループなども、社会教育関係団体と呼ばれることが多い。後者の登録には、例えば、「社会教育・学習活動を目的としている」「会員が自主的に計画を立て、運営している」「主な活動場所や事務局が市内で

ある」をはじめとする「登録基準」[3]を設けている自治体が少なくない。

さらに「社会教育に関し教育長を経て教育委員会に助言」（社会教育法第17条）することを期待される社会教育委員をはじめ、館長の諮問に応じ、各施設の事業に関わって調査・審議する公民館運営審議会、図書館協議会、博物館協議会、さらに都道府県・市町村の生涯学習のあり方を審議する生涯学習審議会などの委員も、社会教育指導者である。

1.3　多様な学習場面での学習支援者

プログラム企画立案（カルチャーセンター、企業研修、専門職教育の企画担当者など）

学習機会の運営・学習援助（講師、インストラクター、コーチ、指導者、コーディネーター、ファシリテーターなど）

学習活動の組織・運営（グループリーダー、NGO職員、助言者、ボランティアなど）

学習情報提供・学習相談（窓口スタッフ、図書館司書、カウンセラー、メンターなど）

個人学習の支援（IT／ICTサポーター、手話通訳・点字翻訳者、ノートテイカー、対面朗読者など）

　生涯学習における学習支援者には、多様な場面で多様な関わりをする人々が含まれる。上に挙げたように、プログラム企画立案、学習機会の運営・学習援助、学習活動の組織・運営、学習情報提供・学習相談、個人学習の支援など、学習者に直接関わる仕事だけに注目しても、多くの職種や役割があり、それぞれに応じた専門職性、仕事内容や配慮事項、求められる資質・役割、推奨される研修のあり方なども異なっている。実際には、これらの仕事は一人ないし少

3）「府中市社会教育関係団体登録基準」http://www.city.fuchu.tokyo.jp/tanoshimu/shogaigakushu/shakai/files/26syakyo_kijun.pdf，（参照2014-1-30）.

数で担われることが多く、複合的な役割をバランスよく遂行できる実践力、臨機応変に対応できる柔軟性なども求められている。

2 学習活動における学習支援者の役割

　学習支援者が具体的場面で果たす役割は、潜在化するニーズの掘り起こしに始まり、関連諸団体・機関との連携、学習情報提供、学習相談、プログラムの企画・運営など、直接的に学習者には関わらない仕事も多い。具体的な学習場面では、学習者の学習段階に応じた励ましや促し、見守り、問題が起きたときの仲裁や解決なども重要な仕事となる。以下では、多様な役割のなかでも特に重要な役割として、学習ニーズの掘り起こし、学習プログラムのデザイン、学習プロセスの三つを取り上げ、各々の場面での学習支援者の役割を、成人教育の観点から考察する。

2.1　学習ニーズに関わる役割
（1）顕在化した学習ニーズと潜在的学習ニーズ[4]

　学習ニーズとは、何をどのように学びたいかに関わる学習者の欲求のことである。一般に「学習ニーズがある（ない）」という場合、顕在化した学習ニーズを指す。すなわち本人が自覚していて「〇〇を××のように学びたい」と言葉にできる場合のことである。社会教育・生涯学習は、市民の自主的な学習活動を前提とするものであるがゆえに、アンケート調査の回答などに明確に示された学習ニーズ、すなわち顕在化された学習ニーズが重視される。例えば、「今は学びたいものがない（と主観的に思っている）」との回答を書いた人は、「学習ニーズがない人」と判断されてしまうのである。

　では、その人は本当に「学習ニーズがない」のだろうか。

　私たちは「これを学びたい」「こう考えたい」「あれに挑戦したい」など、明確な言葉にならないときでも、「何か始めたい」「これまでと違うことを追求し

---
[4] 前掲1）, p.62-63.

たい」「自分をもっと磨く方法が知りたい」などと漠然と思うことはある。さらに、今の自分や生活を変えたい、という漠然とした思いが「もやもや」「いらいら」というかたちで現れることもある。これらは見落とされがちであるが、潜在的な学習ニーズの現れとみることができる。アンケートで「学びたいことがない」「興味がない」「時間がない」と回答する人を「学習ニーズがない」と捉える前に、潜在的学習ニーズについて考慮してみることが肝要である。自らの学習ニーズを自覚し、言葉で表明できるようになるのは、かなり高度な作業である。学習者自身の必要と求めに応じて、潜在的なニーズを顕在化させるための援助や働きかけ、さらには学習ニーズの「掘り起こし」への取り組みが必要になろう。

　これらの学習ニーズの問題は、学校教育で恩恵を受けてきた人と恩恵の乏しかった人との間の学習経験の格差の問題と関わると思われる。家庭教育における経済的・社会的・文化的格差は、学校教育の学習格差を生み出す可能性が高い。ピアノやバレエを習って育った子どもと習い事の余裕がなく育った子どもとのあいだでは、音楽や芸術への関心度、ひいては学校の教科内容への関心も異なるかもしれない。個人が何にどう関心を持つかは、その人の生育・生活環境に埋め込まれた文化・社会資本に大きく方向づけられると考えられる。それゆえに、潜在的学習ニーズを重視することは、社会的不利益層や学習稀縁者における学びの可能性を掘り起こし、拡大することにつながるものと考えられる。

（2）アウトリーチという発想

　戦後の日本の社会教育は、地域住民の生活現実から学習ニーズを見出し、学習課題に反映させながら発展されてきた。地域の公民館やコミュニティセンターを拠点とし、地域住民の学習ニーズを、地域の文化や生活状況、関心、独自の歴史的背景等に配慮しながらくみ上げ、学習講座に組み込んできた。他方、人々が「楽しい」「おもしろい」「取り組みたい」と明確なニーズを示している「娯楽・趣味」に関わる学習が、生活課題に根ざした学習機会に比して「低次な学習」と見なされる傾向にあったことも事実である。

図書館利用をめぐる議論についてみると、「利用者」数や貸出数の増減などに焦点が向けられがちであるが、他方、実際にニーズの高い自習や休憩の場としての利用については、肯定的な評価は少ない。このように「本を読みたい・借りたい」という明確な学習ニーズをもっていない人たちは、実は、潜在的な利用者であると考えられる。自習や休憩としての利用から始まっても、いずれ図書や資料の本格的な利用に発展していく可能性は、大いに予測できるのである。この潜在的な利用者にどのように働きかけるかが、今後の生涯学習施設としての図書館のあり方を考えるうえで重要である。

この点に関わって、欧米の成人教育では「アウトリーチ」という発想が発達してきた。「アウトリーチ」とは、普段実践を行う施設や領域の「外」に出て、生涯学習機会にほとんどもしくは全くアクセスしない人たちに、積極的に働きかけ、その関心に合わせた学習活動や情報を提供することで、より幅広い層の人々を、学習者として確保しようとするものである。イギリス民間成人教育団体（National Institute of Adult & Continuing Education：NIACE）は、「アウトリーチ」の具体的手順について次のように述べている。

> アウトリーチを行うスタッフは、地域でのリサーチ、既存の地域ネットワークの把握、多様な団体・機関・個人との接触と交渉、聞きとり、関心やニーズの把握、ミーティングの設定・調整、施設活用の交渉、団体や学習提供者の仲介などを行う。これらの仕事の遂行にあたっては、感性、他者や地域への尊敬、さまざまな団体や状況に適用できる能力、多様な要求やニーズに反応できる力が必要である[5]。

このように、アウトリーチは、潜在的学習ニーズをつかみ、地域住民への理解を深め、新しいネットワークと実践を広げることで、学習機会から「最も遠く」にいる学習者に積極的にアプローチしようとする取り組みである。

---

5) NIACE, Briefing Sheet 17, 'Outreach', February 2001.

2.2 学習プログラムのデザインに関わる役割

　社会教育・生涯学習において学習プログラム（講座、授業など）のデザインとは、その全プロセスを通して、学習者がどのようなことを経験するかを想定し、具体的に企画することである。そこでは、テーマや学習目標の設定から、学習方法論、学習内容の構成や提示のしかたなど、学習者の能動性や積極性を引き出すための様々な仕掛けや工夫、配慮などを行う。以下、一般的なプログラムデザインの段取りを、「学習者の状況・ニーズ・外的条件等の把握」「学習目標の設定と学習方法論の選択」「評価のデザイン」の3段階に分け、各段階における学習支援者の役割を考察する。

（1）第1段階——学習者の状況・ニーズ・外的条件等の把握

　学習プログラムを企画する際に、第一に必要なことは、そのプログラムで対象とする学習者について明確にするとともに、プログラム提供機関の特性や期待、時間、費用などの外的条件を把握することである。

　まず、対象となる学習者がどんな学習者であり、いかなる動機で参加するのか、何を期待しているのか、などを知ることから始めたい。可能な範囲で学習者の情報（年齢、性別、職業など）を把握し、対象者の実態とニーズに関わるフィールド調査をしておくことが求められる。またプログラム開始段階までに、テーマに関連した経験の有無や程度、すでに有している知識・技術、受講の動機、環境的要素（仕事や育児が忙しいなど）、プログラムへの期待などが明確になっていることが、望ましい。

　学習者に、学習を通して何を達成したいか、プログラムに何を期待するかを尋ねることは、学習者理解を助けるだけでなく、学習者自身がプログラムに臨む姿勢を再確認する機会にもなる。このような実態把握は、受講者のニーズを事前に探るアンケート形式の調査やプログラム開始前後の簡単なインタビュー調査などで行い、比較的長期間にわたって実施されるプログラムであれば、学習者の満足度や生活状況などの変化を知るためにも、複数回、機会を設けることが望まれる。

また、プログラムに使える予算や設備、スタッフなども明確にすることで、現実的に何をどこまで扱えるか、どこまでの達成を目指すべきかが、想定しやすくなるであろう。

(2) 第2段階——学習目標の設定と学習方法論の選択

　学習目標の設定は通常、二段階で行われる。まずは、プログラムをすべて終えた段階で何が達成されているべきかに関わる学習目標（Goal）の設定である。学習目標のもとに、より具体的な到達目標（Objective）が位置づけられる。両者ともに、プログラムの受講「前」から受講「後」にかけて、学習者にどのような変化が起こることを期待しているかを反映したものである。特に到達目標は「～ができる」「～の理解が深まる」など、学習者（主語）に起こった変化を動詞で表現する場合が多い。

　プログラム開始以降に明らかになった学習ニーズについては、柔軟に学習目標・到達目標に組み込み、反映させることが、学習者の能動的な取り組みを引き出す手立てにもなる。学習目標の設定・再設定に学習者の参画を促すことで、プログラムを通して最終的にどのような状態を目指すかを、学習者と学習支援者が一緒により効果的に共有できるのである。

　次は、これらの目標に見合う学習方法論（learning strategy）を検討する。教師主導型学習では講義が多いが、社会教育・生涯学習では、多様な学習方法論から、到達目標に最も適したものを選び、組み合わせて用いることが多い。例えば、全体・小グループでの話し合い、グループワーク、ロールプレイ、フィールド調査、プレゼンテーションなどである。選択の基準としては、楽しみながら課題に取り組めること、学習者が一定の責任を担えること、学習者自身が自ら発見・体験できること、などが重視される。

　プログラムの実施場所は、机や椅子が移動できる、オープンスペースにもできる、など、多くの学習方法に対応できることが求められる。だが、固定机のある講堂などで行う場合でも、工夫次第で、ペアやグループなどで話し合う時間を持つなど、何らかのしかけを考えることも可能になる。

(3) 第3段階——評価のデザイン

「評価」という言葉は、学習の進度や成果を何らかの形で測定することを連想させるが、本書第9章でみるように、社会教育・生涯学習における「評価」に対する考えは、学校教育とは異なっている。評価をデザインする際に配慮すべき点としては次の三点が挙げられる。

①評価についての話し合いと合意

社会教育・生涯学習において「何を評価するか」は、教師が一義的に判断するのではなく、学習者との話し合いを通し、合意により決定されることが望まれる。学習者は、プログラムへの参加を通して何を達成したいのか、学習支援者は、プログラムの提供を通して学習者に何を得てほしいのか、そして学習成果が単位や資格の取得に結びつく場合には、何がその基準となるのか。これらが明確になり、評価上の課題と予想される問題点についての意見交換を通して「何をどう評価するか」が決定される。プログラム開始時点で学習支援者と学習者がこれらについて話し合う時間を取り、学習者が評価のプロセスを説得力のあるものとして受け入れ、見通しをもって学習に臨めるようにすることが、プログラムを通しての学びの質を向上させると思われる。

②評価方法の選択

評価方法は、①で決定した「何をどう評価するか」に見合った適切な方法をを選ぶことになる。社会教育・生涯学習では、知識・技術の獲得度の度合いを知るための「試験」はほとんど行われない。ここでは、レポート、ポートフォリオ、プレゼンテーションを用いた評価について触れておく。

まずレポートは、教師（学習支援者）による他者評価が一般的であるが、学習者自身がどの程度満足のいくよう取り組めたかについての自己評価と他者評価と合わせて、評価を行うことが推奨される。これは、学習者の振り返りを促し、振り返りのプロセスを可視化できる点で、学習支援上も有効である。また学びの軌跡を記録し証拠資料を盛り込んだポートフォリオを使えば、振り返り

を伴う自己評価、学習者同士が互いにみせ合って話し合う相互評価(ピア評価)、教師による総合的な他者評価がいずれも可能なため、目的と状況に応じて、柔軟に組み合わせて使うことができる。プロジェクト・研究活動とそれを報告するプレゼンテーションについても、他者の発表(学習成果)を聴き、自己の発表(学習プロセス)を振り返ること、さらに互いの学びを評価し合い、そこから学び合うことによって、教師には、総合的で形成的な評価が可能になる。

③プログラム後の学びにつなげる工夫

　学校教育では、プログラムの実施中にフィードバック的な意図で用いられる「形成的評価」(本書第9章参照、以下同じ)と、プログラム終了時に成績評価に向けて行われる「総括的評価」とが明確に分けられることが多い。他方、社会教育・生涯学習の場合には、二者の境界は明確でなく、むしろ、両者は一体化しているとも見られる。学習者がプログラムで何を得たかを把握する(「総括的評価」)ことも、プログラム後の学習者の成長につなげていく(「形成的評価」)ことも、重要なのである。

　社会教育・生涯学習における評価は、このような複合的な特徴を持っているため、学習活動のプロセスのなかに、評価の要素を組み込んでいくことは、効果的である。②で挙げた以外では例えば、グループで課題についてフィールドワークを行い、発表し、それについて学習者同士で相互評価を行うという一連の流れを企画してみる。そこでは、相互評価という営み自体が、次の学びに向けた課題設定の意味を持つようになる点が、特筆される。また、プログラム終了時に「自己評価」の時間を設け、プログラムに参加しての満足度、実感している成長・変化について学習者自身が振り返り、次の学習課題や今後の展望などについて、他の学習者や学習支援者と話し合うことも重要である。

2.3　学習プロセスに関わる三つの役割

　次に、学習活動のプロセスにおける学習支援者の役割に焦点を当てる。学習者の能動的な関わりを重視する社会教育・生涯学習では、学習支援者は、学習

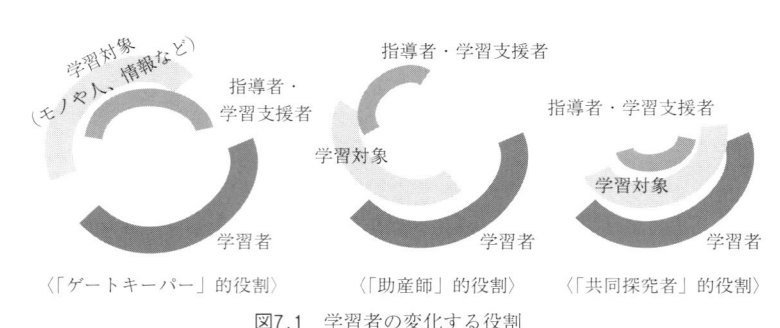

第Ⅲ部　生涯学習の支援

図7.1　学習者の変化する役割
〈「ゲートキーパー」的役割〉　〈「助産師」的役割〉　〈「共同探究者」的役割〉

（出典）Jones, G., (ed), Gatekeepers, Midwives & Fellow Travellers：the craft and artistry of adult educators, 2005, p.6-16をもとに筆者作成．

者の実態や学習プロセスの段階に応じて、担う役割を柔軟に変えることを求められる。図7.1は、成人教育学に依拠してジェラルド・ジョーンズ（Jones, G.）[6]が提起した「ゲートキーパー」的役割、「助産師」的役割、「共同探究者（Fellow Traveller）」的役割を図示したものである。以下、若干の解説を試みる。

（1）「ゲートキーパー」的役割

学習プロセスの初期段階における学習支援者は、学習者にとって未知の世界の入り口にたつ「ゲートキーパー」（門番）的存在である。学ぶべき内容は、学習支援者だけが把握しており、プログラムを通してのみ伝達される。学習者は指示に従って知識を吸収し、正確に再生する、という行動に陥りやすく、受け身的になりがちである。

学校教育のみならず、社会教育・生涯学習の場合でも、学習の初期段階は教師主導的な関係性に入りやすい。このことを認識したうえで、「知の案内人」として学習内容をどのように提示するかを検討することが重要である。実際、成人の学習機会に講義や講演が用いられることは多いが、学習者の生活課題や問題関心に基づくテーマや内容を提示する、学習者同士が提示内容について話し合う時間をつくる、考えるための「問い」を投げかける、各自が探究すべき

---

[6] Jones, G. G., *Gatekeepers, Midwives and Fellow Travellers：The craft and artistry of adult educators*, Mary Ward Centre, 2005.

テーマを選び、取り組む機会を設ける、などの工夫により、「ゲートキーパー」は、「知の案内人」としての学習支援の幅を広げることが可能となる。

(2)「助産師」的役割

「助産師」的役割とは、学習者が学習対象に対して抱く関心や関連性を引き出すことで、消極的な学習者から脱し、学習プロセスに積極的に参加するよう促すものである。学習者は、学ぶ対象と自分との関連性を見出せると、提示されたものを単なる情報として受け止める段階から、自ら考え、探究できるリソースとして認識する段階へと進むことができるのである。

そこでの学習支援者は、「学んでもらいたい」もの（学習対象）の性質によって、現場に出かけての体験学習や演習、小グループでのディスカッション、ロールプレイなど、学習方法を検討する必要がある。同時に、学習者が「自分がこの対象について知りたいことは何か」「それは自分とはどのような関連があるか」を考え、他の学習者と共有できるような「しかけ」づくりが鍵となる。この役割を効果的に果たすために、学習支援者は学習対象についての知識はもちろん、学習者の関心や状況、それまでの経験等についても十分に理解しておく必要がある。

(3)「共同探究者」(Fellow Traveller) 的役割

共同探究者的役割においては、学習支援者は学習者と同じ立場に立って学び、探究する存在となる。ここでの学習者は、自分なりの問題関心やテーマを学習対象に見出そうとする段階に達していることが前提となる。学習支援者は、学習の様子を見守る役割、グループ・メンバーとして参加しつつも、役立つ学習リソースがあれば提案する役割、問題が生じた場合には仲介・進行を行う役割、学習者が持つ経験を積極的に活用するように促す役割、スケジュールに沿って作業が進むかどうかを確認するマネージャー的役割など、状況に応じて多様な役割を果たす。この段階は、学習者と学習支援者の双方にとって、最も発展的な学習段階なのである。

③ 「振り返り」を軸とした学習支援者養成・研修

　前述のように、社会教育主事、図書館司書そして博物館学芸員の場合は、指定科目の履修によって認定資格を取得することができる。また社会教育主事では実務経験者を対象に、一ヶ月程度の集中講義型の資格認定研修（社会教育主事講習）が国立大学で実施される。企業内研修の指導者やスポーツ・インストラクターなど、民間機関の場合は各機関によって異なるが、独自の資格認定・研修の仕組みをもつ場合も多い。個人レベルの勉強会なども、活発に行われている。

　しかし、そこでは、各専門職領域に関わる知識・技術の習得・更新が優先され、「学習者（来館者・参加者・受講者）の学びをどう支援するか」の視点は看過されがちである。もちろん、専門職領域の知識・技術は不可欠とはいえ、学習支援者としての力量形成には、学習者理解、多様な学習方法論の特徴や長所・短所の把握、そして自分自身の経験や実践についての「振り返り」が不可欠である。

　アメリカ成人教育学者M・ノールズが提起した「アンドラゴジー」は、子どものための教育学とは対照的に「おとなを教えるわざと科学」と定義される。この定義から示唆されるように、学習支援者の専門性は、知識や技術（「科学」）のみで成り立つのではなく、それらが、実践や経験の積み重ねのなかで磨かれる「わざ」と調和的に共存しながら、合わさって形成される。したがって、学習支援者の養成・研修は、「科学」と「わざ」の両面を高めるものでなければならないのである。

　「わざ」とは、職人が試行錯誤を繰り返しながら熟練していくように、実践や経験を絶えず振り返っては必要な修正や変化を加えることを通して、私たちの内部で培われてゆくものである。それゆえ、学習支援者においても、若手よりも経験を積んだ「ベテラン」の方がより熟練した「わざ」をもつ。これは単に経験主義的に教育・指導を行うという意味ではない。常に自らの実践を問い

直すこと、新しい可能性や価値観を受け入れる視野と姿勢をもって、豊かな感受性で社会情勢、人々の関心や課題などを汲み採ること、学習者について積極的に理解しようとすることを通して、「わざ」は形成・熟練されるのである。

アメリカ成人教育学者ミシェル・W・ガルブレイス（Galbraith, M. W.）は、「わざ」と「科学」が融合して形成される学習支援者の専門性は、洗練された「教えるスタイル（teaching style）」へと発展していくと論じている。「教えるスタイル」とは、「教育実践諸原理についての知」「自身についての知」「学習者についての知」「内容についての知」「教育方法についての知」という五つの知が融合されることで構築される。

特に「自身についての知（Knowledge of self）」は中核的な知である。「自身についての知」の形成を助けるために、彼は、学習支援者が前提とする考え方や価値観、信念、これまでの実践経験などを意識的に振り返り、捉え直すための自己分析ツールを提示している[7]。学習支援者自身の成長・発展を理解するには、イギリス・サリー大学で成人教育者養成コースの設立・運営に携わったP.ジャービスの「研究する実践者（Practitioner-Researcher）」概念が手がかりになる[8]。

そこで実践者は、大学などの教育機関で身につけた知識や情報の有効性を現場で検証し、現場の状況に沿ったより有効な方策を得るためにリサーチ的プロセスをふみ、「独自の実践知（Personal Knowledge）」を構築する。このプロセスのなかで実践者は、自らの実践を振り返り、既存の知識や技術、個人としての価値観や暗黙知などを融合させるのである。こうして構築される実践知は、単なる理論的な知識や情報とは異なり、文脈や状況に合わせて変化・発展するというダイナミズムをもつことができるのである。

このように、学習支援者としての専門性の向上には、教育・学習理論につい

---

[7] Galbraith, M. W. (ed.), Adult Learning Methods: A guide for effective instruction, 3rd ed., Kreiger Publishing Company, 2004.
[8] Jarvis, P., *The Practitioner-Researcher: Developing theory from practice*, Jossey-Bass, 1999. 同書においてジャービスは、「研究する実践者」にとって役立つ研究手法として具体的にケース・スタディやアクション・リサーチなどを提案している。

ての知識や技術を習得するだけでなく、「振り返り」を通して自らの教育実践を常に問い直し、「わざ」を高めていくという不断の取り組みが必要なのである。

4　おわりに

　本章では、社会教育・生涯学習における学習支援者の役割、またその養成・研修について論じてきた。最後に、図書館司書の学習支援者としての役割に言及しておきたい。

　日本では2006年「これからの図書館像：地域を支える情報拠点を目指して」（文部科学省）が発表され、図書館司書をはじめとする職員に対して「図書館が、住民の読書を支援するだけでなく、地域の課題解決に必要な資料を提供し、住民の生活上の問題解決に必要な情報を提供する役割を担う施設であることをしっかり認識してください」[9]と呼びかけがなされた。従来の資料の収集・整理・貸出業務を超え、学習者（地域住民）が「問題解決」が取り組めるような、具体的働きかけが必要である。各図書館はそれぞれの状況に応じて、従来の図書館業務を超えた役割を積極的に模索することが求められている。

　図書館および図書館司書の現代的役割は、近年の情報科学技術革命とインターネットの世界的普及によって、より鮮明に浮き彫りになっている。図書館に行かずとも、さまざまな種類のデジタル書籍に携帯型端末でアクセスが可能で、「いつでも・どこでも」読書への要求を安価に満たせるようになった。世界の歴史・芸術・文学など様々な分野の貴重資料すら自宅から閲覧できるのである。

　このように「情報収集」の効率性の点では、情報科学技術は従来型の図書館の機能を凌駕するとはいえ、「情報収集」は「学習」を生む基盤となっても、機動力にはならない。例えば、最も身近な「情報収集」ツールであるインターネット検索は、キーワードに関する情報しか提示しない。幅広い視点で情報を

---

9) 文部科学省「これからの図書館像：地域を支える情報拠点をめざして」, 2006.

捉え直し、発見や気づきを得るには、高度に発達した情報科学技術に加え、学習を促し援助する他者の存在が不可欠である。

　以上の現代的課題をふまえれば、図書館司書が「本」という知の世界のゲートキーパーとして、幅広い学習者が「本」と出会い学びの体験を得られるように配慮すること、潜在的ニーズを掘り起こし、「本を読むこと」から最も遠い学習者層にアウトリーチを行うこと、「図書館」で出会った学びをさらに発展させることができるよう、他機関（教育機関、ボランティア団体、NPOなどの民間団体）とのネットワークを構築することなどが、学習支援者としての役割を果たすうえで、重要なのである。

参考文献

パトリシア・クラントン著，入江直子他訳『おとなの学びを拓く：自己決定と意識変容をめざして』鳳書房，1992．

ジェニー・ロジャーズ著，藤岡英雄監訳，徳島大学生涯学習研究会訳，『おとなを教える：講師・リーダー・プランナーのための成人教育入門』学文社，1997．

中野民夫『ファシリテーション革命』岩波書店，2003．

パトリシア・クラントン著，入江直子，三輪建二監訳『おとなの学びを創る：専門職の省察的実践をめざして』鳳書房，2004．

Rogers,J., *Adults learning*, Maidenhead, England: McGraw Hill/Open University Press. Retrieved from, 2007．

日本社会教育学会企画出版編集委員会編『学びあうコミュニティを培う：社会教育が提案する新しい専門職像』東洋館出版社，2009．

Alan Rogers, N.H., *Teaching adults* (4th ed.), Open University Press, 2010．

第Ⅲ部　生涯学習の支援

― ■□コラム□■ ―

学習支援者としての図書館司書
―― NIACE の提起から ――

　イギリスでは、2009年に民間成人教育団体 NIACE (National Institute of Adult and Continuing Education) が、生涯学習に関する全国調査・研究成果を発表し、図書館の新たな役割を提起した。そこでは、人びとは、年齢・人種・ジェンダーなどにかかわらず、生涯学習機関のなかでも図書館および博物館にもっとも頻繁にアクセスしているというデータに基づいて、博物館や図書館には、学習者が学びにふれるきっかけをつくり、さらなる生涯学習機会に繋げることを助ける役割があると結論づけられた。すなわち、図書館は、あらゆる人にとって「知の案内人」となり得るだけでなく、学習者が「本」を入り口として高等教育を含めた多様な学習機会へのアクセスを促すことができる、と期待されたのである。地域住民が学びの「第一歩」を形成する場こそが図書館であるという考えから、アウトリーチなど「第一歩」が生まれる環境・しかけづくり、また図書館に足を運んだ学習者が次の学習機会を見出し、学びを継続できるような働きかけが重視されている。この具体的プロセスにおいて学習を支援する存在が、図書館司書なのである。

【参考文献】Schuller, T. & Watson, D., *Learning through Life: inquiry into the future for lifelong learning*, NIACE, 2009; IFLL., *How museums, libraries and archives contribute to lifelong learning* (IFLL Sector Paper 10), NIACE, 2009.

（柴原真知子）

第8章　学習情報の提供と学習相談

　高度情報社会と呼ばれる現代の私たちの生活には、あらゆるところに情報が溢れている。そこではあたかも、自分が求める情報に到達(アクセス)することが、以前よりずっと容易になったようにみえる。確かに、一部の人にとっては、最新の情報検索ソフトやデータベースを活用すれば、必要な情報が適切なかたちで瞬時に手に入る。だが、他の多くの人にとっては、たとえインターネットにつながったコンピュータが手近に何台あっても、それらを使いこなす技術やスキルが無ければ、必要な情報に到達することはできない。多少、コンピュータの扱いに慣れていても、求めるものにたどり着くまでに試行錯誤を余儀なくされる場合もある。日々高度化し続ける「文明の利器」の扱いに、隔靴掻痒の感を持つ人も少なくないであろう。

　このような中では必然的に、情報収集・情報活用能力を持つ者と持たない者のあいだに格差が生まれる。当初、情報量や情報技術の違いは「便利さ」の程度の違いでしかなかったとしても、情報化が進めば進むほど、「持つ者」を前提とする社会システムづくりが進み、「持たない者」が社会の中枢や時代の動向から排除され、取り残されるようになる。そこで生み出された格差は、デジタル・ディバイドと呼ばれ、高度情報社会における新たな社会問題として、内外で注目されるようになったのである。

　世代間・個人間のデジタル・ディバイドは、科学技術の進歩に伴って日々大幅に拡大していくようになる。例えば、高齢者の生活の必要に関わる申請や予約が、インターネット経由でのみ可能という状況が生まれた場合、一部の人は対応できても、大多数の高齢者は、自分で申込みすらできないことになる。デジタル・ディバイドは同時に、私たちの生活や仕事、様々な活動の範囲や発展

可能性を大きく規定する。情報収集・情報活用能力の格差が学習格差となり、実質的に、生活格差、職業格差、さらに社会活動格差を生み出すのである。

　これらの格差の中核で決定的な意味をもつのは、学習格差である。デジタル・ディバイドは、学習格差をつくり出すのみならず、高度化の中で学習格差を拡大し、そこから第二のデジタル・ディバイドが生み出される、という循環を生み出すのである。すなわち、インターネットによる情報収集・情報活用が的確に効率よくできる人ほど、学習機会や学習活動の情報が入手しやすくなり、選択肢や選択可能性が拡がり、ニーズに見合ったものにアクセスできる度合いが増す。学ぶ仲間や情報提供者にネット上で出会うことで、さらなる口コミ情報も増えるであろう。これらが生活・職業・社会活動等に影響を及ぼしていく。

　インターネットの活用はとりわけ、病気や障がい、家庭事情（育児・介護・看病など）のような理由によって、家を離れて学ぶことのできない人に、学習へのアクセシビリティを保障する潜在的可能性をも有するものである。だが、それゆえに、この活用能力の有無は、インターネットによって初めて学習のアクセスを得ることができる人々と、インターネットができないことでさらに複合的な学習阻害状況を抱えることになる人々とを、同時に生み出すことになってしまうともいえよう。

　このような高度情報化に関わる問題状況をふまえつつ、本章ではまず、現代の生涯学習における「学習情報の提供」と「学習相談」について、基本的に両者がどのような考え方に基づいて実施されるものであるかを確認する。そのうえで、「学習情報」の意義と種類、その提供方法と留意点について述べ、さらに、「学習相談」の意義と実践について、二つの相談事例をもとに考察する。一般に「相談の専門家」というと、心理学を足場とするカウンセラーが想定されるが、本章ではこれらに対し、教育学的（学習支援の）観点に立った学習相談の特徴とあり方、およびその可能性について、実践的な理解を目指す。

第8章　学習情報の提供と学習相談

1 「学習情報の提供」と「学習相談」の基本的な考え方

　「学習情報の提供」と「学習相談」とは、学習者支援の二大柱である。学習者支援とは、学習者が現在、直面している問題や障碍となっている要因を取り除き（軽減し）つつ、学習ニーズと実態に応じてより望ましいと思う方向で、学びを前（次の段階）に進めるべく、直接的・間接的な助言やリソースの提供、環境改善など、多面的で柔軟なサポートを行うことである。ゆえに前者は、情報提供だからといって、単に関連（すると思われる）情報を学習者に矢継ぎ早に、大量に手渡せばよいというわけではない。また後者は単に相談だからといって、相談者の話に相槌を打ちながら共感的に聴くだけでよいとか、相談を通して相談者の気持ちが楽になればよいというわけでもないのである。
　すなわち「学習情報の提供」とは、学習者自身が、学習の目的、学習ニーズ、学習（ないし学んでいる自分）の具体的イメージを明確にし、既存の機会や関連情報を活用しながら、満足のいく学習が選択（デザイン）できるように、手立てとなる情報や情報収集の手段を提供することである。他方、「学習相談」とは、学習者（相談者）が、自らの学びに関わって直面している悩みや障碍、疑問などに対し、学習支援者が、学習者自身の実態やニーズをふまえて専門的な見地から指導・助言するとともに、学習者主体で問題解決できる力量を培い発揮できるように、必要なサポートを行っていくことである。「学習相談」の種類は後でみるように、学習者のおかれた段階や状況によって、支援の方法や内容に大きな幅があるので注意されたい。
　「学習情報の提供」と「学習相談」は、相互補完的な関係にあり、学習者の実態とニーズに応じて活用される必要がある。学習者には、「これをこう学びたい」という学習ニーズが自覚的・明確に捉えられている人、すでに何かを学んで（学び始めて）いる人、以前学んでいたが何かの要因で中断しまた再開しようとする人、これから「何となく何かを始めたい」人、従来は「学習」と呼ばれる場には縁遠かった人など、様々なタイプの人々が存在する。学習ニーズ

が明確な学習者には、学習情報の提供を中心として、必要に応じて学習相談を取り入れる、学習ニーズが明確でない学習者には、学習相談を中心として適宜、学習情報を提供する、というように、学習者のタイプに応じた支援のしかたが求められる。

　例えば、初学者のなかには、漠然とした「学び」への思いや欲求があっても、学習の目的、学習ニーズ、学習イメージが曖昧ないし不明な人が少なくない。「何となく」「もやもやした」と表現されるような潜在的学習ニーズの段階にあるためである。このような場合、「学習情報の提供」には必然的に、「学習相談」の要素が含まれてくる。そこでの「相談」とは、他者から正しい回答を得るというよりは、過去や現在の自分を振り返り、自らの学習ニーズを問い返すためのやりとりの機会として機能する。すなわち、学習者自身による「学習ニーズの顕在化」のための「学習相談」であるともいえる。

　以上を含め、どのタイプの学習者が対象になる場合でも、「学習情報の提供」と「学習相談」において目指されるべきは、学習者において、次のようなことが可能になり実現されることである。

(1)必要かつ適切な情報に、手近なところで手軽にアクセスできる。
(2)自分が求めていることは何か、そのために何をどう学びたいのかが明確に自覚でき、身近で可能な選択肢として、具体的にどのようなものがあるかを把握できる。
(3)各々の選択肢を多面的に検討でき、最も納得のいく選択と取り組みが可能になる。
(4)すでに取り組んでいる学習や学習活動について、抱えている悩みや直面している課題についての原因や解決・改善策が明確になり、見通しがもてるようになる。

2 「学習情報を提供する」こと
――学習者にとっての「情報」とは――

2.1 「学習情報」の意義

　生涯学習における「学習情報の提供」は文字通り、「学習に関わる情報」を提供することである。その提供の実際については後述するが、重要なのは、そこで何をもって「学習に関わる」情報とみなすかが、個々の学習者によって異なり、一律ではない点である。それゆえに、学習支援者には、学習者の実態やニーズの的確な理解とそれに基づく適切な情報の選択・提供が、求められるのである。

　ここで重要なのは、「学習情報の提供」が、「情報の提供」のみを最終目的とするものではないという点である。そこでは、学習情報の提供という学習支援のプロセスで、学習者自身が、自らの学習に何を求めているかを明確に捉え、それに応じて情報を自らの手で検索・入手し、必要な情報を吟味・選択・活用できるようになること、それに加え、自らの学習の成果および学習活動について情報の生成・発信・共有化できるようになることが、目指される。すなわち、「学習情報」とは、学習者自身が、自らの内なる学習ニーズを「学習」という営みとして具体化するための手段であるともいえよう。

　高学歴化・高度情報化・少子高齢化社会の到来とともに、成人学習者の属性やニーズも多様化してきた。学校教育や企業内教育、専門職教育をも範疇とする多様な生涯学習の場では、人々の学歴や学習歴がますます高まる一方で、不登校や経済的事情など様々な理由から、学校教育をリタイアする人々が増えつつある。そのなかで、学習の目的や内容も、趣味・教養志向で知識や自己実現を求めるものに加え、女性・男性としての生活や生き方に関わるもの、再就職や実務的目的を持ったものなど、幅広く変化してきた。現代の私たち一人ひとりの学びを取ってみても、第5章でみたように、個としての学び、生活者・社会人・職業人としての学び、余暇・趣味・教養につながる学びなど、複合的な側面をもつものとなっている。

学習者にとって「学習情報」は、自らの内にある目的意識や問題関心を自分なりに客観化し、それを「学習」という行為として表現するための重要な手かかりとなるのである。

2.1 学習情報の種類

「学習」は多くの場合、提供者によって用意された学習機会への参加からスタートすることが多い。これらの学習機会や学習施設等に関わる情報には、大別して以下のものがある（項目は、文部省の例示による）。

ア　学習機会に関する情報

公民館、生涯学習センターなどでの学級・講座、地元の大学などが提供する公開講座、市町村やNPOなどが主催する講演会やイベントなどに関わる情報である。

イ　施設に関する情報

公民館、図書館、博物館、生涯学習センター、男女共同参画センター、青少年活動センター、児童館、コミュニティセンターなどの学習関連施設に関わる情報である。

ウ　団体・サークルに関する情報

社会教育関係団体（公民館、図書館などを拠点とする自主学習サークルなど）や市民団体、余暇活動・趣味などの同好会、育児サークルなどに関わる情報である。

エ　指導者等に関する方法

研修・講演会の講師、スポーツの指導者・インストラクター、ワークショップのファシリテーターなどに関する情報である。

オ　学習教材等に関する情報
　学習内容に関わる文献・書籍、資料、辞典、データベース、パソコンソフト、材料、例示されるモノなどに関わる情報である。

カ　各種資格に関する情報
　一定の学習によって取得可能な資格に加え、学習の成果を形として示せる資格、余暇活動やレクリエーション、生涯学習ボランティアなどの関連資格についての情報である。

キ　学習プログラムに関する情報
　科目・領域・テーマごとに参加可能な学習プログラムについて、学習の目的、内容、形態、方法、実施日時・場所、学習成果の活用などについての具体的な情報である。

ク　その他の情報
　上記以外で、学習に直接的・間接的に関わる情報である。

2.3　学習情報提供の方法と留意点
　学習情報提供の方法は、「一人ひとりの学習者」の立場にたち、「必要な情報を、必要とするときに、必要とする場所で、確実に入手できる」という原則に立って、考える必要がある。また「何が自分にとって必要な情報なのか」が必ずしも明確でない人々に対し、それを見極めるための、何らかの手段や手がかり（学習ニーズ明確化のためのチェックリストなど）を用意することも重要である。
　学習情報の提供には、具体的には、次のような方法や手立てが考えられる。

＊学習情報提供システム（端末設置）の活用
　パソコン機器を通して、都道府県レベルなど広域の生活圏における学習情報が入手できるものである。いったん扱いに慣れると、他者の助けを借りずに必

要な情報が自由に検索できるようになる。課題は、デジタル・ディバイドによる格差を、どのような工夫・改善、サポートによって克服・縮小化できるか、である。

＊情報提供・学習相談窓口の設置と活用

　情報提供と学習相談の機能を併せもち、気軽に声をかけることが可能な窓口が求められる。図書館のレファレンスサービスも、「この本はどこにあるか」という問いへのピンポイントの答えでなく、「このような問題関心には、どんな本が関わるのか」を幅広く紹介するような対応が、学習者の選択肢を増やし「本当に求めているもの」を明確化するのに役立つ。

＊広報（市報・新聞・情報誌・マスメディア）

　媒体を通じての広報は、学習情報の提供において最も一般的なものである。とはいえ、これらの媒体は往々にして、情報を届けたい対象に情報が届かないという状況を生み出す。対象となる学習者はどのような生活圏でどんな行動傾向を取り、どのようにしたら情報を最も入手しやすいかを調査するなど、活用方法の検討が求められる。

＊郵便・電話・ファックス・ウェブサイト・ソーシャルメディア（SNS）などの活用

　従来の通信手段である郵便・電話・ファックスに加え、近年は、ウェブサイトや掲示板、メーリングリスト等が設けられ、活用されるようになった。さらに、ミクシー（Mixi）、フェイスブック（Facebook）、ツイッター（twitter）などのソーシャル・メディアにおいて、参加・登録した個人が自由に、そして確実に必要情報を得られるようなコミュニティやネットワークが生まれている。これらの特徴と長所・短所をふまえながら、学習情報の効果的な発信に向けて、適切でだれもがアクセスしやすい方法を編み出すことが求められている。

＊口コミ的機会の活用（講座・学習活動・イベント等参加者への関連情報提供）
　講座・学習活動やイベントへの参加数は、「口コミ」によって左右されることが少なくない。前掲のような様々なメディアの活用に加え、学習内容と関連する事業やプログラムに出向いて参加者に直接アピールし、チラシ配布などの情報提供を行うことも、関心のありそうな人々に的を絞った口コミ効果を高めるうえで、有効である。

　では、これらの学習情報を提供するにあたり、どのような留意点が必要になるだろうか。学習者自身の目的意識や問題意識が明確な場合、およびそれらが漠然とした状態である場合に分けて、見てみよう。

【学習者自身の目的意識や問題意識が明確な場合】
　関連するテーマ領域の学習機会にする「情報」は選択肢が多く、詳細で具体的な方が有効である。学習支援の重点は、学習者自らが求めている「情報」を適切に円滑に手に入れられているかにある。期待する「情報」が得られない場合には、テーマや学習内容を固定的に捉え、絞り込み過ぎていないか、などの観点から再検討し、より広い視野や異なる観点を含む学習に発展できるような支援が期待される。

【学習者の求めるものが漠然としている場合】
　「情報」量が多すぎると、自分が何を求めているかわからなくなるという難点があり得る。そのような場合には、情報は大きなカテゴリーで示され、各々のポイントのみが提示される方がわかりやすい。学習者自身がその時点でどのような学びの機会を求めているのか、優先順位が最も高い事項を中心に、いくつかの選択肢を同時に検討していくような方向での支援が求められる。

3 生涯学習における学習相談の意義と実践

3.1 「学習相談」の意義

　学習相談は一般に、住民の学習計画の作成や学習上の悩みなどについて助言・援助し、学習を側面から支援するよう配慮するものとされる。学習相談は、学習情報の提供と同様に、個々の学習者が学習を円滑に進めていくうえで重要な「学習援助活動」であり、前述の通り、学習情報の提供と不可分である。個々の学習者の学習ニーズや学習状況、さらに学習環境上の諸問題および、「学習カウンセリング」でもある。

　生涯学習推進体制下において、学習相談は、社会教育主事の経験者、社会教育指導者、社会教育活動の指導者やボランティアなど、適切な助言を与えられる人材を起用した「学習相談員」が担うものとされる。だが、今後は、現役の社会教育主事や生涯学習センター職員をはじめ、公民館職員、図書館司書、博物館学芸員や、その他の様々な学習施設のスタッフが、学習相談に必要な能力を培っていくことが切に求められる。

3.2　学習相談の実践――指針と事例

　では、ここで学習相談に関わる具体的な指針について、さらに相談事例を通して、その指針をどのように活かすかについて、みておこう。

(1)学習相談の指針

　学習相談において重要なのは、学習者（相談者）理解である。とりわけ、相談者がどのような学習ニーズを持っており、そのことが、相談内容と具体的にどう関わるのかを、相談者の話を聞くなかで、明確に捉えることが必要である。

①相談者は何を求めて来るのか

　学習相談の窓口にやってきた相談者を前に、考えるべきことは何だろうか。

以下にいくつか挙げてみよう。
- どんな学習者なのか。
- これまでに、いかなる学習歴をもっているか。
- 現在、どんな問題や悩み、戸惑いを抱いているか。
- 問題の中核は何か（制度上の問題か、指導者の問題か　学習機会の問題か、学習上の人間関係に関わる問題か、自主学習サークルの企画運営上の問題か、など）。
- 解決の方向性は何か（制度的対応か、教育的対応か、心理的解決か、など）。
- 紹介すべき機関・組織、人物、情報源、ネットワークなど。
- その他

②学習支援者はどう受け止め、解決の方向性・見通しをいかに見出すか

　通常、相談者が持ちかけてくる相談内容は、必ずしも、ピンポイントの「問い」ではない。例えば、「人間関係について学びたい」という相談者の話から、人と人との関係性を考える教養講座を紹介した。だが、よく話を聞いていくと、実は、転居後に打ち解けて話せる友だちがいなくて悩んでいることがわかった。そこで、趣味の読書を媒介に他者との関わりが持てるような、地域の読書サークルを紹介することにした。このように、当初の「〇〇したい」は必ずしも、その人の本当の学習ニーズではなく、その一局面ないし入口にしかすぎないといったケースは、よく経験するものである。

　ゆえに、相談にのる側の学習支援者は、相談者が本当は何を求めているのか、つまり学習ニーズを常に把握するよう努めることが必要である。とりわけ、相談者のニーズが潜在的学習ニーズの段階にある場合には、支援者がじっくりと話を聞き、ともに解決の方向性を探るという意味での「相談」が重要である。逆に、学習ニーズが顕在化して明確な場合には、学習相談は比較的、学習情報の提供に近いものとなる。そこでは、機関や人や情報を「紹介する」ということに、重心が置かれるようになる。

第Ⅲ部　生涯学習の支援

(2)相談事例にみる学習相談実践の考え方

以下は練習問題である。

このような相談者が、あなたのところにやってきたら、どのような対応をするだろうか。まずは、自らを学習支援者と想定して、考えてみてほしい。

【相談事例1】

「今、育児に悩んでいます。失敗しない子育ての方法について勉強したいのですが、何かよい本を教えてください。」

「今、10ヶ月と2歳になる2人の子どもがいます。夫の転勤でこの町に来たので、実家も遠く、まだあまり知り合いもいません。夫の帰りが遅いので、子どもの面倒はほとんど私一人が見ていますが、だんだん自信がなくなってきました。子どもは一所懸命世話しても手がかかるばかりだし、いうことも聞かないし。聞きわけがないと、つい子どもにどなったり、手を上げてしまって、その度に落ち込んでいます。」

「短大を出て、子どもができるまでは会社で働いていました。この前、同僚だった友人から電話がありました。仕事の愚痴ばかりでしたが、活き活きとして幸せそうでした。会社にいた頃の私は早く子どもが欲しいと、いい母親になることばかり考えていたのですが、母親になった今は何か自分がとても小さく思えて、毎日、気分が晴れません。子育てだけは絶対に失敗したくないのですが、焦るばかりでどうしたらよいかわからず、悶々とする日々です。」

【相談事例2】

「退職後、時間を持て余しています。何か、うまく第二の人生を楽しめるようなきっかけが欲しいのですが、何か紹介してもらえますか？」

「新聞も雑誌も数日で読み飽きたし、盆栽という柄でもないし、近所に知り合いがいるわけでもないので、外に出るのもおっくうです。でも、家にいても何となく居心地がわるく、いっそのこと、再就職の口を探してみようかとも思っているところです。」

「この３月までは、銀行の管理職で、家庭のことはすべて妻に任せて仕事に没頭していました。退職後は、悠々自適の生活をし、妻と一緒に旅行でも楽しもうと思っていたのです。ところが、いざ退職してみると、妻は趣味やボランティアの活動で忙しく、ほとんど家におらず、食事の支度も満足にしてもらえません。またせっかくの旅行も、私よりも友だちと行きたいなどと、冷たいことをいいます。自立した子どもたちは、自分たちの生活で手一杯なので、迷惑はかけられません。」

【相談事例１を読むポイント】
・どんな学習者なのか？
　２人の幼い子どものいる女性からの「失敗しない子育ての方法」について「何かよい本を教えてほしい」との相談である。転勤でこの町に来たため、実家も遠く、知り合いも乏しい中で、１人で子どもの世話をしているが、子育てに自信をなくしている。

・これまでに、いかなる学習歴をもっているか
　短大を出て、子どもができるまでは会社で働いていた。会社に勤めていた頃は、「早く子どもが欲しいと、いい母親になることばかり考えていた」。

・現在、どんな問題や悩み、戸惑いを抱いているか
　同僚だった友人が活き活きとして幸せそうなのにふれ、「母親になった今は何か自分がとても小さく思えて、毎日、気分が晴れ」ないという状況である。

「子育てだけは絶対に失敗したくない」と思いつつ、「焦るばかり」で「悶々と」している。

・問題の中核は何か
　「本を教えてほしい」という具体的な要望ではあるが、背景には、孤独な子育て、自信の喪失、夫とのコミュニケーションの乏しさに加え、「いい母親になる」「子育てに失敗したくない」というような、母親役割についての思い込みや思い入れが、相談者にとって大きな重圧となっている。

・解決の方向性は何か
　孤独な子育てのなかでは、母親は「私だけが世の中から取り残されている」「なぜ私だけがこんな思いをするのか」と、悲観的になりがちである。また、子どもとのいい関係を目指すのでなく、自分が「いい母親」になろうと格闘するがゆえに、子どもにも「いい子ども」を期待し、母子関係のなかでのみ子どもを捉える傾向もみられる。同じ立場におかれた他の母親たちと出会い「私だけの問題ではない」と気づくこと、信頼できる人に「子どもを預ける」ことで「他者とともに育てる」意義や楽しさを実体験すること、母子ともに新たな人間関係を経験することで、「他者とともに育つ」実感を得ることが、重要である。
　本や資料を紹介する場合も、単なる子育てのハウツー本や母親の心構えを説いた本ではなく、以上のようなことを考えるための手がかりになる文献を選ぶことが必要であろう。

・紹介すべき機関・組織、ネットワーク、情報源、人物など。
　近隣のファミリーサポートセンター、地域の子育てサークル、「子育てと社会参加を考える」講座など、開かれた子育てや母親の「自分探し」をテーマとする保育つきの講座や学級、子育ての先輩や経験豊かな保育士などである。

【相談事例2を読むポイント】
・どんな学習者か
　相談者は、定年退職後の生活をどう過ごすかの方針が立たず、「第二の人生を楽しめるようなきっかけ」を探している。

・これまで、いかなる学習歴があるか
　相談者は在職中、銀行の管理職であった。家庭のことはすべて妻に任せて仕事に没頭していたが、退職後は悠々自適の生活をし、妻と一緒に旅行でも楽しもうと思っていた。

・現在、どんな問題や悩み、戸惑いを抱いているか。
　「仕事人間」だったためか、特に趣味もなく、近所に知り合いがいないことに加え、家庭のなかでも居場所がみつからない。特に妻に対しては、「趣味やボランティアの活動でほとんど家におらず」自分をかまってくれない、旅行も自分と行きたがらないなどの不満を抱いており、退職後の妻との生活に適応できていない。

・問題の中核は何か
　「仕事人間」から退職後の新たな生活への転換が、気持ちのうえでも実際生活の上でも、最大の課題である。職業生活という限られた領域のみで生きてきたため、個として、生活者としての学びや社会生活に関わる学びの機会がほとんどなかった。妻との関係性についていえば、「男は仕事、女は家庭」という前提のもと、夫と妻は長年、接点や共通基盤の乏しい状況のなかで、全く別の世界で生活を創り上げてきてしまっている。夫は退職によって、その事実に初めて直面したともいえる。

・解決の方向性は何か
　まずは、地域のなかに顔なじみをつくり、趣味や共通の問題関心を持った仲

間を作ることが、社会生活の「第一歩」となる。銀行で身につけていた特別な知識や技術をもとに、ボランティア活動に参加するなど、社会貢献につながる活動への参加は、職場の経験と少し異なる意味で、自らの存在意義を確認し、達成感や自己肯定感を生むであろう。「ネクタイ」や「名刺」のないインフォーマルな関係性のなかで、地域の一員を実感することも可能になるかもしれない。また、家庭生活における妻との関係性は、夫婦のコミュニケーションや生活の自立という課題をクリアしながら、少しずつ「ともに楽しめる」時間や趣味を見い出していくことによって、再構築していく必要があるだろう。

以上の意味で、本や資料を紹介する際には、ボランティアや市民活動、地域づくりなど、シニアの社会活動や生き方に関わるものや、夫婦の共通の話題や趣味につながるものが、手がかりになるかもしれない。

・紹介すべき機関・組織、ネットワーク、情報源、人物など

地域の公民館、自治会、NPO・ボランティア組織、余暇・趣味・教養に関わる自主学習サークル、市民活動グループ、多様に活動している先輩定年退職者、などである。

4 おわりに

以上、本章では「学習情報の提供」と「学習相談」を通して、学習者理解と学習者支援の基本的な考え方と各々における実践の実際をみてきた。両者は本来、特別な窓口や担当者がいないと不可能という特別なものであってはならない。あらゆる生涯学習機関・施設が、これらの視点をもって、自らの足場で何ができるかを考えていく必要がある。そのような地道な取り組みの積み重ねこそが、デジタル・ディバイド時代を生き抜くための学習支援としてますます、重要かつ不可欠なものとなるのである。

例えば、図書館サービスの一環に組み込んで、「ユニークな子育て」「世界の子育て」や「退職後のセカンドライフを楽しむ」などを共通テーマとし、それ

に関わる本を集めた図書紹介や読書会、著者講演会などを連動させて実施することも、多くの人々に、考え始める手かかりやきっかけ、さらには「次の一歩」や新しい学びや生き方の発見につながる足がかりを提供するものとなるであろう。

参考文献

ジェニファー・ロジャーズ著，藤岡英雄監訳，徳島大学生涯学習研究会訳『おとなを教える：講師，リーダー，プランナーのための成人教育入門』学文社，1997.
木村忠正『デジタルデバイドとは何か』岩波書店，2001.
C&C振興財団『デジタル・デバイド：構造と課題』NTT出版，2002.
渡邊洋子『生涯学習時代の成人教育学：学習者支援へのアドヴォカシー』明石書店，2002.
小林繁『現代社会教育：生涯学習と社会教育職員』クレイン，2008.
渡辺かよ子『メンタリング・プログラム：地域・企業・学校の連携による次世代育成』川島書店，2009.
マルカム・ノールズ著，堀薫夫，三輪建二監訳『成人学習者とは何か：見過ごされてきた人たち』鳳書房，2013.
Jenny Rogers, *Coaching:A Handbook*, Open University Press, 2008.

■□コラム□■

「読書相談会」のある公立図書館

　奈良県立図書情報館は2005年11月3日、「世界に開かれた情報拠点をめざして」開設されたもので、開架図書数は一般資料15万冊、専門資料10万冊、書庫所蔵可能冊数100万冊の規模を誇る。館長は千田稔国際日本文化研究センター名誉教授である。

　同図書情報館では、「読書相談会」というユニークな取り組みを行っている。館長自らが携わる「千田館長読書相談会」であり、2013年10月で第14回を数える。定員は5名で、希望者はファックス、メール、往復はがきのほか、来観して申し込み、多数の場合には抽選となる。

　案内チラシによれば、概要は以下の通りである。

　「千田館長が直接カウンターにつき、一般利用者の質問や読書相談に対し、図書情報館の資料を使って回答するとともに関連文献の紹介を行います。「日本の古代史」や「歴史地理学」に関する事項で、日ごろ疑問に思っていることを気軽に相談できる機会です。　穏やかで気さくな人柄の千田館長が、疑問解決や読書の水先案内人をつとめます。」

　同館では、読書相談のみならず、「医療・健康相談会」（済生会なら病院瀬川院長）、「法律講座＆無料相談会」（奈良県司法書士）なども開催し、生活のなかの悩みや課題、学びと図書・情報を結びつける拠点として機能している点が、注目される。

　Library of the Year 2009の優秀賞を受賞した同館はほかにも、たくさんの多彩でユニークな取り組みを行っている。その一端を示すと、以下の通りである。

　「図書館劇場」：館長による、主に古代を中心とした社会や文化に関する公開講座で、「第〇回」でなく「第〇幕」と数える。
　「図書館寄席」：近世文学の一領域である古典落語を、落語家に語ってもらう。
　「ビブリオバトル」：参加型書評合戦。
　「佐保川まちづくり塾」（教養講座2013）：内外の人材を招き、まちづくりの学びを支援する。
　「児童・生徒向け　ジュニアくずし字」古文書入門出前講座。
　「戦争体験文庫」「闘病記文庫」
　その他、1カ月平均6〜10回の各種イベントが開催されている。

　同館のウェブサイトは、多くのコーナーとともに充実した構成になっている。「調査・相談」に関わる「情報図書館にきいてみよう」というページでは、過去のレファ

レンス例とその回答内容を、「奈良に関する」ものと「全般的な」ものとに分けて掲載しており、他の利用者がアクセスしやすい。これらは、明確な学習ニーズをもった学習者が図書館にどのような情報を求めて来るのか、またそれに対してどのような「学習情報の提供」が行われているかの実際を知る上でも参考になる。

　さらに注目されるのは、「ITサポーターズ」と呼ばれるボランティアグループの存在である。同グループは常駐して、同館内のIT機器取り扱い方法や初めてパソコンにふれる人、もっと違ったことをやってみたい人へのサポートや情報発信を行うほか、「簡単パソコン教室」（2014年2月で計80回）や「サポートデイ」などを設けて利用者のITへのアクセスを支援している。まさにデジタル・ディバイド時代に求められる支援者たちなのである。

【参考資料】「奈良県立図書情報館ウェブサイト」http://www.library.pref.nara.jp/index.html,（参照2014-2-6）.

（渡邊洋子）

第9章 生涯学習の学習評価と成果の活用

　従来、生涯学習・社会教育における学びは、学習成果が点数で示されることの多い学校教育とは異なり、評価になじまないものと捉えられる傾向にあった。そこで重視される学びの質的側面や意欲、達成感などは、点数化できるものではないと認識されてきたためである。21世紀の生涯学習のあり方としてユネスコが提起した「知ることを学ぶ」「為すことを学ぶ」「共に生きることを学ぶ」「人間として生きることを学ぶ」をみると[1]、この評価不要論はさらに支持されるようにも思われる。近年OECDの掲げる「キー・コンピテンシー」概念や「成人力」の指標についてみても、同様である。

　しかし、もし学習の「質」を重視するのであればむしろ、より質の高い学びを目指す意味で、「評価」という行為の重要性は増すのではないか。本章では、こうした問題意識からあらためて、日本の生涯学習の実態を概観・整理する。その際、学習評価への三つのアプローチを手がかりに現状と課題を明確にし、生涯学習社会における学習評価の可能性を展望していきたい。

1　生涯学習・社会教育の学習評価をめぐる問題

　生涯学習・社会教育の学習評価をめぐる議論はこれまで、公民館や地域を拠点とした地域・生活課題への取り組み、公開講座やカルチャーセンターでの趣味・教養のための学びなどを念頭に展開されることが多かった。そこでは、「他者の評価を気にする必要のない学び」「点数をつけられることから自由な学び」の意義が重視され、強調された。学習成果は、具体的な作品、記録集、ま

---

1) ユネスコ21世紀国際委員会編, 天城勲監訳『学習：秘められた宝』ぎょうせい, 1997.

とめのレポートなどの「かたち」で提出・共有されたり、公民館の文化祭のような機会で一般にむけて展示・発表されてきた。

　だが、学習者がプログラムを通して当初の到達目標をどの程度達成し得たかについて、客観的な評価が行われることは稀であった。すなわち、学習の発展性といった観点からみると、学習者の主観的な満足度が優先されている感は否めないのである。

　他方、資格取得を目指す専門学校での教育や通信教育においては、一定の基準を満たさない限り、単位さらには資格が認定されない。そこでは、従来の学校教育における学習評価の考え方や評価方法が持ち込まれ、客観性・透明性の高い、明確な基準をもって単位および資格が認定されてきたといえるだろう。とはいえ、10代の若者を対象とした学校教育の評価方法をそのまま、多様な属性をもつ成人の学習成果の評価に用いることが妥当なのかどうかは、議論の余地が残ると思われる。

　さらに、専門職教育や企業内教育では、教育・学習の成果が仕事の質を決定し、業務遂行の効率性・業績などにも直結するため、どのような評価方法のいかなる運用が最も信頼性・妥当性を持つのか、また評価結果のどのような活用のしかたが事態の改善・向上に最も効果的か、といった点について問題意識が明確であり、その緊急性・切実性も高いといえる。生涯学習・社会教育における議論ではこれまで、この職業領域への視点が希薄であったが、成人教育の観点からみると取り組むべき課題は多い。

　以上、いくつかの例に過ぎなかったが、人々が実際に学んでいる各領域をみていくと、生涯学習における評価をめぐって検討すべき論点や問題点が少なくないことがわかる。これらを考える手引きとして、次に、学習評価への三つのアプローチをみていきたい。

② 学習評価への三つのアプローチ

　学習評価には、「診断的評価」「形成的評価」「総括的評価」という三つのア

プローチがあるといわれる。これらは学校教育の領域において、表9.1のように位置づけられている。

　三つのアプローチは、各々独立して用いられるというよりは、一連の学習活動において相互に関連づけられながら機能するものとされる。まず、診断的評価は、単元・学期・学年のはじめに、児童・生徒の学力や生活経験を把握するために行われる評価である。この結果から、児童・生徒がこれから授業で扱う内容をどの程度達成できそうか／すでに達成しているのかが把握され、最も適した指導計画が立案される。次に、形成的評価は、指導中に随時行われるもので、指導内容をさらに発展させるべきか、あるいは理解を補う指導を行うべきかなど、指導計画の改善や修正を行うためのものである。なお、診断的評価と形成的評価はあくまで指導計画を構築したり見直したりするためのもので、そこでの評価は成績に影響するものではない。よってたとえば、最終的な成績に反映されるような授業途中の小テストなどは、形成的評価とはいえない。逆に、総括的評価は、単元・学期・学年の節目に、児童・生徒が特定の知識・技能をどの程度習得したかを見極めるために用いられるものであり、評価の結果は成績に直結するものとなっている。

　これら三つの評価のうち、学校教育において中心的役割を果たしてきたのは、総括的評価であった。戦後、長きにわたって採用された「相対評価」の方針の下、単元・学期・学年の最後に行う総括的評価によって児童・生徒の知識・技能の習得度合いが「判定」され、順位づけが行われてきたのである。そして、この評価結果に対する過度の信頼が、点数主義や学歴重視の風潮を招き、受験戦争のような社会問題を生み出してきた。

　近年ではこうした風潮を打開するために、個々の児童・生徒の学習の姿を「関心・意欲・態度」「思考・判断」「技能・表現」「知識・理解」の観点から継続的・全体的に捉える試みや、設定した目標への達成度を測る取り組みが重視されるようになった。それゆえに、指導前に個々の姿を捉える診断的評価や、指導途中に個別の状況を把握し、方法や内容を絶えず再構築するための形成的評価に注目が集まっている。総括的評価についても、テストなどの「結果」の

表9.1　学校教育における診断的評価・形成的評価・総括的評価の比較

	診断的評価	形成的評価	総括的評価
時期	指導前 （単元、学期、学年の初め）	指導中	指導後 （単元、学期、学年の終わり）
ねらい	指導計画の立案と修正 ※成績には影響しない	指導の調整 ※教師と子どもへのフィードバックであり、成績には影響しない	①指導計画、指導法の改善 ②成績の決定、単位の認定

（出典）辰野千壽『学習評価　基本ハンドブック』（図書文化社，2001）の p.19より一部抜粋．

みでなく、ポートフォリオ評価（単元に関わるあらゆる資料・作品・記録を集めた紙バサミやファイルを評価の判断材料とするような評価方法）が積極的に取り入れられるなど、質的に変化してきている。

　とはいえ、学習評価をめぐっては、学校教育で長年採用されてきた相対評価の社会的定着度は大きく、序列化の判定材料としての総括的評価が、今なお私たちの「評価」イメージを規定していることは否定できない。生涯学習における評価不要論も、この「評価」イメージが払拭しきれないところに依拠するものと思われる。以下、これらをふまえ、学習評価への三つのアプローチの枠組みから、生涯学習活動として現在取り組まれている学習活動と学習評価の実態を検討していく。この作業を通して、「学習評価とは何か」「そもそも何のための評価か」をあらためて考えたい。

③　日本における生涯学習活動と学習評価の実態

　生涯学習活動は、学校教育のようなフォーマルな教育のみならず、学校外で行われる組織的活動としてのノンフォーマル教育、さらには家庭教育や自己教育といったインフォーマル教育をも含むものである。学習の日時・場所から目的・内容・方法に至るまで、あらゆる面で多様に展開されており、全体像を捉えることは容易ではない。学習評価の問題についても、明確なビジョンを持って語られることはあまりなかったといえる[2]。

---

2) 数ある『生涯学習概論』のテキストを見ても、学習評価に関わる議論は少ない。

第Ⅲ部　生涯学習の支援

表9.2　生涯学習を行った形式（M.A.）（N＝1,117）

①	公民館や生涯学習センターなどの公の機関における講座や教室	40.5
②	同好者が自主的に行っている集まり、サークル活動	34.0
③	カルチャーセンターやスポーツクラブなど民間の講座や教室、通信教育	30.6
④	職場の教育、研修	27.5
⑤	自宅での学習活動（書籍など）	27.4
⑥	情報端末やインターネット	18.8
⑦	学校（高等・専門・各種学校、大学、大学院など）の公開講座や教室	17.5
⑧	図書館、博物館、美術館	15.1
⑨	ラジオやテレビ	13.2
⑩	学校（高等・専門・各種学校、大学、大学院など）の正規課程	10.3
⑪	その他	1.8
⑫	わからない	0.3

（出典）内閣府「生涯学習に関する世論調査」http://www8.cao.go.jp/survey/h24/h24-gakushu/index.html、（参照2014-2-1）より筆者作成．

よってここでは、2012年の内閣府「生涯学習に関する世論調査」（以下、「世論調査」）を手がかりに、日本の生涯学習活動の実態を概観・整理し、学習評価の現状と課題を明確にしていきたい。

「世論調査」によると、過去1年間に行った生涯学習[3]の形式は、「公民館や生涯学習センターなどの公の機関における講座や教室」が約4割と最も多く、次いで「同好者が自主的に行っている集まり、サークル活動」が約3分の1、さらに「カルチャーセンターやスポーツクラブなど民間の講座や教室、通信教育」が約3割と続いている（表9.2）。

以下、同調査の結果を手がかりとして既存の生涯学習機会を五つに大別し、各々の特徴をみていきたい。なお、カッコ内は、表9.2に挙げたうち、特に該当すると思われる項目の番号である。

3.1学校での学習（⑦⑩）、3.2学校以外の組織的な機関での学習（①③）、3.3職場での学習（④）、3.4自主的なグループ学習（②）、3.5個人による学習（⑤⑥⑧⑨）。

3）同調査における生涯学習の定義は、「人々が、生涯のいつでも、どこでも、自由に行う学習活動のことで、学校教育や、公民館における講座等の社会教育などの学習機会に限らず、自分から進んで行う学習やスポーツ、文化活動、趣味、ボランティア活動などにおけるさまざまな学習活動のこと」となっている。

第9章　生涯学習の学習評価と成果の活用

3.1　学校での学習

　ここでいう「学校」とは主に高等教育機関のことであり、学校での学習とは、広く一般の人を対象にした大学の公開講座や、大学・大学院への社会人入学による学び（「学び直し」）などを指している。

　この学習で特徴的なのは、特に正規課程受講者を中心に、仕事に必要な専門的知識・技能を獲得しようとする人が多いことである。ゆえに学習評価についても、現在の仕事でのステップアップや就職・転職へと確実につながるような明確な評価が求められている。学習者にとって、高等教育による評価（特に学位）は社会的な権威も高く、その評価を受けることは、特定の専門的内容について一定の訓練を積み、習得したという何よりの証明となるのである。近年では、こうした職業人のニーズを反映した取り組みも広がりをみせており、例えば、2007年より文部科学省が主導している「履修証明制度」は、通常の学位プログラムとは別に、社会人向けに編成された教育プログラムの履修によって証明書を交付する制度となっている。そこでは、学習成果の「証明」が学習者自身の職業キャリアの形成へとつながっていくことが期待されている。

　また、学校での学習を評価するものとしてはほかに、資格の取得が特筆される。資格については、弁護士や公認会計士などの国家資格からTOEICやご当地検定などの民間資格に至るまで多様に存在するが[4]、高等教育機関で学ぶ学習者が目指すものとしては、国家資格のように社会的地位が高く、認定の基準が明確なものが多数を占める。こうした資格の取得には、特定の科目を履修することや、一定の認定校を卒業・修了することが要件であるため、学習者は、高等教育機関で単位の修得や試験への合格を目指すのである。

　このように、学校での学習においては、社会的権威の高い修了証や資格といった目にみえる成果物があり、最終的にそれを獲得できるかどうかが大きな比重を占めている。その意味では、やはり総括的評価が基盤にあるといえよう[5]。

---

[4]資格を認定する機関によって、「国家資格」「民間技能審査事業認定制度に基づく資格」「民間資格」の3種類がある。

3.2 学校以外の組織的な機関での学習

　学校以外の組織的な機関には、全国各市区町村にある公民館や生涯学習センターといった公的なものや、カルチャーセンターやスポーツクラブといった民間のものがある。ここでいう学習とは主に、これらの生涯学習施設において開講されるさまざまな教室や講座の受講を指している。「世論調査」によると、この種の学びは生涯学習活動の中で圧倒的に多く、現代日本の生涯学習を象徴する活動形式ともいえよう。

　具体的な学習内容については、受講者数が最も多い公民館をみてみると、「趣味・けいこごと」を含む「教養の向上」に関わる教室・講座が半数以上を占める結果となっている。逆に、学校での学習において主な目的となっていた「職業知識・技術の向上」に関するものはほとんど実施されていない[6]。すなわち、学習成果の対外的な活用を展望した学びというよりむしろ、学習者自身の精神的充足（「生きがい」）に焦点を当てた学びが主となっているのである。ゆえに、修了時に習得した知識・技能の結果を判定するような総括的評価とはなじまないとみなされる傾向が強い。

　しかし一方で、こうした講座・教室の修了者に対し、修了証・認定証を授与する取り組みがすすめられているのも事実である。「評価とはなじまない」とする見解が強いなかで、これらの取り組みをどのように考えればよいのだろうか。この点については、文部科学白書や地方自治体のホームページをみる限り、修了証・認定証の授与を地域活動の指導者のようなボランテイア人材としての登用につなげるなど、評価を生かした展開が期待されている。しかし実際問題として、こうした教室・講座を修了することがどういった知識・技能を担保す

5）とはいえ、青少年期の学校教育と異なり、学習者自身が特に職業と結びついた明確な目標を設定していることは、現在の仕事や将来の就職・転職を見据え、自分に必要な内容・方法を選び取っていることであり、診断的要素も強いと思われる。また、働きながら学ぶ学習者については、随時職場での課題を学習内容に反映させたり、学習成果を職場で生かしたりと、形成的評価の傾向がさらに強いことも想定される（佐伯知子「働きながら学ぶ」『学びのフィールドへ：生涯学習概論』松籟社，近刊）。
6）文部科学省「平成23年度社会教育調査」http://www.mext.go.jp/b_menu/toukei/chousa02/shakai/kekka/k_detail/_icsFiles/afieldfile/2013/05/09/1334547_02.pdf，（参照2014-2-1）．

るものなのかといった点については明確に位置づけられておらず、修了認定の社会的効力も不確かである場合がほとんどである。現段階では、修了証・認定証の授与はむしろ、総括的評価としても診断的評価・形成的評価としても不十分なものであり、学習者の満足度を高めるための形式的な「評価」になってしまっているようにも思われる。

3.3 職場での学習

職場での学習は、通常の業務をこなしていく中で行われる上司・先輩による部下・後輩指導といった個別学習（On the Job Training：OJT）と、通常の業務から離れて行われる集団訓練・研修による学習（Off-the Job Training：Off-JT）に大別される。近年、Off-JTも普及してきてはいるが、基盤となっているのはやはりOJTといえよう[7]。

OJTにおける学習の内容や方法は、企業ごと、部署ごと、さらには携わる人ごとに異なっており、そもそも学習者や指導者自身がそれを「学習活動」として自覚的に捉えていない場合も多い。ゆえに、評価基準や方法についても曖昧であることが多いといえる。こうしたなか、より効果的なOJTを行うために、業種・職種ごとに評価基準を一般化し、計画的にOJTをすすめていこうとする動きが出てきている。代表的なものとして、厚生労働省によって活用が奨励されている「職業能力評価基準」がある。その要として開発された「職業能力評価シート」は、ねじ製造業、造園工事業、ホテル業など様々な業種および、業種横断的な事務系職種の職業能力について、役割別・レベル別に評価できるよう作成されたものである。たとえば、スーパーマーケット業の初任者レベルに共通する能力としては、表9.3のような項目が挙げられている。

OJTについては、学ぶ場と成果を活用する場が同じであり、学んでから成果を活用するまでのスパンが短いことが大きな特徴といえる。そのようななかで職業能力評価シートは、個々人が達成できていること／いないことを診断し、

---

[7] 厚生労働省「平成24年度能力開発基本調査」http://www.mhlw.go.jp/toukei/list/dl/104_24b.pdf，（参照2014-2-1）．

第Ⅲ部　生涯学習の支援

表9.3　職業能力評価シート（スーパーマーケット業 レベル1　共通する能力）

能力ユニット	能力細目		職務遂行のための基準	自己評価	上司評価	コメント
コンプライアンス（店舗）	①法令・諸規則の内容把握	1	職業人としてのプロ意識、社会的責任感、職業倫理等を有し、法令・諸規則の内容を理解している 法的・倫理的問題の具体例を理解し、それが自社に及ぼす影響を理解している			
	②法令・諸規則の遵守	2	公私の区別を明確にし、法令・諸規則に則った行動を率先して示している 法的・倫理的な問題に直面した折には、上司や同僚に相談し、よりよい解決策を模索している			
CS（顧客満足）の推進（店舗）	①CS施策の把握	3	自社のCS施策について自らの職務と関連づけて理解し、顧客に提供できるサービスについて理解している			
	②CS施策の実施	4	CS施策を日常業務において率先して実践している。店舗の顔であることを意識しながら、顧客の声に耳を傾け、顧客の意見、要望を吸い上げている			
地域社会への貢献（店舗）	①地域社会に期待される役割の把握	5	企業の社会的責任や地域貢献についての知識と自覚を有し、本部が策定する地域社会への貢献の方針・施策を理解している。また、地域のイベント・行事などに参加している			
	②地域社会への貢献の推進	6	地域の実情を踏まえ、地域社会貢献のための業務計画を推進し、店舗内外で地域の安全、環境貢献のための施策を実行している			
食の安全・安心の提供（店舗）	①正しい商品知識での説明	7	「食の安全・安心」について正しく理解し、正しい商品知識に基づき顧客に説明を行っている			
	②器具、備品の維持保管	8	担当部門の器具、備品を衛生的な方法で使用、保管し、自ら清掃・整理を行っている			
	③安全・衛生・クレンリネスの実施	9	自社の基準に従い、店内の安全確保、衛生管理、クレンリネスを実施している			
	①接客	10	接客マニュアルに沿った対応に加え、顧客のニーズを汲み取って柔軟に対応している 顧客に不快感を与えず、感じの良い身振り、立ち居振る舞いで接客している			

【評価の基準】
○：一人でできている（下位者に教えることができるレベル含む）
△：ほぼ一人でできている（一部、上位者・周囲の助けが必要なレベル）
×：できていない（常に上位者・周囲の助けが必要なレベル）

接客／顧客ニーズの把握（店舗）	②商品に関する知識と説明	11	商品毎の特徴、セールスポイントを把握し、説明している 売り場レイアウトを理解し、正確に案内している			
	③顧客ニーズ等の収集・報告	12	商品の売れ筋動向や顧客ニーズを収集・整理し、上司へ報告している			
クレーム・トラブル対応／非常時対応（店舗）	①クレーム・トラブルの受付・報告	13	定められたルールに基づき、自ら対応出来るクレームの範囲を理解し、適切に顧客の立場に立った丁寧で誠意ある対応をしている 定められた範囲を超えたクレーム、トラブルについては、自社のルールに従って受付け、速やかに店舗責任者に連絡している			
	②防犯	14	万引き等発生の際、上司に速やかに連絡を取り、手順に従って迅速な対応をしている 不審者に対し目配りする、レジを離れる際はレジのキーを抜くなど、万引き防止や防犯対策のための行動を取っている			
	③非常時対応	15	災害等の非常における社内の体制や、自らの役割、発生時の対応手順を理解している 非常時には、上司への報告・連絡・相談、警察・消防への通報等、手順に従った迅速な対応を取っている			
コミュニケーション（店舗）	①上司への報告・意見交換	16	販売業務を通じて得た情報、命令や指示を受けた対応事項は、タイムリーに上司に報告している 業務上問題が発生した場合には、ルールに従って処理し、上司への報告・連絡・相談を徹底している			
	②部門内の人間関係を良好に保つ	17	部門内の人間関係を良好に保つように心がけ、上司や同僚と意見交換等を積極的に行い、部門の課題解決を図っている			
	③部門ミーティングへの出席	18	部門ミーティングに出席し、部門の取組や方針について指示を受けたり、質疑応答や意見交換を行っている。改善点については、問題提起を行っている			

（出典）厚生労働省「職業能力評価シート」http://www.mhlw.go.jp/bunya/nouryoku/syokunou/07.html，（参照2014-2-1）より一部抜粋．

知識・技能として不十分であることや無自覚に行動してしまっていたことなどについて意識的に学んでいく、といったように日々の行動の見直しが期待できるものである。この点からすれば、診断的評価や形成的評価の要素が強い取り組みだといえよう。また、同シートは人事評価に反映させることも可能であり、その意味では総括的評価の機能も果たしうるものである。

そのほか、企業が自らの職場に必要な知識や技能を検定するもののうち、一定の水準を満たし奨励すべきと判断されるものを厚生労働省が認定する制度（「社内検定認定制度」）などもある。そこでは、検定評価の客観性や権威を高めることで、技能水準が向上したり職場が活性化することが期待されている。

とはいえ、これらの取り組みは緒についたばかりであり、職場での学習評価についてはいまだ、企業風土に左右される部分が大きいのも事実である。今後、基準が洗練され、社会的信頼性を高めていくことが求められよう。また「世論調査」にはあらわれていないが、専門職教育での教育的取り組みと評価をめぐっても多くの課題が指摘されており、教育担当者の養成・研修による質の向上を含む、今後の発展が期待される。

3.4　自主的なグループ学習

自主的な学習グループは、特定の分野に関する同好者の集まりであり、十数名程度の少人数規模のものが一般的である。市区町村レベルで活動が集約され、公民館などの公的な場が活動拠点となる場合が多いが、あくまでグループの運営は学習者が自主的に行うものである。「世論調査」では、学校以外の組織的な機関での学習に次いで多い活動形式となっている。

自主グループの学習は、これまで挙げた学習形式よりもインフォーマルで多様に展開されているため、実態を詳細に把握することは困難である。しかしそれは、社会教育の領域において伝統的に展開されてきた学習形式でもあり、学校教育とは異なる独自の文化をもって発展してきたものでもある。その特質としては、(1)学習の仲間意識が生まれ、居場所が確保され、所属の欲求が満たされる（所属の場）、(2)目的達成のための学習内容や方法（手順・手法）などの情

報を交換しながら共有できる（情報交換の場）、(3)目的に向かって構成員相互に啓発・奨励しながら学習できる（啓発・奨励の場）(4)構成員との相互作用によって学習の継続が促進される（継続促進の場）、(5)学習の成果を相互に承認することができる（相互承認の場）、(6)学習の成果を仲間とともに自己表現できる（自己実現の場）といったことが指摘されている[8]。

　このように知識・技能の習得という「結果」よりむしろ、集団で学ぶ「プロセス」に重きがおかれていることが自主的なグループ学習の特徴といえよう。グループに所属する学習者は、年齢や学習歴など多様な人々による双方向的な「学び合い」の方式によって、自己形成・他者形成的に学びを深めるのである。さらには、自主的な運営を行うことでグループとしての成長にも携わることができ、他の学習形式では経験できない学習への動機づけや、成果を実感することも可能であろう。こうしてみると、自主的なグループ学習は、意図的にせよ無意図的にせよ、形成的評価を軸として展開されているといえる。

3.5　個人による学習

　個人による学習は、図書館・博物館のように個人で学べる生涯学習施設におけるもの、ラジオ・テレビ・インターネットを活用したもの、読書などを含む。

　全ての生涯学習活動のなかで自由度は最も高く、「結果的に学んだ」という無意図的な学習をも含むため、実態をつかむことが自主的なグループ学習よりさらに難しくなる。他方、学習者にとって最も手軽で身近な学びであることは紛れもない事実であり、この形式の学習および評価のあり方を検討することは避けて通れない問題ともいえる。

　こうしたなか注目されるのが、学習歴の記録である。代表的なものとして、1999年以降、文部科学省で推奨されている「生涯学習パスポート」がある。これは、学習成果を幅広く生かすために、学習歴・職歴、資格・免許、地域活動などを記録するものである。たとえば、京都市では「京まなびパスポート」を

---

8)生涯学習研究 e 事典，古市勝也「学習グループ・サークル」http://ejiten.javea.or.jp/content.php?c = TWpnek5qTTE%3D，（参照2014-2-1）．

公的機関で無料配布し、学習歴の記録とともに振り返り学習計画を立てること、学習活動に関連するあらゆる資料・作品・記録を時系列にまとめたポートフォリオを作成することが奨励されている。また、学習活動への参加はその都度カウントされ、一定数に達した場合には認定証が交付されることになっている。このような生涯学習パスポートは、現段階では全国的な普及には至っておらず、定着の可能性は未知数である。だが、学習者が自身の活動をふりかえり、今後の活動を展望することを促すものであり、診断的・形成的評価の要素を多分に含むものといえよう。

4 おわりに

　本章では、生涯学習・社会教育の評価をめぐる論点をふまえ、学習評価への三つのアプローチを手がかりとして、生涯学習活動と学習評価の実際について整理し、検討してきた。それらをふまえた上で、最後に、生涯学習社会における学習評価の可能性について少し考えておきたい。

　マルカム・ノールズは、自己主導型学習（Self-Directed Learning：SDL）の実践的方法論を描き出すなかで、学習者が自分自身と「学習契約」を結ぶことを提起している。それは、学習者自身がある学習活動を始める前に、最終的な到達目標に向かうために必要なステップを細かく設定し、各々について何をもって達成したかという根拠資料を定め、その資料の妥当性や有効性を測る手段まで想定しておくものである[9]。一見難しい行為のようにも感じるが、学習者自身が自分の学習プロセス一つひとつに責任を持つことや、教育者はあくまで学習を援助する者であることを明確に示しており、学習者主体の学びへと発想を転換する上で非常に示唆的である。

　こうした発想から再度、日本の生涯学習活動と学習評価の実態をみてみると、資格の取得といった総括的評価を主とする学習機会では、いったん設定された

---

9) マルカム・S. ノールズ著，渡邊洋子監訳『学習者と教育者のための自己主導型学習ガイド：ともに創る学習のすすめ』明石書店，2005.

教室・講座に入ってしまうと、学習者の多くは、内容・手段は妥当か、次のステップにどうつながるのか、支援が必要な部分はどこか、というような形成的評価をほとんど行っていないように思われる。また、診断的・形成的評価が期待される学習歴の記録についても、学びによる向上心が高い人にとっては、自身の学習を振り返り、達成度を測り、今後を展望する契機となる可能性はあるが、大多数の人にはそうなり得ていないのが現実かもしれない。他方、形成的評価を軸とする自主的なグループ学習では、個別のグループの枠を超えて情報が共有される機会に乏しく、実践の蓄積に見合うほどには方法論が体系化されていない。こうみると現段階では、職場での学習が、日本の生涯学習における学習評価のあり方を展望するうえで最も参考になるようにも思われるが、学んだことが比較的すぐに仕事のしかたや業績に繋がり、成果が確認・実感できるという学習環境の特殊性は考慮に入れなければならないだろう。

　では、このように複雑な現状と課題がある中、生涯学習社会における学習評価の問題をどう考えていけばよいのか。前提としてまず言えることは、学習者が自分のおかれている状況を客観的に把握し、課題を見出し、学習内容や方法を適宜改善・修正しながら次のステップへと進むことは、確実に学習の質を高めていく行為だということである。そして、そうした行為のひとつひとつを促す手段が、学習評価（特に形成的評価）だといえる。それは、誰が・いつ・どこで・何を・なぜ学ぼうが、学習者主体の学びを実現する上で、学習プロセスのあらゆる段階に組み込まれるべき要素なのである。生涯学習社会においては、こうした観点からあらためて学習評価を位置づけ、学習者の生きる力につながる学び方を展望していくことが必要なのではないだろうか。

参考文献

クラウス・マイセル他著, 三輪建二訳『おとなの学びを支援する：講座の準備・実施・評価のために』鳳書房, 2003.

OECD教育研究革新センター編著, NPO法人教育テスト研究センター監訳『学習の社会的成果：健康、市民・社会的関与と社会関係資本』明石書店, 2008.

OECD編著, 山形大学教育企画室監訳『学習成果の認証と評価：働くための知識・ス

キル・能力の可視化』明石書店，2011.
田中耕治編『パフォーマンス評価：思考力・判断力・表現力を育む授業づくり』ぎょうせい，2011.
日本社会教育学会編『社会教育における評価』東洋館出版社，2012.

第9章　生涯学習の学習評価と成果の活用

―■□コラム□―――――――――――――――――――――――

学習評価と「キー・コンピテンシー」

　学習評価の問題を考える際に避けて通れない「何を評価するのか」という問いは、「学習を通じてどのような『能力』が育つことを目指すのか」という問いと強く結びついている。学習者が、日常生活と関連性の薄い形式的なテストで好成績を取ったとしても（いわゆる「学力が高い」結果が出たとしても）、それは世の中を生き抜く力、働き続ける力があることを保障するものではない。

　変化の激しい社会においては、形式的な知識・技能の習得にとどまらない、様々な文脈に合わせた課題解決能力こそ重要なのではないのか。こうした問題意識から、OECDは、相互作用的に道具を用いること、異質な集団で交流すること、自律的に活動することの三つの「キー・コンピテンシー」を提起し（表参照）、国際的な議論を先導している。

表　コンピテンシーの三つのカテゴリーとその具体的内容

カテゴリー	具体的内容
社会・文化的、技術的ツールを相互作用的に活用する能力	・言語、シンボル、テクストを活用する能力 ・知識や情報を活用する能力 ・テクノロジーを活用する能力
多様な集団における人間関係形成能力	・他人と円滑に人間関係を構築する能力 ・協調する能力 ・利害の対立を御し、解決する能力
自立的に行動する能力	・大局的に行動する能力 ・人生設計や個人の計画を作り実行する能力 ・権利、利害、責任、限界、ニーズを表明する能力

（出典）文部科学省「OECDにおける『キー・コンピテンシー』について」http://www.mext.go.jp/b_menu/shingi/chukyo/chukyo3/016/siryo/06092005/002/001.htm, （参照2014-2-1）より一部を抜粋し、筆者作成.

　OECDはさらに、そうしたコンピテンシーを評価する手立てとして、2000年よりPISA（学習到達度調査）を実施している。2011年には、同様の趣旨による初の成人向けテストPIAAC（国際成人技能調査）にも取り組んでおり（日本を含めた26ヶ国が参加）、結果をふまえた今後の動向が注目される。

（佐伯知子）

第Ⅳ部　生涯学習施設と学習・教育

| 第10章 | 学習拠点としての公民館 |

　余暇活動の国民的な広がりとともに、人生の各段階での学習ニーズも多様化しつつある。人々のライフコースの全域にわたる学習活動を総称したものが生涯学習だと考えると、その学習施設には様々なものが含まれる。本章では、時間的にも空間的にも広がりをもった生涯学習を支援することを目的として、整備されてきた各種の生涯学習施設のうち、公民館に焦点をあてることで、これまで社会教育施設が果たしてきた役割について述べたい。また、生涯学習時代における公民館のあり方を考察することで、人びとの生活圏と密接なつながりをもつ学習施設の役割を明らかにしていきたい。

1　生涯学習・社会教育施設としての公民館

1.1　公民館の位置づけ

　公民館は、社会教育法において「市町村その他一定区域内の住民のために、実際生活に即する教育、学術及び文化に関する各種の事業を行い、もつて住民の教養の向上、健康の増進、情操の純化を図り、生活文化の振興、社会福祉の増進に寄与すること」(第20条)を目的とする市町村の施設(第21条)として定義されている。

　同法のほかに、公民館を図書館や博物館とならび、学校と同様の「教育機関」と位置づけているのは「地方教育行政の組織及び運営に関する法律」(第30条)である。また教育基本法は「国及び地方公共団体は、図書館、博物館、公民館その他の社会教育施設の設置、学校の施設の利用、学習の機会及び情報の提供その他の適当な方法によって社会教育の振興に努めなければならない」

（第12条2項）として、「教育機関」の持つ施設を社会教育の振興に活用するよう条文化している。この場合の「社会教育」とは、社会教育法に示された通り、学校教育以外の青少年や成人を対象とした組織的な教育活動を指す。

　生涯学習の理念は、2006年の改正教育基本法（第3条）によって初めて教育法上の位置づけが明確になった。だが、それに先立つ1990年の生涯学習振興法では、すでに「学習」が「教育」よりも広がりをもつ概念として認識され始めていた。日本の生涯学習は、学校教育と社会教育とが役割を分担しつつ土壌を形成し、そのうえに、両者に含まれない新たな学びの場や機会を包括しながら、より拡がりをもった概念として定着してきたといえよう。

　いずれにしても、生涯学習時代を迎えた今日の社会教育施設は、どれだけ人々のニーズに対応した生涯学習支援の役割を果たすことができるか、という大きな課題に直面している。この問題を考えるために、戦後社会教育の原点ともいわれる公民館を取り上げる。

1.2　公民館の沿革

　公民館は戦後間もない1946年、日本の戦後復興を担う「公民」の育成を目的として、当時の文部省社会教育課（現：文部科学省生涯学習政策局社会教育課）課長の寺中作雄（1909～94年）によって構想されたものである。その建設の旗印となった同年「文部次官通牒」も、この趣意に基づいている。同通牒では「社会的な人格、公共を重んじる性格を持った」公民がつどい、相互の「陶冶修養」が行われるように期待されている[1]ところから、初期公民館には、「公民の家」としての総合文化施設的な機能が求められていたと考えられる。このような建設の経緯と、表10.1が示す、義務教育学校施設数にも匹敵するような全国的な設置状況は、公民館が日本固有の教育・学習施設として機能してきたことを示している。しかし、図書館（3,274館：2013年現在）や博物館関係施設（5,747館：同前）と比較すると、公民館は、少子化や市町村合併に伴う統合の影響で減少している小・中学校と同様、減少傾向が続き、公民館配置職員の削

---

1)寺中作雄『社会教育法解説／公民館の建設』国土社，1995，p.189.

表10.1　公民館および小・中学校設置数

	小学校	中学校	公民館
2011年	21,721	10,751	15,399
2008年	22,476	10,915	16,566

（出典）文部科学省『学校基本調査報告書』平成20年度版・23年度版，および文部科学省『社会教育調査報告書』平成20年度版・23年度版に基づき作成．

減とも関係して、その教育力が低下してきていることが問題とされている。

1949年に制定された社会教育法は、図書館法や博物館法の根拠法でもあるが、公民館の設置目的については前掲のように「市町村その他一定区域内の住民のために、実際生活に即する教育、学術及び文化に関する各種の事業を行い、もつて住民の教養の向上、健康の増進、情操の純化を図り、生活文化の振興、社会福祉の増進に寄与すること」と述べられている。この条文から確認できるのは、公民館が、(1)市町村の住民のために設置されたこと、(2)日常生活に関わる学習機会の提供を期待されていること、(3)生活の質の向上を目指す教育・学習施設であること、である。なお、施設での営利活動や宗教・政治活動は禁止されている（第23条）。

1.3　公民館の拠点機能

公民館が主催する事業を説明する際によく使われる言葉として、「つどう」「まなぶ」「むすぶ」があるが、これは公民館が果たしている集会施設、学習施設、交流施設としての機能を表したものである。

社会教育法では、公民館の目的（第20条）を達成するための事業として、(1)定期講座の開設、(2)討論会、講習会、講演会、実習会、展示会などの開催、(3)図書、記録、模型、資料などの保管と利用、(4)体育、レクリエーションなどに関する集会の開催、(5)各種団体、機関などとの連絡、(6)住民集会等の公共的利用のための施設提供、をあげている（第22条）。

すなわち、現在、図書館や博物館あるいは体育施設に専門分化している機能を、総合的に備えた地域固有の文化施設としての機能が求められているのである。そのなかで最も重要と考えられるのは地域の学習拠点としての機能である。

多くの公民館では、前掲の事業展開に必要な教室・研修室などの施設・設備に加え、人々が団体・グループで利用できる会議室、自由に集えるオープンスペース、後でみていく保育室や図書室、喫茶室など、主催事業との連携・協力によって多様な活動を展開できるような諸施設が設けられている。

公民館での学びは、情報や実物を媒体にする学習よりむしろ、主催講座における参加者同士のコミュニケーションを通した相互学習によって成立する点に大きな特色がある。また、住民自身による自主的で自律的な学習のための機会や場を提供している点も重要である。上杉孝實は「日本の公民館は、学校とコミュニティセンターの機能を併せ持つ、いわば機関性と施設性を兼ね備えた存在であると言い得る」と指摘している[2]。

職員と学習者との関係でいえば、公民館は、個々の学習とグループでの学習を援助・支援するなかで、学習者とグループの「育ち」をバックアップすることを重視している。このような例としては、企画委員制度（講座終了時に、受講生から次期の講座の企画委員が出て、今回の振り返りを踏まえて次期の講座の企画・運営を担当する）や、自主学習グループの立ち上げ（講座終了時にもっと学びたい受講生の希望から、学習者同士、定期的に集まり、一緒に学ぶグループを組織する）などが挙げられる。公民館は、こうして参画能力をつけていく個々の学習者や形成された自律的な市民グループに活動場所を提供し、活動の運営・継続を支援することで、市民学習を循環させているともいえるだろう。

近年、公民館の活用問題をめぐって自治体で様々な論議がなされている。そのような時期に起こった東日本大震災では、東北地方の多くの公民館が、被災者の一次避難所として使用された。公民館で日常的に行われる「住民の繋がりを深める取り組みや事業」の重要性への認識は、今後の公民館学習に新たな局面を切り開く可能性がある[3]。

---

2) 上杉孝實『生涯学習・社会教育の歴史的展開：日英比較の視座から』松籟社，2011，p.137.
3) 石井山竜平編著『東日本大震災と社会教育：3・11後の世界にむきあう学習を拓く』東洋館出版社，2012，p.13.

第Ⅳ部　生涯学習施設と学習・教育

2　公民館における学習事業

　前節で述べたように、公民館が主催する学習事業にはさまざまなものが含まれる。本章では、公民館の社会教育施設としての独自性を最も顕著に示しており、事業の中心的な役割を担ってきた「学級・講座」に着目し、その実際をみていきたい。

2.1　「学級・講座」の多様性

　社会教育における「学級」とは、公民館で伝統的に行われてきた「話し合い学習」を中心とするものである。「婦人学級」に関わってきた神崎節生は、そこには「要求課題から必要課題への発展」があるという[4]。ここでの必要課題には、生活課題や地域課題だけでなく発達課題も含まれ、「学級」ではそれらの解決が目指される。一方、「講座」が目指すのは「学習内容の系統的深化（高度化）」であった。課題の設定は公民館であっても、講師主導で行われるものとされる。神崎のこの指摘から、公民館の歴史において「学級」と「講座」の違いが意識されてきたことがうかがえる。

　現在まで文科省が実施してきた社会教育調査では、両者はひとくくりに「学級・講座など」とされ、その内容としては「教養の向上」「趣味・けいこごと」「体育・レクリエーション」「家庭教育・家庭生活」「職業知識・技術の向上」「市民意識・社会連帯意識」「指導者養成」という領域に分類されている。

　このうち、「家庭教育・家庭生活」の分野には「育児・保育・しつけ」および「介護・看護」に関する講座が含まれ、「市民意識・社会連帯意識」の分野では「自然保護・環境・公害」「男女共同参画」「高齢化・少子化」「同和・人権問題」「ボランティア・NPO」に関連した講座が開かれている。表10.2は、「学級・講座」が実際に取り上げているテーマから、「市民意識・社会連帯意

4）神崎節生「先輩職員に学ぶ講座づくりのあり方」『月刊公民館』2012年2月号．p.20．なお、学習課題については、本書第5章を参照。

識」の分類に含まれるテーマを列挙してある。

2.2　現代的課題と「学級・講座」の編成

　生涯学習における「必要課題」として「現代的課題」が取りあげられたのは、1992年の生涯学習審議会答申「今後の社会の動向に対応した生涯学習の振興方策について」においてである。それらを学習活動にどのように練り込んでいくのかは、90年代以降の公民館での学習課題になったといえる。

　同答申で提起された「現代的課題」[5]を、表10.2の「市民意識・社会連帯意識」に関わる学習テーマと比較すると、「国際貢献・開発援助」「人口・食料」へのアプローチが後退した反面、「地域防災対策」「少子化」をはじめ、「社会福祉」「ボランティア活動・NPO」「自治体行政・経営」「政治・経済問題」「裁判員制度」「金融・保険・税金」など、新たな「現代的課題」が発生し、それらに対応する学習講座が要請されるようになったことが読み取れる。また「家庭・家族」や「生命、健康」に関する学習課題は、従来の「家庭教育・家庭生活」「体育・レクリエーション」の分野に取り込まれたと捉えられる。

　以上の想定にたてば、「学級・講座」の一分野として「現代的課題」を特定するのは、それほど当を得たものとは言い難い。90年代以降、公民館で提供された「学級・講座」のうち、「市民意識・社会連帯意識」と「家庭教育・家庭生活」「職業知識・技術の向上」および「指導者養成」の分野を合わせると「現代的課題」に相当する、とする見解も明らかにされている[6]。そこには「現代的課題」を、市民の日常生活における「生活課題」や、住民が暮らす地域の抱える「地域課題」と結びつけて捉えようとする観点が存在する。「現代的課題」の位置づけはすなわち、「学級・講座」の内容分類上の問題にとどまらず、今後の公民館学習が目指すべき方向性と大きく関わるものなのである。

---

5)「審議経過の報告」で紹介された例として「健康、家庭、まちづくり、高齢化社会、男女共同参画社会、科学技術、国際貢献、環境など」がある（国立教育政策研究所社会教育実践教育センター『公民館に関する基礎資料』2005, p.189.）。
6) 出口寿久「社会教育調査から見える公民館の実態」『月刊公民館』2012年1月号, p.45.

表10.2 「学級・講座」が取り上げるテーマで、「市民意識・社会連帯意識」に分類されるもの

自然保護・環境問題・公害問題、資源・エネルギー問題、国際理解・国際情勢問題、政治・経済問題、裁判員制度、科学技術・情報化、男女共同参画・女性問題、高齢化・少子化、社会福祉（障害者・高齢者福祉・年金など）、同和問題・人権問題、教育問題、消費者問題、地域・郷土の理解、まちづくり・住民参加、ボランティア活動・ＮＰＯ、金融・保険・税金、自治体行政・経営、地域防災対策・安全

(出典) 文部科学省『社会教育調査報告書』平成20年度版、p.636.

2.3 「現代的課題」に取り組む公民館——持続可能な開発のための教育と地域

　岡山市立公民館は、人口約70万人の岡山市で、中央公民館と中学校区ごとに配置された36の地区公民館によって運営されている公民館システムである。21世紀における施設の役割を見定めるために、2000年に公民館検討委員会が独自に設立された。同委員会では「地域における生涯学習の拠点」「共生のまちづくりの拠点」としての機能を果たすことをめざすことが策定された。市内全ての公民館が取り組む重点課題として、「青少年育成」「男女共同参画」「高齢者学習」「共生のまちづくり」「環境問題」「健康づくり」の6項目が指定されている。

　このうち、岡山大学を含む文教地区に立地する京山公民館は、「持続可能な開発のための教育」（Education for Sustainable Development：ESD）の理念を、公民館事業の実践に取り込む活動を続けてきた[7]。ESDが目指しているのは「世界の人たちやこれから生まれる人たちのことも視野に入れ、また環境との関係性の中で生きていることを認識し、地球や地域のために自ら社会を変えようと行動する人づくり」である。この取り組みでは「現代的課題」を特定分野の学習領域に押し込めず、公民館の「人をつなぐ」機能を活性化させる「仲間づくり」の理念が生かされている。

　同公民館はこの「人づくり」の考え方を、公民館から地域内の諸学校や町内会、老人クラブにまで発信し、公民館がコーディネートする「地域づくり」の

[7) 岡山市立京山公民館によるESDを活用した教育実践については、田中純子氏報告「ESDをとおした人づくり・地域づくり」日本社会教育学会第32回関西研究集会（実践報告）（2008年）に基づいて記述している。

実践に結びつけようとしており、注目される。

例えばそれは、小学生を対象に、地域の環境学習の関係者が指導者として参画する、四季の「環境てんけん」や「源流体験エコツアー」(京山地区 ESD 環境プロジェクト)であり、多数の市民が参加するタウンミーティングや「エコ料理」「昔の遊び」「キャンドルナイト」などを網羅した「京山地区 ESD フェスティバル」の開催に、具体化されている。ここからは、中高生企画のディベート、市民ボランティアグループによる公民館事業のサポート、活動を映画で記録する「ムービー京山」などの取り組みが生み出されている。

ユネスコを推進機関として2005年から始まった「国連・持続可能な開発のための教育(ESD)の10年」は、2014年に総括年を迎える。ESD の学びを市民の生涯学習と結びつけた、このような公民館学習の実践成果が、広く共有される機会ともなるであろう。

③ 公民館事業における学習講座と施設
―― 国立市公民館の場合 ――

3.1 学習講座と公民館保育室・喫茶室

国立市公民館には、公民館保育室の運営と連動した女性問題学習の独自の蓄積がある。その歴史をふり返ることは、公民館職員がどのような視点に立って学習講座を編成していくのかを理解するうえでも、示唆に富む。

1960年代末から、国立市公民館職員であった伊藤雅子は、「女性問題学習」を性差別の解消をめざす人権学習と位置づけ、一連の講座づくりに携わっている。「生活」とは人間関係のことで、それを質的に発展させる努力が学習だと捉えた伊藤は、「関係が育つような学習の組み方、感性が育つような学習の方法が少なくとも女性問題学習においては必須」[8]との認識から、幼い子どもをもつ学習意欲の高い専業主婦を対象に、「聴く」「話す」「記録する」ことを重視する講座を、当時は全国に例をみなかった「保育付き」という形態において

---

8) 伊藤雅子『女性問題学習の視点 国立市公民館の実践から』未来社, 1993, p.41. 続く引用は p.146.

生み出した。伊藤は、同公民館が1965年以来取り組んだ保育室活動を、講座に参加する母親の「条件整備」（「一時預かり」）としてではなく、子どもたちの「関係を育てる」保育の場という視点から、「学習」の一環に位置づけたのである。

　伊藤は「子どもが幼い頃というのは、当の子どもにとっても、母親である女にとっても人間として育つ上でとりわけ大切な時期であり、母子関係の形成期、家庭の創造期という意味でも大切な時期だ。だからこそ、その時期に、女が人とかかわりあって自分を育てることが充分に重んじられなくてはならない」として、この時期の母親だけでなく、子どもにも目を向けた学習援助が、公民館活動の果たすべき役割の一つであるとした。この活動については「社会を形成する主体を育てる学習」につながったとも評価されている[9]。

　国立市公民館はまた、「しょうがいしゃ青年教室」という、障害をもつ青年ともたない青年とが一緒になって活動に取り組む講座の開催でも、パイオニア的な役割を果たしてきた。講座開設の根元にあるのは、1981年に公民館一階にオープンした喫茶コーナー「わいがや」の存在である。障害をもつメンバーも含めた青年たちが運営を担うその空間は、「公民館の中に『青年室』という障害をもつ青年ももたない青年も自由に集える場所（たまり場）があった」[10]ことから生み出されたのである。

　このように、市民生活のなかに根をおろした公民館活動のありようが、国立市公民館の学習活動の原点を構成しているといえよう。

3.2 「学級・講座の資源」としての公民館図書室

　公民館図書室の意義については、その施設と図書を(1)「学級・講座の資源」や(2)「まちづくり資料室」として評価する視点がある[11]。国立市公民館は、図

9）村田晶子『女性問題学習の研究』未来社，2006，p.23.
10）小林繁『障害をもつ人の学習権保障とノーマライゼーションの課題』れんが書房新社，2010，p.210.
11）廣瀬隆人「図書館・公民館図書室・司書」『公民館・コミュニティ施設ハンドブック』日本公民館学会編，エイデル研究所，2006，p.290.

第10章　学習拠点としての公民館

表10.3　国立市公民館図書室の「図書室のつどい」(2010年度)

2010	各回のテーマ	講師	参加者
4月	ゴーゴリ『外套』を読む	児島宏子（翻訳家、通訳者）	18人
5月	憲法9条と25条・その力と可能性	渡辺治（一橋大名誉教授）	25人
6月	荷風へ、ようこそ	持田叙子（國學院大）	20人
7月	ラフカディオ・ハーンから見た日本	池田雅之（早稲田大）	26人
8月	検閲と文学	紅野謙介（日本大学）	32人
9月	新採教師はなぜ追いつめられたか	久冨義之（一橋大）	28人
10月	『老いのかたち』をまとめて	黒井千次（作家）	53人
11月	須賀敦子を読む	湯川豊（評論家、京都造形大）	43人
12月	『アイルランド・ストーリーズ』を読む	栩木伸明（早稲田大）	26人
2011 1月	韓流からみる現代の韓国	李泳采（恵泉女学園大）	44人
2月	世界のビーズ・地域の織物	加納弘勝（津田塾大）	15人
3月	ピカソ　描かれた恋	結城昌子（アートディレクター、エッセイスト）	震災影響中止

（出典）第28期国立市公民館運営審議会答申「公民館図書室の管理・運営について」2011, http://www.city.kunitachi.tokyo.jp/dbps_data,（参照2014-2-3）に基づき作成。

書館システムとの統合問題を乗り越え、現在も公民館図書室を運営している。その主催講座が「図書室のつどい」(1964年〜)と「文学講座」(1977年〜)である。また新たに「作家と作品」(2008年)も開講されている。これらの内容が「公民館図書室の管理・運営について」という答申（第28期国立市公民館運営審議会：2011）にまとめられている。

「図書室のつどい」（表10.3参照）は、本の著者を招待して話を聞く催しであるが、このオーサー・ビジットのテーマは、歴史や文学に限らず、平和・人権に関するものや、時事問題におよんでいる。著者との交流だけでなく「参加者同士の意見交換の時間」も設定されているのが特徴で、開催回数は2011年末で495回に及んでいる。「文学講座」は「くにたちブッククラブ」とも呼ばれ、その趣旨は、講師の助言を得ながらの「読後感を語るつどい」である。取りあげる作品は、講師と参加者、職員の三者の協議で決定され、最近は若者の参加が

めだって増加しているという。講座の終了時には、参加者による「手作りの文集」が発行されている。こちらの開催回数は2011年末で248回である。これらの公民館講座に共通するのは、図書室を場として、図書を媒介に人と人とをつなごうとする息の長い営みである

　図書室が関わる講座だけで3講座あることから示唆されるように、多岐にわたる公民館講座を下支えするのが図書室のサポートである。そこでは「それぞれの講座・講師に関連した本を講座ごとにまとめておき、受講者は、ここで必要な資料を見ることができる」ようになっている。また「主催講座の参考図書は優先的に購入」するなどの選書上の優遇措置があり、利用カードの共通化など図書館との連携でも実質的な市民へのサービスを充実させている。2011年の公民館審議会答申では、これらを「市民の学びのサポート機能」と呼び、「公民館事業に関わる図書資料をできるだけ多く集積し、利用者に開示、貸し出す機能」だと説明している。

　最後に、国立市公民館のような公民館図書室の全国的動向と機能についてふれておこう。2013年現在で公表されている「社会教育調査」の集計によれば、全国の公民館に設置されている図書室数は6,106室であり、全体の約4割の公民館で図書に関するサービスが行われていることがわかる。2005年から2006年にかけての大規模な市町村合併によって、相当数の公民館図書室を図書館に移行させる措置がとられたが、町村レベルにおいては、公民館図書室が「身近な図書館」の代替機能を引き続き果たしている事例は少なくないだろう。さらに国立市の場合のように学習講座を側面からサポートする貢献のほかに、地域活動の記録を後世に伝えていく「まちづくり資料室」としての機能にも目を向けていく必要があるだろう。

４　公民館学習と住民参加

4.1　市民が参画する学習講座づくり

　大阪府南部に位置する貝塚市では、公民館職員の働きかけによる、子育てグ

ループづくりの取り組みによって、1980年代後半に市民の自主グループ「貝塚子育てネットワークの会」が生まれ、その活動は現在も継続されている[12]。

貝塚市立公民館の最近の講座「保育付講座　子どもと楽しむために」は、公民館学習のもつさまざまな可能性について考えさせてくれる。

「1～3歳児を子育て中の方」を対象にして、貝塚市浜手地区公民館で開催されたこの講座への参加者は、母親12名、子ども10名であった。5月中旬から6月末にかけて、金曜ごとに午前10時から12時の時間帯に実施されている。

同講座の参加者は、子育てという生活課題を抱えている母親だけでなく、個々の発達課題をになった子どもたちだと考えられる。子育てだけが学習テーマなのではなく、「子育ち」という隠されたテーマが意識されている。したがって講座が目指しているのは、単なる子育てについての知識やノウハウの伝授ではなく、母親と子どもが人としての関わりを、いかに豊かなものにしていくのかという学習目標である。それが「子どもと楽しむために」という講座タイトルに反映されている。

そのねらいから生まれてきたのが「体を元気にして子どもといっぱい遊んでいきたいと思います」(ヨガ体験)、「他のお母さんたちの悩みや子育ての工夫を聞けてよかった。雨の日の遊びを知れたのもとてもよかった」(発達について)、「昔の遊びがこんなに楽しいなんて、是非子どもに教えてあげようと思いました。おはじきは3人でして、涙を流しながら笑ってしまいました」(昔遊び)などの感想[13]であろう。ここには母親と子どもの成長課題が重なりあう空間で、両者が楽しみながら取り組む方向が示されている。

同講座をサポートしているのが、様々なボランティア団体のメンバーによる持ち味を生かした活動である（表10.4参照）。子どもをプレイルームで預かるのは、保育ボランティアで、講座初回の館の記録には「何がはじまるの？最初はママに隠れるようにしてくっついていた子も、少しずつおもちゃをもって遊ぶ

---

12) 村田和子「ネットワークづくり」『公民館・コミュニティ施設ハンドブック』日本公民館学会編, 2006, p.245.
13) 貝塚市「浜手地区公民館」http://www.city.kaizuka.lg.jp/kakuka/kyoiku/hamatekominkan/, (参照2014-2-3).

表10.4 貝塚市立浜手地区公民館「保育付講座 子どもと楽しむために」(2013年度)

回	各回のテーマ	運営協力者	会場
1	子どもと楽しむために入門	保育ボランティア (以下各回で保育担当)	プレイルーム
2	簡単ヨガ体験	市民講師	和室
3	発達と親のかかわりについて(1〜2歳頃)	市内保育士	和室
4	発達と親のかかわりについて(2〜3歳頃)	市内保育士	和室・プレイルーム
5	昔遊びを通して世代間交流	遊びボランティア	集会室
6	保育の様子をビデオでみながら交流	保育ボランティア	集会室
7	子どもと絵本とお話を楽しむには	保育ボランティア	和室
8	講座参加者交流会	保育ボランティア	和室

(出典)貝塚市「保育付講座 子どもと楽しむために」http://www.city.kaizuka.lg.jp/kakuka/kyoiku/hamatekominkan, (参照2014-2-3)に基づき作成.

ようになり、ママがお話中にはお気に入りのおもちゃをもってうろうろ。ボランティアの手遊びの時には一所懸命真似ようとしていました」とある。保育の様子はビデオで記録され、ボランティアと交流しながら視聴する母親は、わが子が第三者とふれあう姿を客観視しつつ、子育てについての意見交換に参加できる。

2回目からは、子どもを保育ボランティアに預けての講座になるが、その講師にも、貝塚市の人材バンク「まちのすぐれもの」に登録している市民や市内の保育士、プレイパークや読み聞かせのボランティアが招かれている。つまり、公民館職員のコーディネートによって、学習講座の開催が「地域住民の学習活動を生かす場」にもなっている。

同公民館では、市民が公民館活動について自由に意見を述べる「しゃべり場」が、時間帯を変えて開催され、普段は活動に参加していない市民の声を、積極的に館の運営に取り込もうとする試みも行われている。

4.2 住民の「生涯学習力」をはぐくむ場所としての公民館

公民館運営審議会(以下「公運審」と略記)は、「館長の諮問に応じて公民館

における各種の事業の企画実施につき調査審議する機関」で、学校教育・社会教育・家庭教育に識見のある住民が、教育委員会から委員として委嘱されて、運営される。社会教育法の改正によってその設置は自治体の判断に委ねられることになったが、これまでみてきたように、特色のある活動が行われている公民館では、その「公運審」が住民の意見を学習事業に反映させるために、積極的な機能を果たしていることがわかる。

　生涯学習時代の公民館においても、「公運審」のような地域住民と公民館活動をつなぐ機能はますます重要になるだろう。館長と職員が、地域住民の学習動向を把握しながら、生活課題や地域課題と密接に結びついた、公民館ならではの主催事業を実施していくことが求められているのである。

5　おわりに

　本章では、戦後社会教育において日本独自の施設として生み出された公民館について、沿革と発展経緯、および学習拠点としての機能を、具体的事例の検討をもとに考察してきた。公民館の実践的な取り組みの蓄積は、今後の生涯学習社会に向けた事業プログラムの展開や自主的な学習活動への取り組みにおいて、多くの知見や示唆を提起してくれるものといえよう。それらはまた、地域住民が生活基盤に根ざした一生涯にわたる学びの力、いうなれば「生涯学習力」を培っていくための援助や支援にもつながるものである。今後はさらに、住民自らが集まって学習講座をデザインし、話し合いで学習の具体的な内容・方法などを決めていくような機会（例えば「市民企画講座」）が、重要になるだろう。同時に、生活のなかでの日常的な学習活動の積み上げが、ますます求められてくる。ポール・ラングランが「生涯教育」を提唱した際、その目標を「生活と教育を密着させるところにある」[14]べきとした意味が、今こそ問われて

---

14) ポール・ラングラン著，波多野完治訳『生涯学習について』．日本ユネスコ国内委員会『社会教育の新しい方向　ユネスコの国際会議を中心として』日本ユネスコ国内委員会，1967，p. 88.

いるのである。

参考文献
伊藤雅子『女性問題学習の視点　国立市公民館の実践から』未来社，1993．
寺中作雄『社会教育法解説　公民館の建設』国土社，1995．
日本公民館学会編『公民館・コミュニティ施設ハンドブック』エイデル研究所，2006．
赤尾勝己『生涯学習社会の可能性　市民参加による現代的課題の講座づくり』ミネルヴァ書房，2009．
長澤成次編著『公民館で学ぶⅣ　人をつなぎ、暮らしをつむぐ』国土社，2013．

第 10 章　学習拠点としての公民館

■□コラム□■

何が違う？　公民館と他の生涯学習施設

　現在では、民間の学習施設であるカルチャーセンターなども、生涯学習の関連施設として位置づけられている。カルチャーセンターは、学習機会の提供をビジネスとして行う経営体なので、受講者の学習ニーズへの即応性が高い反面、「『商品』としての講座を『消費者』である学習者に供給」（田中：2003）することから、受講するためには多額の受講料を支払う必要がある。

　コミュニティセンターは、自治体の首長部局が管理する公的施設である場合が多いが、あくまで住民の集会施設として利用されるもので、教育委員会が所轄することで行政から独立した教育機関として機能する公民館とは異なる。また、全国に7万館以上存在するといわれる「自治公民館」や「集落公民館」は、市町村の地縁組織である各地区の自治会が、独自に管理運営する集会施設であり、「自治公民館」の多くがそうであるように、その活動には、地域における自治機能や教育機能が存在する。

　本章にもあるように、公民館の特色は、集会施設として住民サービスを行いながら、職員が講師を委嘱して講座を開催したり、教育事業を行ったりする公的な教育機関だという点にある。

　この場合に、地区公民館が一施設でその役割を果たすだけでなく、地区公民館が互いに連携しながら、公民館システム全体で住民にサービスを提供することが重要になる。それは、自治体財政の窮乏から一館に割り当てられる経費や職員が減らされている現状に対応することにもつながるが、システム全体で運営理念を共有しながら、それぞれの館が特色ある学習事業を実施しつつ、利用者の拡大を図るためである。この場合に中央公民館に期待される役割として、(1)指導者養成などの広域的な事業、(2)当該地域を網羅する各種の学習情報の収集・整理・提供、(3)学習相談の機能の充実、(4)生涯学習関連施設などとの連携の推進、(5)施設間ネットワークの形成の推進などがある（「公民館の整備・運営の在り方について」）。

　現在の公的社会教育では、この「中央公民館的」役割を、生涯学習センターの設置と結びつけている例が多い。生涯学習センターは、条例上の位置づけとしては「公民館類似施設」であるが、生涯学習推進のためのセンター機能を担うために施設的にも整備され、都道府県立の生涯学習センターも存在する。

　大阪市の場合、「生涯学習大阪計画」（1992年）に基づいて設定された「学習圏」を、市域全体をカバーする「総合生涯学習センター」（中核施設）、交通至便地に設けられた「市民学習センター」（4ヶ所）、市内小学校の全てに開設された「生涯学習ルーム」が連携するかたちで、運営している。公民館はないとされている京都市も、条例

上では「公民館」に相当する生涯学習センター（愛称「京都アスニー」）を、指定管理者制度のもとで運営している。

【引用・参考文献】生涯学習審議会「公民館の整備・運営の在り方について」文部科学省，1991．田中雅文『現代生涯学習の展開』学文社，2003．総合生涯学習センターほか編『平成20年度大阪市立生涯学習センター事業報告書』2009．

（辻喜代司）

第11章　生涯学習施設のアクセシビリティ
　　　　　——図書館と博物館を中心に

　生涯学習が「いつでも、どこでも、だれでも」必要に応じて学ぶことができるということを意味し、それを目指すとしよう。それならば、考えるべきことの一つは、より学びにくい状況にいる人々に学習機会がどの程度提供されているか、それらの人々がどれだけ学びやすい（学びにくい）状況になっているのかという点である。本章では、アクセシビリティ（接近しやすさ、利用しやすさ）という語をキーワードに、生涯学習にとって重要な施設がそのようなことをどれだけ考え、実践してきたのかについて、主に図書館と博物館の取り組みについて述べたい。

1　図書館のアクセシビリティ

　図書館とは、「図書、記録その他必要な資料を収集し、整理し、保存して、一般公衆の利用に供し、その教養、調査研究、レクリエーション等に資することを目的とする施設」（図書館法第2条）と規定される社会教育施設である。一般の利用者にとっては、本や雑誌、新聞などがおいてあり、いつでも自由に閲覧や貸出のできる施設と認識されているであろう。この認識に従うならば、図書館が担うべき役割は、現在の利用者のニーズに沿った図書の収集に努め、それを利用者の閲覧や貸出に供することといってよいだろう。

　ただ、一つ考えてみたいことがある。そこでの「利用者」には、どのような範囲の人々が想定されているのか、ということである。このことを敢えて問うのは、(1)図書館が収集し閲覧・貸出に供するものは活字資料が中心であり、(2)その活字資料は、その図書館が所在する国（地域）で用いられる主要言語によ

るものが中心となるという理由による。(1)に関しては、活字、つまり紙に印刷された資料を読むことが難しい人にとっては、活字資料をそのまま利用することは困難である。また(2)に関しては、その国（地域）の言語を理解しない人にとってはその資料を利用することが困難である。

もし、このような人たちの存在が考慮されていないとしたら、例えば、視覚障がい者など活字を読むことが難しい人や日本語を習得していない在日外国人は「利用者」に含まれないことになる。結果として、これらの人たちには、図書館利用はかなり限られたものになるか、まったく不可能になるかもしれない。図書館サービスがすべてに行き届くにはまだ大きなハードルがあるといえるだろう。

だが、図書館利用を単なるサービスではなく、私たち一人ひとりが行使できる権利と考えた場合、事態はもっと切実である。日本語が読めないので他言語（少なくとも英語）で書かれた文献資料を利用したい、そもそも図書館へのアクセス自体が難しい、などという人々において、図書館を利用する権利はあらかじめ制限されていることになる。本章では、これらの「図書館利用に障害のある人びと」[1]に対して、これまでどのような取り組みがなされてきたのかを見ていきたい。

1.1 「図書館利用に障害のある人々へのサービス」

図書館における「障害者サービス」という場合、何らかの心身の障がいを持った人々を対象とする特別のサービスと考えてはならない。この「障害者サービス」とは「図書館利用に障害のある人びとへのサービス」、すなわち「図書館が多様な条件をもつ利用者に対応できるだけの施設や資料、サービス方法を備えていないことによって図書館利用に不利益を被っている人びとへのサービス」[2]を意味する。このような視点は、近年の「障がいの社会モデル」

---

1) 日本図書館協会障害者サービス委員会編『障害者サービス（補訂版）』日本図書館協会, 2003, p.15.
2) 前掲1), p.15-16. また、日本図書館協会多文化サービス研究委員会編『多文化サービス入門』（日本図書館協会, 2004, p.5-7）も参照のこと。

の考え方に通底するものである。「障がいの社会モデル」とは、「障がい」を治療・克服すべきものととらえ、結果として個人の問題へと還元してしまう、従来の「障がいの個人モデル・医療モデル」への批判として提起されたものである。それはまた、個々人が障がいをもちうるということを全く考慮せず、それゆえ障がいをもった人々が社会的な活動から排除されることによって作り出される不利益、このことこそが障がいであるというように考え、障がいを個人レベルではなく社会レベルで考える必要があるとする立場である[3]。

それでは「図書館利用に障害のある人々」とはどのような人々だろうか。『すべての人に図書館サービスを』によれば、以下のような人々が想定されている。「視覚障「害」、聴覚障「害」、肢体障「害」、内部障「害」、その他の心身障「害」、高齢者、外国人、非識字者、入院患者、矯正施設収容者」[4]などである。

同書によれば、図書館利用の際の障がいは、「（1）物理的な障害、（2）資料をそのまま利用できないという障害、（3）コミュニケーションの障害」、に大別できる[5]。（1）に関わっては、例えば身体に障がいがあることによって館内を自由に移動できないような場合、図書館に来館したくても、入院している、施設に入所しているなどの理由で来館できないような場合が考えられる。このような場合、図書館の入り口や館内にスロープやエレベーターを設置し、館内通路を広くとる、来館が難しい利用者には図書などの宅配貸出サービスや移動図書館などのアウトリーチサービスが考えられるだろう。（2）は、視覚障がい者が墨字で印刷された資料を利用できない場合、文字が読めない利用者の場合などが、考えられる。それに対しては、資料の点訳・音訳、聴覚障がい者に対する字幕・手話つきの映像資料の提供、音声資料の提供などが有効であろう。（3）は、貸出やレファレンスの際にコミュニケーションの困難な利用

3）「障がいの社会モデル」に関しては、石川准，長瀬修編著『障害学への招待』明石書店，1999．倉本智明『だれか、ふつうを教えてくれ！』（理論社，2006）などを参照のこと。
4）日本図書館協会障害者サービス委員会編『すべての人に図書館サービスを』日本図書館協会，1994，p.24-43.
5）前掲4），p.20-21.

者に対して、その利用者の用いるコミュニケーションの方法（手話、点字、外国語など）を用いることが考えられる。

「図書館利用の障害」とは、利用者が、利用する際にどのような困難を感じているかによって対応は異なってくる。だが、見方を変えれば、各々の図書館スタッフがこのような対応のあり方を念頭におくことによって、図書館で提供される「障害者サービス」が幅広いものになる可能性が拓かれるのである。

1.2　公共図書館における「障害者サービス」の実施状況

　日本の公共図書館における「障害者サービス」の始まりは、1970年の東京都立日比谷図書館における対面朗読の正式な事業化にあるとされる。日本図書館協会による『中小都市における公共図書館の運営』（1963年）や『市民の図書館』（1970年）では、あらゆる人々にサービスを提供することが公共図書館の機能である、とされていたが、視覚障がい者の読書環境は、点字図書館や盲学校の点字図書館などの利用に限定されたものであった。このような状況のなか、日本盲学生会、盲学生図書館 Student Library などの団体が日比谷図書館に交渉した結果、1970年より対面朗読が正式に事業化されるに至る[6]。なお、後にこれらの団体が中心となって「視覚障害者読書権保障協議会（視読協）」が結成され、1971年の全国図書館大会において「視覚障害者の読書環境整備を：図書館協会会員に訴える」というアピール文を公表し、憲法第25条（健康で文化的な生活を営む権利）、同23条（学問の自由）を根拠とした「読書権」を、図書館関係者に訴えた。

　このようにして始まった「障害者サービス」の現在の実施状況はどのようなものであろうか。以下では、2010年に国立国会図書館が実施した「公共図書館における障害者サービスに関する調査研究」[7]を概観することで、公共図書館

---

6) 前掲4)，p.26-27．金智鉉「どのように視覚障害者は読書環境を獲得してきたか」『京都大学教育学研究科紀要』52号，2006，p.113．
7) 国立国公図書館「公共図書館における障害者サービスに関する調査研究」http://current.ndl.go.jp/files/research/2010/2010research_report.pdf．（参照2014-2-4）．表11.1から表11.3は本報告書による。また一部を改変した。

第 11 章　生涯学習施設のアクセシビリティ

表11.1　「日本における障害者サービス実施公共図書館数」

	回答館数	実施館	実施率
1998年	2326	1146	49.3%
2005年	2843	1598	56.2%
2010年	2272	1503	66.2%

(出典) 前掲p.7)，p.5.

における「障害者サービス」の実施状況を概観しておきたい。同調査は、「公共図書館における障害者サービスの向上、望ましい連携・協力のあり方等の検討に資すること」を目的に、全国の公共図書館を対象として実施されており、2272館からの回答を得ている。内訳は、都道府県立：53館（2.3%）、政令指定都市立：251館（11.0%）、その他の市立：1554館（68.4%）、町村立：401館（17.6%）、私立図書館13館（0.6%）である。これらのうちで何らかの「障害者サービス」を実施している館は66.2%（1,503館）であり、近年に実施された調査と比較してもその割合は増加している（表11.1）。

また、実施されているサービスの内容をみると、ほぼ9割の図書館で「障害者サービス」用資料の来館貸出を行っているほか、対面朗読、録音・点字資料の郵送貸出で比較的高い数値を示しているのがわかる（表11.2）。

上記のサービスを利用している利用者を障がいの種別でみると以下のようになる（表11.3）。この数値は利用者数1名以上の回答があった館数なので、利用者人数そのものではないが、回答は視聴覚障害者が最も多く、それに次いで肢体不自由者が多い。このことは、利用されているサービスの中で対面朗読や郵送貸出が高い数値を示していることと符合する。

同調査では、先進的な取り組みを行っている公共図書館に対してヒアリング調査も行っている[8]。そこから見えてくる「障害者サービス」の課題は、次のようなものであるという。利用者に関しては、一部の館では聴覚障がい者へのサービスに積極的に取り組んでいるが、多くは視覚障がい者や肢体不自由者へ

---

8) 聞き取り調査の対象館は、浦安市立中央図書館、大阪市立中央図書館、大阪府立中央図書館、埼玉県立久喜図書館、千葉市立中央図書館、調布市立中央図書館、名古屋市立鶴舞図書館、枚方市立中央図書館、横浜市立中央図書館の9館。前掲7）, p.21.

表11.2　実施している障害者サービス

		回答館数	回答割合 (N=1503)
1	対面朗読	591	39.3%
2	障害者サービス用資料（録音・点字資料など）の来館貸出	1311	87.2%
3	図書資料・視聴覚資料の郵送貸出	432	28.7%
4	録音・点字資料の郵送貸出	479	31.9%
5	その他の障害者サービス用資料の郵送貸出	149	9.9%
6	宅配	353	23.5%
7	利用者対象の催しや研修	77	5.1%
8	病院へのサービス（資料貸出等）	194	12.9%
9	施設へのサービス（資料貸出等）	555	36.9%
10	学校へのサービス（資料貸出等）	452	30.1%
11	障害者サービス用資料（録音・点字資料など）の製作	378	25.1%
12	その他	75	5.0%
無回答		13	0.9%

（出典）前掲 p.7)，p.29.

表11.3　障害別利用状況

		回答館数	回答割合 (N=1503)
1	視覚障害者	373	24.8%
2	聴覚障害者	86	5.7%
3	肢体不自由者	208	13.8%
4	内部障害者	41	2.7%
5	知的障害者	74	4.9%
6	精神障害者	32	2.1%
7	学習障害者	13	0.9%
8	入院患者	11	0.7%
9	施設入所者	60	4.0%
10	在宅療養者	22	1.5%
11	高齢者	103	6.9%
12	被収容者	0	0.0%
13	その他	51	3.4%

（出典）前掲 p.7)，p.29.

のサービスにとどまる。その一方で、精神障がい者、発達障がい者の図書館へのニーズの高まりも意識されている。資料に関しては、テープ、DAISY（デイジー：音声やテキスト画像などが同期的に出力されるデジタル資料）などの録音資料、点字資料、拡大資料などは多くの館が所蔵しているものの、字幕・手話つきの映像資料、マルチメディアDAISYなどは少数の館が所蔵するに過ぎない。また、マルチメディアDAISYなどを自館で製作するには、人的・予算的・技術的な面で困難が伴う。

　サービス提供体制としては、5～6人規模の「障害者サービス」担当職員がおかれる館が多いが、5年前後での異動が一般的であり、サービスの専門性の継承が課題となっている。また障がいのある職員を配置する館も少なくない。これらの職員は通常異動がなく、20年前後担当している職員もいる。またすべての館で図書館協力者がおり、資料製作や対面朗読に携わっている。廉価な謝礼を支払われる場合も、全くの無償ボランティアという場合もあるという。サービスに要する予算面では、図書館協力者への謝礼の占める割合が高く、年々予算額が減少傾向にある、との課題が挙げられている[9]。

1.3　利用者からみた「障害者サービス」

　前述のように、公共図書館における障害者サービスの主な利用者は、視覚障がい者や肢体不自由者が中心となる傾向がみられる。しかし、図書館利用の障がいと考えた場合、それらの利用者にとどまらないニーズが存在するはずである。山中香奈は、発達障がいを持つ二人の息子の保護者として、子どもが本好きになっていく過程を追いながら、望まれる図書館について以下のように述べている[10]。LD（学習障がい）で「発達性ディスクレシア」と診断された長男（当時小学校4年生）は「文字を一塊で認識することが難しく、『単語』や『文節』などでとらえること」ができないため、国語の授業についていけず、「先

---

9) 前掲7）参照。野口武悟「ヒアリング調査からみた障害者サービス」『図書館雑誌』106(8), 2012, p.556-557.
10) 山中香奈「ディスクレシアが望む図書館を考える」『みんなの図書館』412号, 2011, p.30-38.

生の質問の意味さえ理解できない状態」が続いていたが、マルチメディアDAISYに出会い、何度も再生して読むようになった。「再生される画面を見るだけだったのが一緒に音読を始めたり、音を消して画面のハイライトの部分を読んだりするようになりました。それは国語が嫌いだったとは思えないほど自発的に毎日繰り返されました」。その結果、学校の授業で内容や主人公の感情を理解し、教師の問いかけにも答えることができるようになったという。

「僕は国語大嫌いやったけどDAISYあったらな、先生の言っていることがわかるようになったんやで」と、図書館好きになった長男は、公共図書館で本を借りてきて、本をめくりながら、同時にDAISYの音声を楽しんでいるという。だが、借りてくる本は「自分の知っている本（デイジー図書）、TVアニメなどになっている物語、図鑑のようなもの、または教科書に出ているようなものに限られ」るため、山中は長男が「公共図書館で本を借りるようにDAISY図書が借りられ」ることを希望する。長男が「読書」するには、まずサピエ図書館（目で文字を読むことが困難な人々に対して、さまざまな情報を点字、音声データで提供するネットワーク）などでDAISYをダウンロードし、同じタイトルの本を公共図書館でみつけて借りるという煩雑な手続きをふむ必要があるためである。図書館にDAISYコーナーを設置して、DAISY図書を並べ、あらすじなどを音声・画像を使って紹介するプレビューサービスを行うなどが求められるのである。

山中の文章は多くのことを訴えかけているが、ここで二点を指摘しておきたい。一つ目は、音声やテキスト画像を利用者のニーズによって操作できるデジタル資料は、読字困難な利用者を惹きつける可能性を持っており、テクノロジーの発達によって図書館のもつ「障がい」を軽減することが可能になる点である。二つ目は、そのようなテクノロジーが普及することにより、潜在的なニーズの掘り起こしが可能になる点である。もちろん、利用者がどんな困難を抱えているかによって求められる技術は異なるし、またすべての資料のDAISY化は難しいだろう。とはいえ、技術の種類や程度によっては、図書館利用に伴う「障がい」が確実に軽減され、図書館がより一層多くの人々が学べ

る場になる可能性が開かれてくるのである。

2 ハンズ・オンとユニバーサル・ミュージアム
―― 博物館のアクセシビリティ ――

「博物館行き」という表現がある。その意味するところは、「時代にそぐわない」「流行遅れの」「古い」といった意味合いであろう。つまりここでの博物館とは、古いものを集めておいておくところという意味合いを持っており、博物館の行う事業をみれば、その一面を言い当てているようにも思われる。つまり、博物館の事業とは、資料の収集・保管・展示、調査研究、教育普及活動などを行うことだからである。この「博物館行き」といった意味合いでの博物館は文字通り、古いものや珍しいものを収集・保管することに重点がおかれている。これは伊藤寿朗が唱えた「第三世代博物館」論[11]に倣えば、保存に重点をおく第一世代的な博物館ということになる。第三世代の博物館とは、市民の参加や体験ということに重点を置いたもので、これに照らしても、現代では収集・保管している資料をどのように展示して、教育活動に結びつけるかということが重要であることがわかる。

近年、誰もが楽しめる博物館をうたったユニバーサル・ミュージアムが提唱されてきた。ユニバーサル universal という語は、「万人の」「普遍的な」という意味であり、そこには従来の博物館のあり方はユニバーサルではなかったという含意がある。ユニバーサル・ミュージアムが目指すのは、従来の博物館の視覚中心のあり方のなかで、最も博物館から遠ざけられていた視覚障がい者が、晴眼者と同時に楽しめる博物館である。そのため、ユニバーサル・ミュージアムでは、資料にさわること、つまり「ハンズ・オン」が重視される。以下、ユニバーサル・ミュージアムとハンズ・オンの関わりを、博物館から遠ざけられていた人々、ここでは視覚障がい者のアクセシビリティ拡大を図るものと捉え

---

11) 伊藤寿朗「地域博物館論」『現代社会教育の課題と展望』長浜功編,明石書店,1986.伊藤寿朗『市民の中の博物館』吉川弘文館,1993.伊藤寿朗『ひらけ博物館』(岩波ブックレット,1991)を参照.なお、第二世代の博物館とは、資料の公開に重点をおく博物館のあり方を指している。

つつ、みていく。

2.1 博物館のバリアフリー状況

　まず、日本の博物館の現在のバリアフリー状況について、みておきたい。ここで用いるのは、日本博物館協会が文部科学省の委託事業として行われた「誰にもやさしい博物館づくり事業」に関する調査結果である[12]。同協会の会員館園1156施設（回収率75.5%）を対象に、「特に視覚障害者を意識」して「館へのアクセス、入館料、展示物、展示解説、補完教材、館内設備、ホームページ、職員・ボランティアへの研修等に関する配慮」についてのアンケート調査が行われた。

　同調査を概観しよう。館へのアクセスの有無については、福祉車両用駐車場・駐車スペース（ある：73.4%）、福祉駐車場から入り口までの屋根（ある：80.8%）、福祉車両駐車場から入り口までのスロープ（ある：59.3%）、最寄り駅・バス停から入り口までの点字ブロック等の誘導設備の設置（はい：16.0%）である。また、入館料は表11.4の通りである。障がいのある人への入館料の「免除」「割引」を加えれば、7割以上の施設で何らかの対応を行っているが、同行の可能性がある介助者への対応は、15%程度にとどまっている。「補完教材」については、およそ半分程度の施設で視覚以外の展示物があり（図11.1参照）、そのなかで「手で触る」展示物が3割強を占めた（図11.2参照）。この数字を見る限り、ハンズ・オン展示が普及してきているといえよう。

　また、この数字との関わりで興味深いのは、「視覚障害者の支援をしているか」（支援をしている：21.4%）、「行っている支援」（触れる展示物を用意：17.2%、レプリカを用意：5.5%、触図を用意：0.8%）との結果のように（図11.3参照）、視覚以外の展示物を用意している博物館でも、それを（視覚）障がい者への支援とはみなしていない場合も少なくないと思われる点である。

---

[12] 日本博物館協会編集『誰にもやさしい博物館づくり事業　バリアフリーのために』日本博物館協会，2005年，p.48.　表11.4、表11.5および図11.1から図11.3は本報告書による。なお本報告書は、文部科学省ホームページから閲覧ができる。http://www.mext.go.jp/a_menu/01_l/08052911/1298788.htm，（参照2014‐2‐4）．

第11章　生涯学習施設のアクセシビリティ

表11.4　博物館の入館料

入館料（n＝873）	
障害のある人の入館料を免除	24.3%
障害のある人の入館料を割引	47.9%
介助者の入館料を免除	15.5%
介助者の入館料を割引	14.5%
その他	6.3%

（出典）前掲12），p.12.

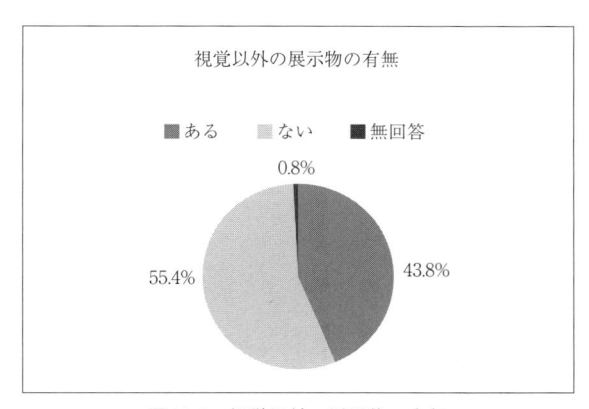

図11.1　視覚以外の展示物の有無

- ある：43.8%
- ない：55.4%
- 無回答：0.8%

（出典）前掲12），p.14.

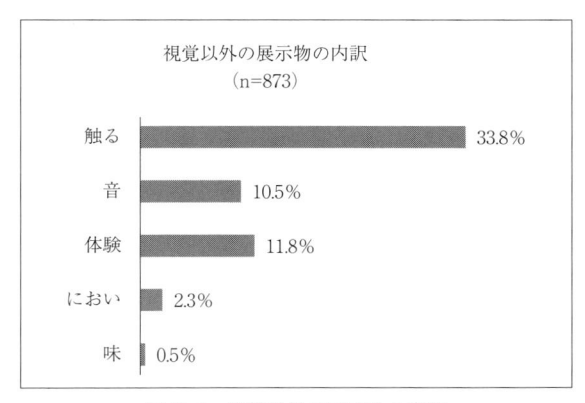

図11.2　視覚以外の展示物の内訳（n=873）

- 触る：33.8%
- 音：10.5%
- 体験：11.8%
- におい：2.3%
- 味：0.5%

（出典）前掲12），p.14.

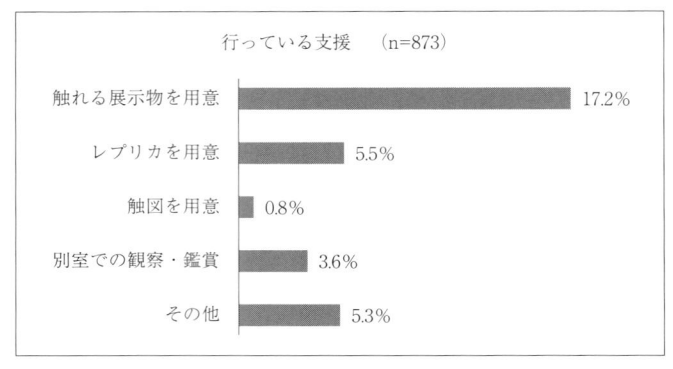

第Ⅳ部　生涯学習施設と学習・教育

図11.3　行っている支援（n=873）
- 触れる展示物を用意　17.2%
- レプリカを用意　5.5%
- 触図を用意　0.8%
- 別室での観察・鑑賞　3.6%
- その他　5.3%

図11.3　行っている支援

（出典）前掲12)、p.15.

表11.5　博物館のバリアフリー——意識を育てるための取り組み

博物館のバリアフリー意識を育てるための取り組み（n = 873）	
内部研修会を開く	9.5%
外部の研修会・講演会に出席	11.1%
資料の配付・回覧	18.8%
その他の取り組みを実施	11.5%

（出典）前掲12)、p.17.

　仮に視覚以外の展示物を有する施設が、そのこと自体を視覚障がい者への支援と捉えていないとすれば、それは例えば、点字のパンフレットや解説文を備えていない、あるいは障がい者対応のできるスタッフがいないなどの理由が考えられる。それだけに、これらの課題が一つひとつクリアされれば、（視覚）障がい者への支援は大きく進むと考えられる。

　また、バリアフリー意識を育てるための取り組みは10～20％程度の館が実施しているが（表11.5参照）、専門的研修の有無に関しては、「研修を受けている」との回答は2.3％しかないというのが実情である。

　これらの調査結果から、現在の博物館のバリアフリー状況は、アクセス面では高い数値を示しているが、ソフト面ではまだ改善の余地があることがうかがえる。例えば、施設のスタッフの支援を進めることが、（視覚）障がい者の利用しやすさにつながっていくのではないかと考えられる。

2.2　ハンズ・オン　hands-on

　ハンズ・オンとは、従来の博物館ではガラスケースのなかに陳列された資料をみることが中心であった（hands-off）のに対して、資料をケースから取り出し、それに来館者が直接ふれて展示を楽しむ手法である。また、機械を操作したり、実験を行ったり、何かを作ったりといった、より広い意味合いでの参加・体験型展示を指すこともある。

　ティム・コールトン（Caulton, T.）によれば、ハンズ・オンの起源には二つの潮流がある。一つは20世紀初頭の自然科学館（例えば、ドイツ博物館の工業用エンジン運転装置やパリの発見博物館の化学実験など）であり、もう一つは19世紀終わりから20世紀初めにかけて設立されたアメリカのチルドレンズ・ミュージアム（例えば、ブルックリン・チルドレンズ・ミュージアムやボストン・チルドレンズ・ミュージアム）である[13]。これらの影響のもと、1969年にエクスプロラトリアムが、サンフランシスコに設立されるが、それは「本当の意味でハンズ・オンの手法を取り入れた世界初の施設」[14]であるとされる。

　またコールトンは、ハンズ・オンとインタラクティブを「互換性のあることば」と位置づけた上で、ハンズ・オン展示の条件として、次の11項目を挙げている[15]。

(1)　直接的、そして明確な動作や反応を伴う。
(2)　目的が明確である。たとえば、身体能力を発達させる、知識や理解が増す、感情や意見を洗練させるなど（心理－動作的学習、認知的学習、感情的学習）。
(3)　使い方が直感的にわかり、解説ラベルを読む必要が最小限ですむ。
(4)　広範囲の知的レベルを満足させる。つまり幅広い年齢や能力に適している。

---

13) ティム・コールトン著，染川香澄他訳『ハンズ・オンとこれからの博物館』東海大学出版会，2000．p.6-11．
14) 前掲13），p.7．
15) 前掲13），p.47．

(5) 友達同士や、家族間の交流を促す。
(6) 決まった正解がない。多様な成果が得られる。
(7) 対象とする利用者の既知知識や理解度に関する調査に基づいてつくられている。混乱をもたらすような情報を与えない。
(8) 五感に働きかけたり、多様な手法を用いて、関心や学習スタイルの異なる利用者にアピールする。
(9) 利用者に疑問をもたせたり考えさせたり、課題を提供する。一方で、難解すぎて利用者を圧倒しないように、利用者が自信をもてるようにする。
(10) 楽しめるうえ、以前より何かを理解したと感じさせる。
(11) デザインがすぐれていて、安全。丈夫でメンテナンスが簡単。

このように「ハンズ・オン」は様々な展示に対して用いられ、様々な意味が込められているのである。注目すべきは、博物館利用が、ガラスケースに陳列された資料とそれに付された解説ラベルを読むことであるとする旧来型の展示方法にとどまらず、「触る」ことを通して展示に参加・体験することの重要性が強調されている、ということである。

2.3 触ることの重要性

ハンズ・オンの特徴とは、第一に、来館者の博物館における経験の中に、「触る」という行為を取り入れた点にある。「見る」ことに「触る」という行為が加わることによって、その対象物の重さや質感が、感覚を通して直接に確かめられるようになるであろう。鳥山由子は「触る」という経験について次のように述べている。「触覚を意識して使うことで思いがけない多くの発見をすることができる。そしてそのことにより、対象のイメージがさらに豊かになるのである」[16]。一例を挙げれば、檻の中に閉じ込められた動物を観察するよりも、間近でその動物に手をふれることによって、その息づかいや体温、手触りといったことを直に感じることができ、また手触りを通して、遠目ではわからな

---

[16] 前掲12) 鳥山由子「触るということ」、p.36.

い色合いや骨格について体験的に理解することで、その動物への興味がより刺激されることになるだろう。

同時に、触るという行為を介在させることが、来館者の行動に能動性をもたらしたとも言えるだろう。もちろん、みるという行為にも能動的な側面はあるし、また触るという行為にも、博物館側が用意した資料をその想定通りに「触らせられている」との受動性が見られないわけではない。ここで、触覚のもつ能動性について、自身も視覚障がい者である広瀬浩二郎の発言に耳を傾けたい。広瀬は、視覚の方が、対象の全体像を確認するなど「情報の量と伝達スピード」で優れているとしながら、以下のように述べている。

　では、触覚の利点とは何でしょうか。はじめは大きな土器の全体像がわからなくても、手を動かし、点から線、面から立体へと徐々に情報量を増やしていきます。前後・左右・上下に自由に手を動かすのは本人の意思です。視覚や聴覚は好むと好まざるとにかかわらず、いろいろな情報が入ってくる。つまり、受動的です。一方、触覚は能動的な情報入手方法だといえます[17]。

晴眼者が一瞬で対象の全体像を把握してしまうのとは異なり、視覚障害者はまるでパズルを組み立てるように触察を重ねながら対象を把握している。そのプロセスで広瀬は、「想像力と創造力が刺激される心地よい興奮を体感」[18]するという。このプロセスにこそ、触ることの能動性が存在するということなのであろう。

2.4　ユニバーサル・ミュージアムの目指すもの

　ユニバーサル・ミュージアムとは、来館者のだれもが楽しむことができる博物館を目指すものである。では、ここで「だれもが楽しむ」ことが何を意味す

---

17) 広瀬浩二郎「『手学問』理論の創造」『さわって楽しむ博物館』広瀬浩二郎編, 青弓社, 2012, p.99.
18) 前掲17), p.99.

るかということが重要になる。結論からいえば、「だれもが」ということと「楽しむ」ということは、これまで見てきた「ハンズ・オン」、すなわち対象に触るという行為を仲立ちとして、密接に関連し合っているものである。

　まず、「だれもが」に関してである。前出の広瀬は、ユニバーサル・ミュージアムを念頭に置いて開催された企画展「さわる文字、さわる世界」（国立民族学博物館：2006年3月9日～9月26日）を振り返って、「今までの博物館からいちばん遠いところにいる人に注目してみようということで、今回の展覧会を思い立ちました」[19]と述べ、自らもその当事者である視覚障がい者に焦点を当てている。「だれもが」を考えれば、視覚障がい以外の障がいを持つ人々や高齢者、外国人といった「博物館から遠いところにいる人」が含まれるべきであるが、ここでは視覚障がい者、従来の視覚中心の博物館のあり方によってその利用を遠ざけられてきた人に注目したのである。

　注目されるのは、広瀬が他方で「視覚障害者のための展覧会」の開催は「逆差別」になるのではないかとも述べている点である。「『視覚障害者は自由にさわってもいいです。見常者は目が見えるのだから、さわらないでください』。これだと資料保存には有益かもしれないけれど、ユニバーサル（誰もが楽しめる）展示とはいえません」[20]という。この「見常者」とは「視覚に依拠した生活をする人」を意味する広瀬による造語であり、それに対して視覚障がい者は「触常者」（触覚に依拠した生活をする人）とされる。見常者と触常者がともに楽しめる展示、それこそが目指される展示である。ここに「対象に触る」ことの重要性がある。従来の「見る」展示は触常者の存在に無頓着であった。だが「触る」ことを中心に据えた展示では、触常者が楽しめるのはもちろん、見常者にとっても、触常者が普段経験している「触文化＝さわらなければわからない事実、さわって知る物の面白さ」[21]を体験できるという新鮮さがあるのである。

19）広瀬浩二郎「企画展『さわる文字、さわる世界』の趣旨をめぐって」『だれもが楽しめるユニバーサル・ミュージアム』国立民族学博物館監修，広瀬浩二郎編著，読書工房，2007，p.94.
20）前掲17），p.101.
21）前掲17），p.101.

以上のように、ユニバーサル・ミュージアムの構想は、ハンズ・オン＝触ることのできる展示を取り入れ、触常者が博物館を楽しめることと同時に、見常者が触文化を体験できることを通して、博物館のアクセシビリティを高めようとするものなのである。

3　おわりに

　本章では、アクセシビリティという観点から、図書館と博物館の取り組みを取り上げてきた。近年、多くの熱心なスタッフやボランティアの努力によって、施設利用のアクセシビリティは次第に高まってきた。とはいえ、現場の実態においては全体として、まだ改善の余地は十分にある段階といえよう。それでは、どれだけ取り組みを増やせば十分といえるのだろうか。最後に考えてみたい。
　本文で言及した広瀬浩二郎は、当初は触常者の来館に戸惑っていたスタッフの態度が、明るく触常者を迎え入れようとするものに変わっていく様子をみて、スタッフの意識面でのバリアフリーを「受け入れる陽気」と名付けた[22]。他方、「多文化サービス」は本文で紹介できなかったが、民族的・言語的・文化的な少数者（マイノリティ）を対象とする図書館サービス（「多文化サービス」）のガイドブックでは、「心のバリアーをはずそう」との訴えかけが見られる[23]。これらに共通するのは、スタッフの「心のバリアー」をほぐすことの重要性、それと同時に、そこで生まれる利用者との対話の重要性である。
　このような意味でのスタッフの日々の努力、そこでの利用者との対話、そしてそれを通したニーズの把握の積み重ねは、多様な人々が当たり前に施設を利用し、交流しあう風景を形づくっていくことだろう。そのような実態が先行するなか、施設利用のアクセシビリティという議論が次第に、発展的解消に向かっていくことが期待される。

[22) 前掲19)，p.94-95.
[23) 前掲2)，p.36-37.

参考文献

ティム・コールトン著, 染川香澄, 芦谷美奈子, 井島真知, 竹内有理, 徳永喜昭訳『ハンズ・オンとこれからの博物館』東海大学出版会, 2000.

日本図書館協会多文化サービス研究委員会編『多文化サービス入門』日本図書館協会, 2004.

国立民族学博物館監修, 広瀬浩二郎編著『だれもが楽しめるユニバーサル・ミュージアム』読書工房, 2007.

日本図書館協会障害者サービス委員会編『障害者サービス(補訂版)』日本図書館協会, 2008.

小林卓・野口武悟共編『図書館サービスの可能性』日外アソシエーツ, 2012.

広瀬浩二郎編著『さわって楽しむ博物館』青弓社, 2012.

第 11 章　生涯学習施設のアクセシビリティ

―┃□コラム□┃――――――――――――――――――――――――――

里山で現代アートを楽しむ
――「大地の芸術祭　越後妻有トリエンナーレ」から――

　本章では、既存の生涯学習施設におけるアクセシビリティを取り上げてきたが、生涯学習は、施設なしには成立しないのだろうか。この問いに応える一つの事例として、地域に根ざす文化的イベント「大地の芸術祭　越後妻有トリエンナーレ」について述べる。
　大地の芸術祭とは、新潟県の中越地方に位置する豪雪地帯である妻有地域（十日町市、川西町、津南町、中里村、松代町、松之山町。現在は市町村合併の結果、津南町以外が十日町市と合併）を舞台にして行われる芸術祭であり、2000年開催の第1回以降、3年に一度開催され、2012年には第5回開催にいたっている。第1回は2000年7月20日から9月10日までの53日間開催され、その間の来場者数は約16万人、第5回の2012年には51日間の開催期間中に約45万人の来場者数を数えるまでのイベントになっている。2012年の公式ガイドブックによれば、作品数約360点（うち過去開催の恒久作品約160点）、参加アーティストは44の国と地域から約320組に上るという。
　この芸術祭の大きな特徴は、妻有地域762平方キロメートルという広大な空間に作品が点在しているということである。もちろん、拠点となるような施設は存在するものの、田んぼの中や里山、道路脇にオブジェが出現したり、また閉校になった小学校を美術館として再生した展示や商店街の景観の修復、古民家自体が作品であるなど、来場者は中山間地に点在するそれらの作品を、ガイドブック片手に思い思いにめぐることになる。
　また、地域に住む人々と作品を製作するアーティスト、そして作品の関係のあり方も特徴的である。芸術祭総合ディレクター北川フラムは「アーティストがある場所で何かをつくろうとしたときに、その場の所有者、関係者の了解をとらねばならない。地元の人は、最初は猛反発をする。そこでアーティストは自分が作品をつくることに対して、コミュニケーションをとらざるを得ないし、都市のなかのあらかじめ与えられた場所ではない場面で、どうつくるかを考えざるを得ない」（北川, p. 15.）という。このコミュニケーションを通して、地域に住む人々が次第に作品製作に協力するようになり、アーティストやボランティアスタッフとの関係が生まれる。そこで地域の人々とアーティスト、さらにいえば妻有という地域との関係のなかでこそ作品が生まれるという「協働」という相互的な関係のあり方である。
　アクセシビリティという観点からみると、芸術祭開催中は域内をシャトルバスが運行しているものの、お世辞にも交通の便がいい地域とはいえないし、また空間の広大

さと作品数の多さも手伝って、1日や2日ですべての作品を回りきれるものではない。しかし、この現実的な意味でのアクセシビリティを超えて、この芸術祭が問いかけているのは、芸術へのアクセスの仕方、私たちと芸術との関わり方そのものなのかもしれない。

【参考文献】「大地の芸術祭　越後妻有トリエンナーレ2012　公式ガイドブック」『美術手帳』第64巻第970号，2012，p.4-5．北川フラム『希望の美術・協働の夢』角川書店，2005．大地の芸術祭実行委員会「大地の芸術祭の里」http://www.echigo-tsumari.jp/，(参照2014-2-4)．

(小川　崇)

第Ⅴ部　生涯学習行政のしくみと展開

第12章	生涯学習の法的基盤と支援体制
	——社会教育法と生涯学習関連法規

　本章では、生涯学習と法律の関係について考察する。この「法律」とは、私たちが通常用いる、政令・省令・条例や憲法をも含む「法的な規則の体系」を指す。具体的には、社会教育法を中心に、どのような法律がどのように生涯学習を支えているかをみていきたい。

　だが、そもそも法律について学ぶ意義はどこにあるのだろうか。

　図書館司書や博物館学芸員など、法律の定める専門的な技能要件のもとで、法律の遵守が求められる専門職資格に向けて学ぶ人々にとっては、法律を学ぶ必然性は想定しやすいかもしれない。だが、そのような資格取得を目指さない人までも、煩雑な法律の話に付き合う必要はないのではないか、と思う人もいるだろう。資格取得のために学ぶ人であっても法律を学ぶ意義がみえにくいと、条文の字面をなぞって機械的に暗記するだけの無味乾燥な作業としか、みなさないかもしれない。

　だが、法律をむしろ、学習と学習支援に向けた、広い意味での「決まり事」として捉えるならば、様々な場面においてより身近に考えられるようになるだろう。以下、「学ぶ自由」に関わる重要な「決まり事」として法律を位置づけ、その意義を考察したうえで、生涯学習をめぐる法律の基礎について示し、さらに、生涯学習に関わる法律の意義と課題を整理していきたい。

1　「自由な学び」にとって法律とは

1.1　「決まり事」に従うこと・従わないことの意味

　法律とは「決まり事」である。特に教育・学習に関わる法律は、人が「学ぶ

自由」と切り離せないものである。まずはこのことを、簡単な算数の式を手がかりに考えていこう。

　例えば、「3×3＝9」という式がある。この式を自由に使うとはどういうことだろうか。Aさんは「3×3＝1」で計算したいと考え、Bさんは「3×3＝0」を望み、Cさんは給料を「3×3＝100」で計算して欲しいと要求し始めたら、どんなに優秀なコンピュータでもたちまち故障してしまう。すなわち、この式を面積の計算で使うか個数の計算で使うか、給料の計算で使うかといった具体的な適用（生活場面での選択）のしかたや使うタイミングは、使う人が自由に決めることができるが、「決まり事」の内容（この場合は計算の答え）を自由に変えることは許されていないのである。それは「3×3＝9」という式が、普遍性を持った「決まり事」ないし規則であるからである。

　とはいえ、人間の場合には、コンピュータとは異なり、「決まり事」に「従わない」こともできる。つまり、「決まり事」自体が人を縛っているのではなく、通常は、私たち自身が「決まり事」を決定・承認し、そのうえで、みんながそれに従っている「はずだ」という期待・予測に沿って行動しているのである。それゆえ私たちには、「決まり事」を私たちの手で作り変える自由（変わらず守られているとの予想を敢えて裏切る自由）も残されているのである。

　私たちは「決まり事」が単純に人間の自由を奪うと思いがちである。だが実際には、法律のような「決まり事」が人の手足を縛るという側面だけでなく、法律などが「守られるだろう」との前提のもとで私たちに「生み出されている自由」（安心感や予測可能性のうえに生まれる選択肢）も多い。例えば日本では、「時刻表通りに電車が到着する」との期待や見込みのもとに、通勤・通学や旅行などの選択の幅が増え、利便性が向上してきた。ハプニングを織り込み済みで時間に縛られない旅も時にはいいが、公共交通機関さえいつ止まるか分からない日常では、多様で柔軟な旅行プランはあり得ない。プライベートジェット機など高価な移動手段を所有できる富裕層でないと時間に間に合わないようでは、移動の自由に格差が生じてしまう。「この時刻にあの電車に乗れば、目的地に予定通りに到着する」と見通せることこそが重要なのである。

同様に、文法規則も、みんなが従っているはずだとの前提があるからこそコミュニケーションや学習が可能になる。さらに、ゲームやスポーツで全員がルールを守らなくなったら、楽しむことなどできるはずもないであろう。以上のような想定のなかで様々な自由・選択肢を生み出すものが、法律に代表される社会の「決まり事」なのだと理解したい。

1.2　法律と行政の関係性

このような「決まり事」の考え方をふまえつつ、日本の法律をみていこう。そもそも法律は大別して、私法（民法や商法など）と公法（憲法や行政法、刑法など）に分けられる。前者が主に、利害の相互調整のために人間同士の関係等を一般に規定するのに対して、後者は主に、特殊な利害調整に対処する公的機関（主として行政）と個人との関係等を規定するものとされる。以下で扱うのは後者に当たるが、そこでの行政の役割は、法の支配に基づき、(1)規制、(2)助成、(3)実施という三つの作用に実効性を持たせることであるとされている。

(1)の規制という作用には、個人同士の利害調整が紛糾・混乱しないように規則・基準を定めて義務や制約を課し、不当な行為を改善・処罰することが含まれる。(2)の助成には、個人の活動によるだけでは経費や知識・技能、経験、情報が不足する場合などに、経済的支援や専門的助言を行うことが該当する。(3)の実施としては、個人の活動が困難ないし不可能な場合に、行政が自ら活動・運営主体となって施設の設置や業務の運営などを行っている。

行政計画の立案やいわゆる行政立法のように、法律によって与えられた権限に基づく法律の執行には行政の裁量が伴い、行政の主体性が発揮されることも多い。ただし、行政の裁量に基づく決定自体が不当な支配を招かぬような自己規制も不可欠となる。法律によらず内部規則等で抑制したり、立法を経て外部から規制したりするのはもちろん、専門家のみで完結させないという点では、命令などの制定時における「パブリック・コメント」での意見公募の手続きの保障なども重要になる（意見公募の手続きは「due process of law」とも呼ばれ、憲法第31条などに由来する）。

2 生涯学習・社会教育に関わる法律Ⅰ　教育基本法

2.1　位置づけと特色

　1947年に日本国憲法の理念のもとに制定され、2006年に改正された教育基本法は、文字通り、日本の教育に関する基本的な法律である。前文では「民主的で文化的な国家を更に発展させるとともに、世界の平和と人類の福祉の向上に貢献すること」を掲げ、そのような趣旨から教育を推進することを謳っており、18条からなる本則は「教育の目的及び理念」「教育の実施に関する基本」「教育行政」「法令の制定」の四つの項目に大別されている。

　同法において教育は「人格の完成を目指し、平和で民主的な国家及び社会の形成者として必要な資質を備えた心身ともに健康な国民」（第1条）の育成に向けて行われ、実施においては「ひとしく、その能力に応じた教育を受ける機会」を保障されるべきこと、「人種、信条、性別、社会的身分、経済的地位又は門地によって、教育上差別されない」（第4条）ことが規定された。さらには、日本の教育行政の一般行政からの独立性について、国や地方公共団体の役割が、次のように明示されている。

【教育基本法　第16条】

> （教育行政）
> 1　教育は、不当な支配に服することなく、この法律及び他の法律の定めるところにより行われるべきものであり、教育行政は、国と地方公共団体との適切な役割分担及び相互の協力の下、公正かつ適正に行われなければならない。

2.2　社会教育と生涯学習の理念

　教育基本法においては、第12条で次のように、社会教育の位置づけと内実が規定されており、ここで既に広義と狭義の社会教育の捉え方が示されているとみなすこともできる。

【教育基本法　第12条】

> （社会教育）
> 1　個人の要望や社会の要請にこたえ、社会において行われる教育は、国及び地方公共団体によって奨励されなければならない。
> 2　国及び地方公共団体は、図書館、博物館、公民館その他の社会教育施設の設置、学校の施設の利用、学習の機会及び情報の提供その他の適当な方法によって社会教育の振興に努めなければならない。

　第1項の「社会において行われる教育」は、広義の社会教育とも捉えられる。これは、国や地方公共団体が奨励すべきものとされる。第2項は、社会教育施設（図書館、博物館、公民館など）や学校、その他の具体的な学習機会が挙げられており、このいわば狭義の社会教育の振興に努めることも、国や地方公共団体の役割とみなされている。教育基本法ではこのように社会教育の奨励と振興が盛り込まれてきたが、これらに関わるものとして、学校、家庭、地域における相互の連携協力が挙げられていることも、特筆される。

【教育基本法　第13条】

> （学校、家庭及び地域住民等の相互の連携協力）
> 　学校、家庭及び地域住民その他の関係者は、教育におけるそれぞれの役割と責任を自覚するとともに、相互の連携及び協力に努めるものとする。

本書第3章でも取り上げたように、現代社会では、学校、家庭、地域住民の連携協力がますます求められるようになってきた。本条文は、その後ろ盾となるものである。このような連携においては、教師や社会教育主事、図書館司書、博物館学芸員などの教育専門職、医療・保健・福祉関係の専門職、NPO（非営利組織）活動や市民活動、その他、一般住民による、多様な支援のあり方が見出される。地域においてはこのように、様々なかたちをとる領域横断的な連携・協働が求められるのであり、それを可能かつ円滑なものにすべく、各々の役割と責任について学ぶ機会も重要な役割を期待されている。

2006年の教育基本法改正においては、実態をふまえ、生涯学習の理念が掲げられた。

【教育基本法　第3条】

> （生涯学習の理念）
> 　国民一人一人が、自己の人格を磨き、豊かな人生を送ることができるよう、その生涯にわたって、あらゆる機会に、あらゆる場所において学習することができ、その成果を適切に生かすことのできる社会の実現が図られなければならない。

ここで何より特徴的なのは、第一に「自己の人格を磨き、豊かな人生を送る」という漠然とした目標が生涯学習の目指すべきものとして掲げられている点、第二に「生涯にわたって、あらゆる機会に、あらゆる場所において学習する」という環境醸成・条件整備、および「その成果を適切に生かすことのできる社会の実現」が謳われている点である。特に後者は、ハードとソフトでいえばハードの部分に関わる、国家の学習支援の役割を述べたものといえる。

また、これらと表裏一体の関係にある特徴として第三に、ソフトにあたる生涯学習の内容と方法については直接の言及がなされていない点も挙げられる。これは、現代社会においては学習者の自主性、および自由な学びのニーズや可

能性が尊重されることから、きわめて多岐にわたる内容や方法が想定されうるためといえる。だが、もう一つの重要な意味もある。後に見ていく社会教育法と同様、同法が戦前日本の学校教育・社会教育における国民教化（イデオロギーの一方的な教え込みなど）への反省をふまえ、国家が国民の教育の内容や方法に一切介入しないとの原則に立つことを示すものでもあるのである。

③　生涯学習・社会教育に関わる法律Ⅱ　社会教育法

3.1　位置づけと特色

　社会教育法は、教育基本法の理念にもとづき、「社会教育に関する国及び地方公共団体の任務を明らかにすること」（第1条）を目的として1949年に施行されたものである。2006年の教育基本法の改正を受けて、2008年に社会教育法も一部改正されている。同法では社会教育について、必ずしも包括的ではないものの、次のような定義が掲げられている。

【社会教育法　第2条】

> （社会教育の定義）
> 　この法律で「社会教育」とは、学校教育法（昭和二十二年法律第二十六号）に基き、学校の教育課程として行われる教育活動を除き、主として青少年及び成人に対して行われる組織的な教育活動（体育及びレクリエーションの活動を含む。）をいう。

　すなわち、学校教育の正規の教育活動以外に、学校外や地域のあらゆる場所・機会を使って提供される青少年のスポーツ活動や余暇活動、また成人対象の公民館活動やレクリエーション活動などを含むものとして、教育活動をより広く捉えることが重要と提起されているのだといえる。

3.2　国と地方公共団体の任務と役割

　社会教育法においては当初から「すべての国民」が「あらゆる機会」に「あらゆる場所」で学ぶ、という生涯学習的な発想が共有されていた点は注目される。第3条第2項は2008年の改正で追加された部分であり、生涯学習の理念に対応して、国民への学習の奨励も掲げられている。同じく第3項では、社会教育行政が学校、家庭、地域住民等の連携、協力を促進することが求められ、内容の充実が図られている。

　同法において、国と地方公共団体の任務は次のように、「すべての国民があらゆる機会、あらゆる場所を利用して、自ら実際生活に即する文化的教養を高め得るような環境を醸成する」こととされた。行政の役割を環境の醸成に限定することを通して、国家が社会教育を通して国民の学ぶ内容や方法に介入することに一定の歯止めをかけているのである。

【社会教育法　第3条】

（国及び地方公共団体の任務）
1　国及び地方公共団体は、この法律及び他の法令の定めるところにより、社会教育の奨励に必要な施設の設置及び運営、集会の開催、資料の作製、頒布その他の方法により、すべての国民があらゆる機会、あらゆる場所を利用して、自ら実際生活に即する文化的教養を高め得るような環境を醸成するように努めなければならない。
2　国及び地方公共団体は、前項の任務を行うに当たつては、国民の学習に対する多様な需要を踏まえ、これに適切に対応するために必要な学習の機会の提供及びその奨励を行うことにより、生涯学習の振興に寄与することとなるよう努めるものとする。
3　国及び地方公共団体は、第一項の任務を行うに当たつては、社会教育が学校教育及び家庭教育との密接な関連性を有することにかんがみ、学校教育との連携の確保に努め、及び家庭教育の向上に資することとなるよう必

> 要な配慮をするとともに、学校、家庭及び地域住民その他の関係者相互間の連携及び協力の促進に資することとなるよう努めるものとする。

　社会教育法では、「公の支配に属しない団体で社会教育に関する事業を行うことを主たる目的とする」団体を、社会教育関係団体（第10条）と規定している。文部科学大臣と教育委員会は、社会教育関係団体の求めに応じて、「専門的技術的指導又は助言を与える」ことを求められ、また「社会教育に関する事業に必要な物資の確保につき援助を行う」ことができるとされている（第11条）。また国および地方公共団体は、社会教育関係団体に「不当に統制的支配を及ぼし、又はその事業に干渉を与えてはならない」（第12条）と明記されている。

【社会教育法　第11条】

> （文部科学大臣及び教育委員会との関係）
> 1　文部科学大臣及び教育委員会は、社会教育関係団体の求めに応じ、これに対し、専門的技術的指導又は助言を与えることができる。
> 2　文部科学大臣及び教育委員会は、社会教育関係団体の求めに応じ、これに対し、社会教育に関する事業に必要な物資の確保につき援助を行う。

【社会教育法　第12条】

> （国及び地方公共団体との関係）
> 　国及び地方公共団体は、社会教育関係団体に対し、いかなる方法によつても、不当に統制的支配を及ぼし、又はその事業に干渉を加えてはならない。

　これらの条文は、教育基本法において述べたのと同様、戦前の国民教化を担った社会教育の功罪への反省と批判に基づき、戦後の社会教育行政の役割を、専門的・技術的側面に限定するものである。同様の姿勢はさらに、専門職とし

ての社会教育主事の役割規定に顕著に示されることとなる。社会教育主事とは、都道府県・市町村の教育委員会事務局に置かれる「専門的教育職員」(教育公務員特例法第2条第5項)である。その役割は、社会教育施設などで「社会教育を行う者」に対して「専門的技術的な助言と指導」を行うべきものとされ、同時に「命令及び監督」はしてはならないと厳しく制限されている点が注目される。そこでの「専門的・技術的な助言と指導」には、おとなや子どもが家庭や地域において共同で学ぶことを、より効果的に支援するという文脈における専門性や技術が当初から想定されていたと思われるが、2008年の改正に際して第9条の三に第2項が追加されたように、学校、家庭、地域社会との連携が求められるなかで社会教育主事の役割も広がっている。

【社会教育法　第9条の三】

(社会教育主事及び社会教育主事補の職務)
1　社会教育主事は、社会教育を行う者に専門的技術的な助言と指導を与える。ただし、命令及び監督をしてはならない。
2　社会教育主事は、学校が社会教育関係団体、地域住民その他の関係者の協力を得て教育活動を行う場合には、その求めに応じて、必要な助言を行うことができる。
3　社会教育主事補は、社会教育主事の職務を助ける。

4　生涯学習・社会教育に関わる法律Ⅲ　生涯学習振興法

4.1　位置づけと特色

1990年に生涯学習振興法が施行された。同法は「国民が生涯にわたって学習する機会があまねく求められている状況」をふまえ、「生涯学習の振興のための施策の推進体制」および「地域における生涯学習に係る機会の整備を図り、

もって生涯学習の振興に寄与すること」（以上、第1条）を目的として制定されたものである。

生涯学習振興法は、社会教育法で明確に謳われていない領域を主として管轄する。同法で生涯学習を「学校教育及び社会教育に係る学習（体育に係るものを含む。以下この項において「学習」という。）並びに文化活動」（第3条第1項）と、従来の社会教育、学校教育、文化活動をも包括するものと捉えた上で、「生涯学習に係る機会の総合的な提供を促進するための措置」と「都道府県生涯学習審議会の事務」などの実務内容に関わる事項を具体的に定めている。

これらの生涯学習振興施策の実施においては、同施策が「学習に関する国民の自発的意思」を尊重し、職業能力の開発と向上、社会福祉等に関し「生涯学習に資するための別に講じられる施策」と合わせ、効果的に実施されるべきことが謳われている。

【生涯学習の振興のための施策の推進体制等の整備に関する法律　第2条】

> （施策における配慮等）
> 　国及び地方公共団体は、この法律に規定する生涯学習の振興のための施策を実施するに当たっては、学習に関する国民の自発的意思を尊重するよう配慮するとともに、職業能力の開発及び向上、社会福祉等に関し生涯学習に資するための別に講じられる施策と相まって、効果的にこれを行うよう努めるものとする。

同法ではまた、生涯学習推進のために都道府県の行うべき諸事業、その推進体制、地域生涯学習振興基本構想、都道府県生涯学習審議会などに関わる、詳細な実務的事項が定められている。とりわけ、都道府県の生涯学習事業としては、学習や文化活動の情報の収集・整理・提供、住民の学習への需要・学習成果の評価に関する調査研究、地域の実情に即した学習方法の開発、住民の学習に関する指導者・助言者の研修、地域における社会教育／文化関係機関・団体

の連携に関わる照会・相談および助言・援助、社会教育の講座開設、住民の学習機会の提供などが挙げられている（第3条第1〜6項）。

また基本構想の実施に関わっては、関係民間業者の活用による計画的な遂行が奨励され、必要に応じて経済産業大臣が、商工会議所や商工会に協力を求めることになっている。

【生涯学習の振興のための施策の推進体制等の整備に関する法律　第8条】

> （基本構想の実施等）
> 1　都道府県は、関係民間事業者の能力を活用しつつ、生涯学習に係る機会の総合的な提供を基本構想に基づいて計画的に行うよう努めなければならない。
> 3　経済産業大臣は、基本構想の円滑な実施の促進のため必要があると認めるときは、商工会議所及び商工会に対し、これらの団体及びその会員による生涯学習に係る機会の提供その他の必要な協力を求めるものとする。

4.2　同法施行による行政施策の変化──分権化・民営化・「新たな公共」の導入

生涯学習振興法は、従来の社会教育法だけでは対応できなかった縦割り行政の弊害の解消と生涯学習事業の整理・統合や棲み分け、民間活力の奨励・支援などを円滑に実現するべく、その「後ろ盾」として機能してきた側面がある。このことをふまえ、以下、現代の生涯学習行政に見られる傾向を、①地方分権・行政再編（行政内部における脱中央集権化や担当部局の統廃合・再編成）、②民営化・規制緩和（民間企業の活用と行政の効率化）、③「新しい公共」（個人や民間非営利団体・組織の参画）の三つの観点から整理しておこう。

a　国・地方公共団体（第一セクター）における地方分権・行政再編

国・地方公共団体、すなわち「公益」を追求する行政は、第一セクターと呼

ばれる。同セクターは「私益」を稼ぎ出すには高価になりすぎて私企業では参入が困難な領域をカバーし、サービスを安価・安定的に供給できるとみなされる。だが、激しく複雑に変化する現代社会においては、立法過程による政策の立案・決定に追従するばかりでは対応しきれず、実質的に立法過程を前倒して代替する「裁量行政」が拡大傾向にあるといわれる。その結果、中央省庁に権限を集中させたままでは「省益」の拡大をめぐって縦割り行政が（是正されるどころか）激化し、サービスの安定性がむしろ硬直化を意味するなど弊害が多く指摘されるようになった。すなわち、地方に権限を委譲して多様なニーズに応えられるようにすることが求められるようになってきたのである。

b　私企業（第二セクター）における民営化・規制緩和

　私企業は「私益」を追求するもので、第二セクターと呼ばれる。同セクターは公的財源の導入にコンセンサスの確立（議会の同意など）が必要な第一セクターの制約と比べ、「私益」関係者の同意だけで活動できる意思決定の迅速性、数多くの領域をカバーできるサービスの多様性、市場のニーズに応じて柔軟にサービスを提供できる効率性、などが指摘されている。これらの利点を生かすため、第一セクターからサービスの一部をアウトソーシングすることで、過度に集中した権限を実質的に分散化するとともに、財源の選択と集中によるスリム化・効率化を図ろうとするケースも増えている。

c　第一・第二セクター以外（第三セクター）での「新しい公共」

　国際的には第三の方式による法人としてのNGO（非政府組織）やNPO（民間非営利団体）などは第三セクターと呼ばれる（ただし、国内では第一・第二セクターの合同出資・経営企業を指して第三セクターと呼ぶことが多く、これと区別するために第四セクターと呼ばれることもある）。本セクターでは、通常の行政ではカバーされない「（準）公益」の提起が可能である。すなわち、寄付や助成などがなければ運営の安定性では最も脆弱になるものの、「私益」の利害関係に囚われずにサービスを多様かつ迅速に作り出し扱うことができるものとみなされ

る。そのため、第一セクターとは異なり、「国益」や「省益」などが制約として働くことに縛られず小回りが利き、また行政サービスが第二セクターばかりにアウトソーシングされることによる弊害も免れうると考えられている。

5 おわりに

　冒頭でみたように、法律とはある意味の「決まり事」である。生涯学習・社会教育における法律とは、私たちが個人的・集合的に取り組む「自由な学び」を制度的に保障するために、国や地方公共団体、文部科学大臣・経済産業大臣、教育委員会などが担うべき任務や役割、その実務的な手続きなどを定めた「決まり事」である。これらの「決まり事」を知ることによって、例えば、図書館司書はなぜ、本や情報を扱うための専門性のみならず、社会教育の専門家「でも」あらねばならないのかの法的根拠にふれ、自らが生涯学習をめぐってどんな制度的・社会的しくみに位置づけられているかを知ることもできよう。また、激変する社会のなかで、地域のネットワークづくりなどにおいても、専門家や一般市民が軽やかに連携・協働しうるためには法的なサポートがどうバックアップしてくれるのかに気づき、それを積極的に活用していく視野とノウハウを手にすることができるのではないだろうか。

参考文献
井内慶次郎，山本恒夫，浅井経子『改訂　社会教育法解説』全日本社会教育連合会，2001．
日本社会教育学会編『社会教育関連法制の現代的検討』東洋館出版社，2003．
日本社会教育学会編『教育法体系の改編と社会教育・生涯学習』東洋館出版社，2010．
高見茂，開沼太郎，宮村裕子『教育法規スタートアップ ver.2.0：教育行政・政策入門』昭和堂，2012．
社会教育行政研究会編『社会教育行政読本：「協働」時代の道しるべ』第一法規株式会社，2013．

2008年図書館法改正と生涯学習

　社会教育三法と呼ばれるものに、社会教育法、図書館法、博物館法がある。
　社会教育法で図書館は、博物館とならび「社会教育のための機関」と位置づけられている。同法を受けて成立した図書館法は1950年に制定され、図書館の目的について、「社会教育法の精神に基き、図書館の設置及び運営に関して必要な事項を定め、その健全な発達を図り、もつて国民の教育と文化の発展に寄与すること」（図書館法第1条）と規定している。社会教育施設としての「図書館」は「図書、記録その他必要な資料を収集し、整理し、保存して、一般公衆の利用に供し、その教養、調査研究、レクリエーション等に資することを目的とする施設」（図書館法第2条）であり、主に「公共図書館」が想定されている。
　図書館法は2008（平成20）年に大幅に改正された。生涯学習の観点から見た主な改正点は「図書館機能の拡充」「専門職員の養成・研修」「図書館の基準・評価」である。
　I「図書館機能の拡充」に関わる改正である。第一に、図書館サービスのために「留意すべき事項」に「家庭教育の向上に資すること」が加えられ、図書館協議会委員にも家庭教育関係者が加えられた。教育基本法における家庭教育の重視を受けたもので、図書館や図書館司書の家庭教育への関わりや貢献が期待される。第二に、図書館が収集すべき資料に電磁的資料（CDやDVDなど）が加えられ、これらの資料を収集しやすいように計らわれた。これは時代の要請とニーズに応える要素が大きいだろう。第三は、各個人が社会教育の学習成果を活用して図書館で教育活動などを行うことに関わり、図書館がその活動機会を提供し、提供を奨励することも定められた。生涯学習社会において学習成果の活用は、重要課題の一つであり、今後の図書館の支援的役割が期待される。
　II「専門職員の養成・研修」に関わる改正である。第一に、司書資格の取得のために、大学で履修すべき図書館関係科目を文部科学省が定めることが規定された。大学における司書養成の充実を図るもので、「生涯学習概論」の必須単位数も1単位から2単位に増えた。生涯学習支援者としての図書館司書の役割もより明確にされたといえよう。第二に、文部科学省・都道府県教育委員会は、司書・司書補の資質向上に必要な研修の実施に努めることを規定した。従来、図書館法には研修の規定がなかったが、文部科学省等による研修の根拠が明確化され、司書・司書補の専門性を磨き続ける継続教育・生涯学習への発想が生まれたといえる。
　III「図書館の基準・評価」に関わる改正である。第一に、文部科学省は、図書館の健全な発達のため、図書館の設置および運営上望ましい基準を定め、公表することと

した。今後は、公立図書館だけでなく私立図書館をも対象とする、設置および運営上望ましい基準を定めることになる。第二に、図書館は、図書館の運営状況について評価を行い、その結果に基づき、運営の改善のために必要な措置を講じるとともに、運営状況に関する情報を地域住民等へ積極的に提供するよう努めなければならないことが規定された。これは、図書館に関係するすべての人々がいっそう連携・協力しやすくなるように期待されてのことといえよう。

【参考文献】生涯学習研究 e 事典，薬袋秀樹「図書館法 1　図書館法の位置づけ」「図書館法 3　平成20年の改正の特徴」http://ejiten.javea.or.jp/content.php?c=TWpJek1EYzA%3D および http://ejiten.javea.or.jp/content.php?c=TmpJek1EYzA%3D，(参照2014-2-5).

(小林伸行)

| 第13章 | 社会教育の行政と財政 |

　本論を始める前に、社会教育の行政と財政を学ぶ意義を考えてみたい。
　行財政は、日本国憲法に定められた基本的人権擁護の精神を具体化するための仕組みである。図書館をはじめとする社会教育行財政は、憲法第26条に定められた「教育を受ける権利」を学校以外で具体化するための行政的措置であると言える。生涯学習が人の生涯に渡る学習であり、その学習機会を保障するためには学校以外の教育機会の充実が、「教育を受ける権利」の具体化で重要な役割を果たすことは自明であろう。そして、図書館の司書は、特に公立図書館の司書であればなおさら、そのような行政を担う行政職員の一部であり、「教育を受ける権利」を具体化する行政的措置の担い手であるということができる。
　それゆえ、行政上の様々な制約あるいは行政と国民との対立・齟齬などを現場において引き受けることも想定せねばならない。また、行政職員である以上、その他の行政職員と同様に行財政改革の直接的な影響、例えば行財政改革における職員待遇の変化の影響、を受ける存在でもある。
　以上をふまえれば、図書館司書を目指す学習者が行政を学ぶ意義として、少なくとも二つが考えられる。一つには、司書としての自らが携わる学習支援が、どのような行政原則に則って行われるべきかを知るという「規範の次元」であり、一つには、司書として自らが行政上どこに位置づけられているかを知る「地位の次元」である。
　以下、教育行政と社会教育行政、教育行政の組織、行財政改革と教育行政、という三つの観点から、社会教育における行財政の全体的な仕組みと諸要因をみていこう。

第 13 章　社会教育の行政と財政

1　教育行政と社会教育行政の原理

1.1　教育行政とは

　教育行政の実際を論じる前に、そもそも教育行政とは何かを考える必要がある。とはいえ、この「（教育）行政とは何か」という問い自体に、諸説が存在するのが現状である。本章では、通説に最も近いと考えられる「教育行政とは、教育政策として定立された法のもとに、その法の定めに従って、具体的に教育政策を実現する公権力の作用」（木田宏）という定義を採用したい。「具体的に政策を実現する公権力の作用」には、①義務を課したり、行為に制約を加える規制、②教育活動を奨励・援助・助言・指導する助成、③必要な事務を行政自体が行う実施、があると言われる。教育行政はなかでも「規制」が少なく「実施」が多いのが特徴であり、「給付行政」「助長行政」の側面を持つとされる[1]。

1.2　教育行政の原則

　教育行政には、四つの原則が存在する。①教育行政の法律主義、②教育の自主性の尊重、③教育の政治的・宗教的中立、④教育の地方分権である。本節では、①〜③について述べることとし、④は、教育委員会制度と合わせて後述したい。

①教育行政の法律主義

　教育行政の法律主義とは、教育行政は法律による行政の原理に基づいて行われなければならないという原則である。法律による行政の原理とは、①法律に根拠がなければ自由に活動できない、②すべての行政活動は法律に違反することができない、③すべての行政権は「法律による授権」がなければ法規を作り出すことはできない、の3点である。③の「法律による授権」とは、法律の条

---

1) 樋口修資編『教育行財政概説：現代公教育制度の構造と課題』明星大学出版部，2007，p. 8．

文に「他の法律による」「文部科学大臣の定めるところによる」等の規定なしには、新たな法規を作り出すことができないという意味である。教育行政は、戦前は勅令主義であった。勅令とは、天皇の任命した官僚などによって議会を通さずに作られる天皇の命令である。対して、法律とは国会という立法機関を通して制定されるものであり、国民の意見を反映させることが可能なものである。このように考えると、法律主義の重要な点は、国会という立法機関に国民の意見を反映させることで、法律は常に問い直すことが可能なものであり、また問い直されなければならないとの立脚点に立つことにある。

②教育の自主性の尊重

　教育の自主性の尊重とは、教育活動・学習活動は人々の自主性・自発性に基づくことを原則とするため、教育行政はそれらの活動に不当に干渉してはならないという原則である。特に、社会教育は人々の多様な学びを支援するものであるために、教育の自主性の尊重が重要な原則とされる。

　では、教育行政が教育に不当に干渉するとは、具体的にどのようなことを指すのだろうか。この点を考えるには、1960年代以降の「教育権論争」が参考になる。「教育権論争」は、教科書検定制度の是非を争う「家永教科書裁判」[2]および全国統一の学力テストの是非を争う「旭川中学校事件裁判」によって提示された、「国家の教育権論」と「国民の教育権論」の二つの立場の間の論争である。「国家の教育権論」とは概ね、選挙で国民の信任を受けた国が、国民の教育に関する内容などに決定権限を持つとする考え方であり、「国民の教育権論」とは、子どもの教育権を持つ保護者からの「信託」を受けた教師（教育担当者）にこそ教育内容の決定権がある、とする考え方である。

　この教育権論争で主張された「国民の教育権論」を根拠とするならば、国家の役割は、学習条件の整備に限定されるべきとの主張も可能になる。とはいえ、

2）家永教科書裁判とは、当時の東京大学教授家永三郎が執筆した教科書が「自虐的」であると検定において指摘され、改訂を求められたことに対し、検定の無効と損害賠償を求めて起こした裁判である。主な争点は、教育内容の決定権はどこにあるのかという点と教科書検定が検閲に当たるかという点であった。

この議論には考慮すべき点がいくつかある。

　一つ目は、教職員を、保護者から「信託」を受けた存在とみなす考え方である。その論理においては、国家行政の担い手でもある教職員の考え方と保護者の考え方が一致することが前提となる。だが、実際には、学習者と職員の「信託」が成り立たない事例（例えば、保護者が学校への不満を、学校を飛び越えて教育委員会に直接に訴えかけるなど）は身近にも多数存在する。この意味では、「国民の教育権論」をもって職員に教育の決定権を委ねることは、現実的に不可能といわざるを得ない。二つ目は、学習条件の整備に関わるものである。「国民の教育権」という場合、必然的に、「国民」ではないが日本に住む在日外国人や留学生は含まれてこない。「国民の教育権」という範疇においてこれらの人々の学習条件を保障する根拠をどこにおくかは、時には政治的な要素をも含む問題であり、在日外国人や留学生の学習権、ひいては基本的人権の保障に関わってくる問題なのである。

　このように考えると、教育の自主性の尊重は、社会の現実と照らし合わせつつ、不断に問い返されるべき問いとともに存在し、また追求すべき原則であるといえよう。

③教育の政治的・宗教的中立

　次に、教育の中立をめぐる問題である。教育が何らかのかたちで学習者の内面に関わるものである以上、憲法に定められた思想信条の自由などと抵触する可能性を有する。そのため教育行政においては、宗教的中立と政治的中立という二つの中立性の原則を定めている。

　宗教的中立は、憲法第20条第3項に定められた政教分離の教育行政への適用であり、公立教育施設における宗教教育の禁止が定められている。憲法の禁止する「宗教的活動」の範囲は「当該行為の目的が宗教的意義をもち、その効果が宗教に対する援助・助長・促進又は圧ород、干渉などになるような行為をいうものと解すべき」[3]であり、「宗教に源を持つことを一般に感じさせない程度まで世俗化している」ものまで「宗教的活動」と解釈するのは、妥当性を欠くと

される。公立図書館でも「クリスマス会」などがよく行われるが、同判例によれば、クリスマスをキリスト教の祭祀ではなく子どものためのイベントとみなせば、政教分離の原則に反しないこととなる。とはいえ、同判例自体に賛否両論がある現状からすれば、「クリスマス会」の妥当性も慎重に判断されるべき課題といえよう。

　もう一つの中立性、つまり政治的中立にはより留意が求められる。政治的中立を守るために「政治教育」の禁止が謳われているが、これは「特定の党派・政党の支持のための教育」を指している。ゆえに政治的中立性を守ることと、政治的教養に関わる教育や、大きな政治的対立をはらむ事項について学習することは、矛盾しないのである。図書館の政治的中立を考えるうえで「船橋市西図書館蔵書破棄事件」が参考になる。これは「新しい歴史教科書を作る会」編纂の図書が、図書館司書によって破棄された事件である。同事件で問われたのは、司書の「政治思想」に基づく選書や破棄行為が認められるかという点である。最高裁判決では、次のような点が指摘された。

　　公立図書館は、住民に対して思想、意見その他の様々の情報を含む図書館資料を提供してその教養を高めること等を目的とする公的な場ということができる。そして、公立図書館の図書館職員は、公立図書館が上記のような役割を果たせるように、独断的な評価や個人的な好みにとらわれることなく、公正に図書館資料を取り扱うべき職務上の義務を負うものというべきであり、閲覧に供されている図書について、独断的な評価や個人的な好みによってこれを廃棄することは、図書館職員としての基本的な職務上の義務に反するものといわなければならない[4]。

3）津地鎮祭訴訟最高裁判決。この裁判は、三重県市立体育館の建設の際に、神道に起源を持つ地鎮祭を行い、「たまぐし料」の支払いを行ったことが政教分離の原則に反するのではないかとして訴えられた行政訴訟である。
4）「最高裁判例　平成16（受）930　損害賠償請求事件　平成17年07月14日　最高裁判所第一小法廷　判決　破棄差戻し　東京高等裁判所」2004年，http://www.courts.go.jp/search/jhsp0030? hanreiid=52410&hanreiKbn=02，http://www.courts.go.jp/hanrei/pdf/js_20100319120815261582.pdf，（参照2014-2-4）．

それゆえ、本件は図書館司書の「独断的な評価や個人的な好み」に基づく特定図書の破棄が、住民の学習権の侵害につながったと認定され、またこのような行為は、図書館において意見を表明する権利の侵害とみなされた。

　同判例に見られる原則は、「図書館は、基本的人権のひとつとして知る自由を持つ国民に、資料と施設を提供することをもっとも重要な任務とする」との理念を掲げる「図書館の自由に関する宣言」[5]にも明示されている。図書館は学習者の「知る自由」を守るために存在するのであり、学習者の人権擁護のための施設でなければならない。もちろん、図書館司書個人の思想・信条の自由は保障されるべきであるが、その表現としての行為が、他者の知る権利や思想信条の自由という人権侵害にあたる場合は、その行為が制限されることを認識しなければならない。

　以上、教育行政の原則について述べてきた。これらは教育行政を評価し判断するための指標として捉えるべきものである。公立図書館の司書のように教育行政の一端を担う者は、この原則に照らし、自身の活動が妥当なものか、常に振り返ることが求められている。

1.3　社会教育行政とは

　法令上、社会教育は「社会において行われる教育」（教育基本法第12条）とあるように、社会を構成する多様な人々によって担われる学習活動を指す。また、社会教育法では、学校教育以外で行われる「組織的な教育活動」（第2条）と位置づけられている。この社会教育は、個人や社会の要請に応じて展開され、「実際生活に即する文化的教養を高め」ることを目標とする。国や地方自治体はこれらの教育活動を奨励・支援し、その学習のための「環境を醸成するように努め」（第3条）ることと定められており、これこそが社会教育行政の根本原理である。

　社会教育行政はこの根本原理に基づき、人々の自由な学びの場として社会教

---

5) 日本図書館協会「図書館の自由」に関する宣言」http://www.jla.or.jp/ibrary/gudeline/tabid/232/Default.aspx．（参照2014-2-4）．

育施設の設置運営を中心とする施設中心主義を掲げており、公民館、図書館、博物館をはじめとする多様な社会教育施設が設置されている。また、自由な学びを支援する職員として公民館主事、図書館司書、博物館学芸員などの専門職をおいて、社会教育を行う人に専門的な見地から「助言・指導」を与えることができるが「命令」や「監督」はできないという制約を定めている。

社会教育はまた、「実際生活に即するため」に小規模な単位で進められることが特徴である。例えば、社会教育行政の中心的な施設である公民館は、中学校区に1校を目標としている。そのため、社会教育行政の中心的な担い手は、基礎自治体である市町村となる。加えて、地域の学習者の意見を反映するために、住民が社会教育の計画や施設の運営に関わることができる仕組みが設けられている。社会教育法に定められた「社会教育委員」は、市町村などの社会教育の基本計画を立てる際の立案・審議を行うものであり、各種施設の「運営協議会」制度は、利用者を含めた地域住民の意見を聞くための諮問機関として位置づけられている。

ただし、公民館運営審議会は近年、設置が任意と変更になったために、廃止されるところも多くなってきた。これは、後述する規制緩和の一環とはいえ、社会教育における「市民参加」の後退として問題視されることが少なくない。

2 教育行政の組織

2.1 文部科学省

現代日本の教育行政は、文部科学省と地方自治体の教育委員会によって担われている。教育行政は、地域の独自性を反映させるという目的のために地方分権の原則が適用されており、教育事業の実施における文部科学省の役割は、限定的である。ちなみに、社会教育行政上の関係性については、図13.1のように整理できる。

国レベルでは、大別して次の四つの役割がある。第一に、制度の基本的枠組の設定である。図書館の制度をはじめとする制度設計は、国の行政機関によっ

第13章 社会教育の行政と財政

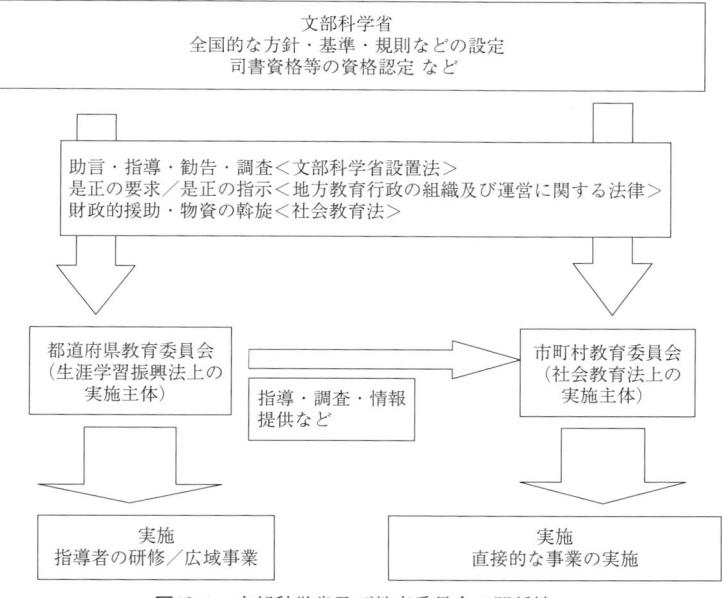

```
┌─────────────────────────────────────┐
│           文部科学省                 │
│   全国的な方針・基準・規則などの設定  │
│       司書資格等の資格認定 など      │
└─────────────────────────────────────┘
                  ↓
┌─────────────────────────────────────┐
│ 助言・指導・勧告・調査＜文部科学省設置法＞         │
│ 是正の要求／是正の指示＜地方教育行政の組織及び運営に関する法律＞ │
│ 財政的援助・物資の斡旋＜社会教育法＞             │
└─────────────────────────────────────┘
        ↓                           ↓
┌──────────────┐              ┌──────────────┐
│ 都道府県教育委員会 │ 指導・調査・情報 │ 市町村教育委員会  │
│ (生涯学習振興法上の│ ──提供など──→  │ (社会教育法上の   │
│   実施主体)      │              │   実施主体)      │
└──────────────┘              └──────────────┘
        ↓                           ↓
┌──────────────┐              ┌──────────────┐
│     実施        │              │     実施        │
│ 指導者の研修／広域事業│          │ 直接的な事業の実施 │
└──────────────┘              └──────────────┘
```

図13.1 文部科学省及び教育委員会の関係性

て作られる。第二に、全国的基準の設定である。公立図書館の望ましい基準や司書資格に必要な単位などを設定する。第三に、地方公共団体の教育条件整備である。これは、全国的水準の確保のための財政措置を含むもので、図書館法に定められた補助金支出の規定はこの条件整備のために存在する。第四に、教育事業の適正な実施の支援としての助言・指導、および、①教育委員会の業務上の瑕疵(かし)（欠点や欠陥）により教育を受ける権利が侵害される場合の「是正の要求」（業務の改善箇所の指摘と改善への要求）、②教育委員会の業務上の瑕疵により学習者の生命・身体が脅かされる時の「是正の指示」（改善箇所についての具体的手順などを命じること）という役割である。

なお、文部科学省の意思決定については、各種審議会の存在を考慮する必要がある。特に、中央教育審議会は教育政策に大きな影響を与える審議会である。中央教育審議会は、文部科学大臣の諮問機関であり、その答申は教育政策に直接の影響力をおよぼすこともある。例えば、学習指導要領の改訂は、中央教育

審議会の答申をそのまま反映することが多い。中央教育審議会の構成員や諮問内容は、文部科学大臣に決定権限があるため、中央教育審議会が大臣や官僚機構にとって望ましい答申にするための人選を行ったり、議論をコントロールしたりする可能性が含まれていることには留意が必要であろう。

2.2 教育委員会

「地域の実情に応じた教育の振興を図る」(「地方教育行政の組織及び運営に関する法律」第1条の二) という地方分権の趣旨のもとに、地方における教育行政の担い手として組織されたのが教育委員会制度である。教育委員会は、地方自治法に定める行政委員会である。教育委員会は、首長部局からある程度独立した合議制の委員会であり、教育行政における議会と並ぶ意思決定機関である。教育委員会を構成する委員は、地域住民のうち教育に関する見識を持つものの中から選ばれ、議会の承認を経て、首長によって任命される。また、教育委員会の委員には、学校教育の当事者である保護者であるものを一人は含まなければならず、「委員の定数の二分の一以上の者が同一の政党に所属することとなつてはならない」と、教育の政治的中立にも配慮がなされている。

教育委員会制度には二つの原則がある。一つが住民参加による「素人統制」であり、もう一つが教育長の行政的専門性である。住民参加によって、地域住民の見解などを教育行政に反映させたうえで、専門性を持った教育長がその実際化（地方の実情に合わせて適用する）の指示を事務局に与えるというのが理想的な教育委員会制度のあり方と言えよう。なお、図書館などの社会教育・生涯学習施設は、法令上教育委員会が管理・運営を行うことになっているが、教育委員会の教育政策を実際化するための実施機関として位置づけることができる。

教育委員会制度の意義としては、中立性の確保、継続性・安定性の確保、地域住民の意向の反映などが、よく挙げられる[6]。中立性は委員の選任基準に示され、継続性・安定性の確保の措置として一般行政からの独立が、また地域住民の意向の反映として「素人統制」が制度化されている。

---

6) 前掲1), p.141.

とはいえ、近年行われた教育委員会制度の改革の際には、審議が事務局の提案を承認するだけになっているなど、形骸化が指摘された。また、教育委員会には予算の決定権限、条例案の提出権限がない。加えて、今回の改正で、教育行政の基本方針である「教育、学術及び文化の振興に関する大綱」を首長が策定することになった。この大綱は首長と教育委員会からなる総合教育会議で議論されるが、その会議は首長が招集する協議機関にすぎない。これは、教育長の首長による任命制への変更も含めて、首長の教育行政に対する責任を明確にする制度改革だが、このような変更は教育行政は一般行政から独立して実施されるべきとした教育委員会制度導入当初の意図を大きく変更するものである。

このようにみてくると、委員構成における政治的中立性を定めたとしても、教育方針の決定や予算編成、条例作成においては、結果的に政治的過程に巻き込まれることになりかねない。教育行政の中立の原則は、危うい基盤に立っていると言わざるを得ないのである。

③ 教育財政の検討

3.1 教育財政とは何か

教育財政とは本来、「教育費の財源の確保とその支出を図ることにより、教育行政及び教育政策を経済的に支える活動」を指す。しかし、日本の教育財政は特別財源をもたないために「一般財源から公教育の予算を獲得し、管理・支出する行為に限定される」。「社会教育費」は、教育財政のうち「地方公共団体が条例により設置し、教育委員会が所管する社会教育施設の経費及び教育委員会が行った社会教育活動のために支出した経費（体育・文化関係、文化財保護を含む）」[7]と定義される。

一方、教育基本法第16条第4項には、「国及び地方公共団体は、教育が円滑かつ継続的に実施されるよう、必要な財政上の措置を講じなければならない」とある。また「地方公共団体は、前項の計画（教育振興基本計画のこと——筆者

---

7) 『地方教育費調査報告書』の定義である。

註）を参酌し、その地域の実情に応じ、当該地方公共団体における教育の振興のための施策に関する基本的な計画を定めるよう努めなければならない」（第17条）とされている。同条文からも推測できるように、地方自治体でも、国の財政上の動向を反映させつつ決定されることになる。

　また、社会教育法第5条には、「市（特別区を含む。以下同じ。）町村の教育委員会は、社会教育に関し、当該地方の必要に応じ、予算の範囲内において、次の事務を行う」と規定され、予算の範囲内で事業を行うとの「奨励的規定」が定められている。予算とは本来、必要な総量を予測して配分されるべきであるが、社会教育費は、他の行政の支出状況に影響を受けながら支出される、という特徴がある。

3.2　教育財政の役割

　一般に教育に関わる事業は「サービス」として取り組まれることが少なくない。「教育産業」「文化産業」などのカテゴリーが存在し得るように、「サービス」は市場だけでも提供し得るものである。だが、行政はなぜ、税金を使って教育という事業に取り組んでいくのだろうか。それは、(1)資源配分の適正化、(2)所得の再分配、(3)経済の安定化という、教育財政の3つの役割において説明される。

　資源配分の適正化とは、政府が直接必要な財やサービスを提供する、という役割である。古典的な経済学の理論では、市場メカニズムが完全に働けば資源配分も最適の配分となるとされるが、実際は必要な量に足りない過少供給や必要以上にサービスが提供される過剰供給が発生するケース（「市場の失敗」）が存在する。このような「市場の失敗」が起こるのは、そのサービスが「純粋公共財」である場合である。純粋公共財とは料金を払わない人をサービスの対象から排除できないという性質（排除不可能性）をもち、かつ同時に複数の人がサービスを享受できるという性質（消費の非競合性）をもつものである。このようなサービスでは、費用を払わなくてもサービスの恩恵を受けることができるため、自発的に費用を払う人がいなくなる可能性がある。このようなサービス

は、社会的に見て必要であったとしても市場では提供されなくなってしまうため、政府が税金を徴収して提供することとなる。典型的な例は警察・国防である。

では、図書館のサービスは純粋公共財と言えるだろうか。本を有料で貸し出す貸本屋あるいはレンタルビデオショップが存在しているという現実を見れば明らかなように、図書館に類似するサービスの提供は市場によっても可能である。費用を払う人だけに本を貸出し、サービスの受け手を制限することができるため「排除不可能性」は否定される。このように、図書館サービスが純粋公共財ではないならば、なぜ行政が同サービスを提供するのか。それを考えるために重要なのが「準公共財」という概念である。「準公共財」とは、市場で提供もできるが、市場だけではコスト面などから絶対量が不足するもので、社会的便益がある（社会にとって有利な影響を及ぼす）ものを指す。図書館サービスで言えば、図書を読む行為は、多様な思想に触れ、社会現状を知り、社会をより良いものにしていくという「民主主義」の学びと実践につながっている。それゆえ、図書と学習者をつなぐ図書館サービスには、民主主義社会の構築という社会的便益が存在することとなる。また、OECDなどが展開する「人的資本論」の考え方に基づけば、教育機会を提供することが労働力の形成につながり、生産力の向上に寄与するという社会的便益も主張できる。このような社会的便益を最大化しようとすれば、全ての人にサービスを届けることが必要であり、サービスの対象を限定し、同時のサービス共有を妨げることは望ましくない。これゆえ、行政が徴収した税金をもとにサービスを提供するのである。

この社会的便益であるが、どのような社会的便益を優先するかによって提供される財の種類は変わってくるだろう。たとえば、生産力の向上やグローバルな競争に打ち勝つという社会的便益を優先するならば、エリート層や生産に直接的に関わる技術などに資源が振り分けられるだろう。他方、より幅広い層の人たちの社会参画という社会的便益を優先するならば、生産だけでなく、より広範な基礎的陶冶や困難を抱えた層の人々を対象とする事業などに資源配分されるべきかもしれない。どのような社会的便益を優先すべきかは、教育行政を

語るときに常に政治的なイシューとして立ち上がるものでもある

　第二の所得の再分配とは、累進課税制度などを用いて高所得者層から低所得者層に富を再分配することである。所得の再分配機能は、教育の機会均等の原則を実際化する措置として重要な役割を担っており、直接的な再配分と間接的な再配分に大別される。「直接的な再配分」には学校教育の授業料の減免や生活保護の教育扶助が、「間接的な再配分」には、教員の加配・夜間中学校・識字教室などの事業の優先的実施等が含まれる。生活困難な世帯・地域に対する積極的な事業展開は社会形成に有益であり、「結果の平等」と結びつく取り組みである。所得の再分配は、「格差社会」や教育の二極分化が叫ばれる現代日本社会の、さらに教育行政の重要課題である。

　第三の経済の安定化とは直接的な事業の実施等を極端なインフレーション、デフレーションを抑制するという役割である。これは租税政策などの部分が多く、教育財政自体から受ける影響は少ないが、景気刺激策という観点を含めて考えると、教育施設の建設という公共事業も、経済に影響を与えるものである。特に、博物館等の社会教育施設は一時期「ハコモノ行政」と言われるほど、景気刺激策として「活用」された。また、東日本大震災の復興策による「復興景気」が言われているが、復興策には教育施設の建設や改修・補強などが含まれており、このための財政支出も経済に刺激を与えている。

　以上、教育財政の3つの役割を概説した。この役割の理解は、教育財政の実際の支出を検討する際の指針となりうるであろう。では、このような役割を果たすための教育財政の実際はどうなっているのか。次節で見ていこう。

3.3　教育財政の実際

　ここでは、教育行政を担う市町村の教育財政の実際を、文部科学省『地方教育費調査』（以下『教育費調査』）などから概観してみよう。

　まず、教育財政の規模を確認しよう。『文教費の概要』によれば、総予算に占める文教費の割合は20％程度であり、対GDP比では4％程度である。これは、OECDの水準（平均6.2％）より相対的に低く、「教育振興基本計画」では

OECD平均値が目標として挙げられている。『文教費の内訳』では、国家の支出と地方自治体の支出は拮抗している。また『教育費調査』によれば、地方教育費総額は行政改革の影響もあり、年々縮小傾向にある。また学校教育が教育費の80％を占め、社会教育費の10％を大きく上回っている状況にある。

　地方自治体における教育行政の財源の大半は、使途が限定されない一般財源（地方税など）に依存している。学校教育費を含む教育費全体に都道府県支出金の占める割合は50％程度、市町村支出金の占める割合は15％程度であるが、この差は義務教育学校教員の給与負担が都道府県にあることに由来する。一般財源で重要なのが、地方自治体間の財政格差を埋めるために交付される地方交付税交付金である。地方交付税交付金は、国が地方自治体の行政水準を確保するため、自主的に運用できる財源を交付する制度であり、財政の均衡化を目的とするものである。その交付金額は、「標準的条件を備えた地方団体が合理的、かつ妥当な水準において地方行政を行う場合又は標準的な施設を維持する場合に要する経費を基準」として算定される単位費用をもとに算定される支出予想（基準財政需要額と呼ぶ）から見込まれる租税収入（基準財政収入額と呼ぶ）を引き、財政不足額を算出し決定する。この「要する経費」には社会教育施設費の一部として図書館の維持費も計上されているが、使途は地方自治体に任されるため、実際に図書館に使われるかどうかは不明である。他方、教育に使途が限定される特定財源も、少ないながら存在する[8]。文部科学省の補助金は大半が自治体向けであり、地方教育費の15％程度（社会教育費限定で４％程度）を占める。他に地方債も、教育財政の重要な財源で、教育費全体の８％（社会教育費限定で５％程度）を占める。なお、図書館に関わっては、地方活性化交付金[9]が図書の購入に充てられている。

---

8) 国庫支出金（補助金・委託金）・地方債・使用料・手数料である。
9)「住民生活にとって大事な分野でありながら、光が充分に当てられてこなかった分野（地方消費者）行政、DV対策・自殺予防等の弱者対策・自立支援、知の地域づくり）への地方の取組を支援する」「住民生活に光をそそぐ交付金」が2010年度補正予算で創設された。内閣府「地方活性化交付金の概要」http://www8.cao.go.jp/hanzai/pdf/info221209-gaiyo.pdf#search='%E3%80%8C%E4%BD%8F%E6%B0%91%E3%81%AB%E5%85%89%E3%82%92%E6%B3%A8%E3%81%90%E4%BA%A4%E4%BB%98%E9%87%91%E3%80%8D'（参照2014-2-4）.

次に、教育行政の支出を検討する。統計上の支出項目は、後年度に形を残さない性質の「消費的支出」（人件費、維持管理費、扶助費、補助費など）が約80％を占める。次いで、土地・構造物や設備・備品の取得経費などを含む「資本的支出」（建築費・改築費・土地取得費など）や「債務償還費」（地方税の償還に充てる）が、各々10％程度である。社会教育費に限定すると、「消費的支出」6割、他が2割ずつ程度であり、その支出区分は体育施設費[10]が最も多く、図書館、公民館、博物館、その他の文化施設などへの支出が続き、実際の教育事業への支出は10％にも満たないことが、特筆される。

OECDによれば、日本の教育の家計依存度が総じて高い（約30％）ことが指摘されている。特に高等教育段階（64％）と就学前教育（55％）は、OECD平均の2～3倍にのぼる。公教育の水準の向上が目指される一方で、その責任が家庭に大きく委ねられている現状がそこに浮かび上がる。相対的な貧困層の拡大が続くなか、家計依存度の高さが今後、日本社会における教育機会の均等を妨げる方向に作用していくことが懸念される。

４ 行財政改革と社会教育行政

4.1 現代における行財政改革の特徴

1990年代後半以降の行財政改革の波は、社会教育にどのような影響を与えているのだろうか。本節では、同改革の特徴と方向性、およびその行政組織への影響に限定して述べる。

現在の行財政改革は「新自由主義的改革」と呼ばれる。その目的は、福祉国家を志向する過程で肥大化した行政権力を縮小化し、財政赤字を解消するためとされる。そのための考え方としてＮＰＭ（ニュー・パブリック・マネジメント）理論の導入が図られている。この理論は、大住荘四郎によれば、「民間企業における経営理念・手法、さらには成功事例などを可能なかぎり行政現場に導入

10）体育施設費の支出項目の構成は他の施設のそれとは大きく異なる。他施設と比べて、人件費を除いた消費的支出の金額が大きく、資本支出も大きい点が特徴的である。

することを通じて行政部門の効率化・活性化を図る」ために、「①経営資源の使用に関する裁量を広げるかわりに、業績／成果による統制を行う」「②市場メカニズムを可能な限り活用する」「③統制の基準を顧客主義に転換する（住民をサービスの顧客とみる）④統制しやすい組織に変革（ヒエラルキーの簡素化）する」という具体的な方法を採る[11]とされている。

　現在の行財政改革の方向性の実際を端的に示すのが、1998年制定の「中央省庁等改革基本法」および「行政改革基本法」である。そこでは、行政改革の基本理念は国の業務を減らすことであると規定され、政策の企画立案部門と実施部門の分離のうえに、実施部門の切り離しを進めることが規定されている。具体的な措置としては、国の役割を地方自治体に移す「地方分権」、「実施事業の独立行政法人化」あるいは「民間への委託あるいは市場への委譲を行う民営化」、そしてこの地方分権と民営化を可能とする「規制緩和・廃止」が唱えられている。加えて、近年では「新しい公共」とのキーコンセプトのもと、ボランティアや「共助」にその役割を移していくこともすすめられている。

4.2　規制緩和

　規制緩和は、実施部門の民間委託および地方分権などの前提条件である。社会教育や図書館の分野でも様々な規制緩和が行われている。例えば、1999年の「地方分権一括法」では、公立図書館館長は、司書資格を持たなくても良いこととされた。ここでは、「規制＝害悪」ではなく「規制＝水準の維持」との側面も持っていることに留意したい。例えば、図書館長の資格要件は、経営のトップに司書資格を有する人材の配置を義務づけることにより、図書館のありかたへの理解を踏まえた図書館経営を行う方向性を「制度上」示すものである。この要件を緩和することで、図書館の専門性を踏まえない図書館経営が許容されたが、この場合、規制緩和は「水準の切り下げ」として機能したと言える。

---

11) 大住荘四郎『ニュー・パブリック・マネジメント：理念・ビジョン・戦略』日本評論社, 1999, p.1.

4.3　地方分権

　教育行政においては、地方分権型のシステムが構築されている。それゆえ、国の統制が緩められて地方に決定権限が付与される地方分権の推進はそれ自体、教育行政の仕組みに叶うものである。とはいえ、現在進行している事態は、「国のスリム化」という方向性である点に注意すべきだろう。例えば、2004年以降の「三位一体の改革」とは、地方交付金の削減、国庫支出金の削減、税源の地方自治体への移譲、の三つの柱からなる。これは、国の指示通りに使用すべき予算の減額と、地方が自己裁量で使用できる予算の増額を意図した制度改革である。だが、実際には、収入の大半を地方交付税交付金に依存する自治体の収入が大きく減少し、行政のサービスを切り下げる結果を招いた。これは、教育の地域格差につながるものである。地域格差は、2008年の社会教育法改正の時に衆議院及び参議院の付帯決議においても留意すべき事項として取り上げられるなど、社会教育をめぐる懸念事項となっている。

4.4　社会教育行政への市場メカニズムの導入

　大住は、市場メカニズムの導入の方法として、「民営化手法、エイジェンシー、内部市場などの契約型システムの導入」[12]を上げる。ここでは社会教育行政に関連させて述べる。

　民営化は、「民間にできるものは民間へ」という言葉で表わされるように行政の業務を民間に委譲・委託することを指す。民営化手法としては、「PFI (Private Finance Initiative)」と「指定管理者制度」が導入され、公共施設の設置・管理・運営をすべて民間事業者などに委任できるようになった。PFIは「民間の資金、経営能力及び技術的能力を活用した公共施設等の整備等の促進を図るための」[13]制度である。指定管理者は、公共施設の管理運営を民間事業者など民間団体に任せる制度で、地方自治法の改正によって規定された。これ

---

12) 前掲11), p.1 など.
13) 「民間資金等の活用による公共施設等の整備等の促進に関する法律」(通称PFI法) 第1条.

らによって、一般企業をはじめとする民間の団体が、社会教育施設の運営に関われるようになった。政府は、契約を結んだ民間企業等の活動による業績や成果を評価管理し、統制する。

　内部市場とは、行政内部を市場とみなし、「市場メカニズム」によって業務の効率化・サービスの向上を目指すことである。業務を担う部署を独立した機関とする制度である、エージェンシーもこの一環である。日本の場合は国立の教育施設などを独立行政法人として国の財政から切り離す制度がそれに該当する。また、効率化を図るとすれば、コストの参照軸が必要となるため、官と民間事業者の競争入札により公共サービスの担い手を決定する「市場化テスト」が導入されている。

　これらの市場メカニズムの導入は、行政のになっていた業務が市場化されることを意味しており、「パブリックビジネス」として企業にて歓迎され、多くの企業が参入を試みている。とはいえ、例えば、不採算部門からの撤退を求める企業と自治体との折り合いがつかず公共サービスの提供が滞る、NPO同士の主導権争いが裁判になる、企業の事業の撤退・破産が起こるなど、恒久的なサービスが提供され難いケースもみられる[14]。つまり、民営化は、恒久的な学習権保障が困難になるリスクを孕むのである。特に、図書館のように無料の原則を適用する教育施設では収益を望めないため、経費削減を追求すると職員の給与の削減や非正規雇用につながる等の事態が進行しやすい点に、留意が必要である。

4.5　公務員制度改革

　これまでみたようなアウトソーシングなどの民営化の措置を行わない（行えない）場合、事業でなく担い手である公務員の待遇を「民間水準」に合わせることが行われる。公務員給与などの削減はその典型であるが、加えて重要なのが、能力実績主義の導入である。これは業績・成果の管理による統制というNPMの方向性の拡充と見ることができる。国家公務員については、昇給など

---

14) 城塚健之『官製ワーキングプアを生んだ公共サービス「改革」』自治体研究社，2008.

の人事はすべて「人事評価」によるものに変更され、個人を対象とする成果主義の導入の徹底が目指されている[15]。数値目標を「成果」の指標として用い、競い合うことにより、行政の質を上げるものである。そこでは、どのように評価すべきかという評価対象基準等や行政の説明責任（アカウンタビリティ）を明確にすることが、目指されている。

　では、この成果主義をどう捉えるべきか。論点は、人権保障に関わる業務が果たして、成果主義という考え方に馴染むのかという点である。「生活保護の北九州方式」と呼ばれる水際作戦は、生活保護の申請件数を減らすとの数値目標を掲げた結果、窓口での「門前払い」や申請の不受理などの人権侵害が横行した。これは、数値目標が人権保障に反した結果を生んだ典型的な例であろう。また、数値目標や個人的評価に注意を集中するあまり、チーム作業の阻害、競争の強化による過重労働、メンタルヘルスの崩壊などの問題が看過され易いとの指摘もある[16]。これらは学習支援者の問題ゆえに、結果として学習支援が停滞するなどの影響が生まれる可能性もある。学習支援が人と人とのコミュニケーションを媒介とする以上、人的条件の悪化には、厳しい眼を向けることが必要となろう。

4.6　市民参加の原理

　近年、「共助」という考え方による市民参加の方向性が打ち出されてきた。そのキーコンセプトが「新しい公共」である。新しい公共は「人々の支え合いと活気のある社会。それをつくることに向けたさまざまな当事者の自発的な協働の場」[17]と定義される。この「『新しい公共』の考え方の下、全ての国民に『居場所』と『出番』が確保され、市民や企業、NPO など様々な主体が「公

---

15) 国家公務員制度改革推進本部決定「今後の公務員制度改革について」（2013年6月28日）など。
16) 前掲14），p.45．これらの課題は、「成果主義」そのものにまつわる問題であり、公務員だけがその問題から解放されれば良いわけではない。労働にまつわる諸問題は、公務員、民間の労働者双方が協同して立ち向かうべき問題であるはずである。にもかかわらず、昨今の公務員"優遇"批判は、自らその連帯の可能性を断ち切るものにもなっている。
17)「新しい公共宣言」（平成22年6月4日第8回「新しい公共」円卓会議資料）p.1．

（おおやけ）」に参画する社会を再構築することは重要な課題である」[18]とされる。

　確かに、日常生活は支え合いで成り立つ部分も多く、そのような支え合いを作り出すことは、社会教育の課題であろう。またボランティアの組織化の過程で生まれたNPOにも、社会教育と共通する考え方が見出される。他方、「新しい公共」の議論は「国民の満足度、幸福度を高めることになるとともに、結果として歳出の削減にもつながりうる」[19]と、財政支出の削減とセットでなされた点に注目したい。ここでの市民参加とは、市民の主体的な要望よりむしろ、財政削減の手段としての位置づけが重視されたと思われる。

　このような市民参加の方向性は、図書館などの社会教育行政にも大きな影響を与えてきた。先述した指定管理者なども「新しい公共」を支える一手段である。図書館における書架整理のボランティアの募集などもこの一環である。また規制緩和により法令上の協議会などが廃止される一方で、新しいタイプの市民参加が登場した。公民館などでは市民が企画段階から参加する「市民企画講座」が生まれ、図書館ではNPOやボランティアの積極的な参画が進められ、選書に市民が参画する取り組みも見られるようになった。

　市民参加は、行政のあり方の変革を要求する。そして、それは「ガバメント」から「ガバナンス」という言葉で表現される。「ガバナンス」概念は、政府以外の様々な組織などを「公共性」を担う存在として認めたうえでその連携を重視する、「ネットワーク型行政」とも類似した考え方である。NPOや企業は既にネットワークを持っていることが多いため、行政は単一の組織とつながるのみならず、ネットワークとネットワークをつなぐ働きも期待されることになる。そこで働く職員の力量においても、ネットワークの構築に効果的に貢献できるような、組織力やコミュニケーション能力、そして総合的なコーディネート能力が、求められるのである。

---

18)「新成長戦略」（平成22年6月18日閣議決定）。
19)「財政運営戦略」（平成22年6月22日閣議決定）。

5 おわりに

　本章では、社会教育の行財政について概観してきた。日本の社会教育行財政は、人々の主体的な学びを支えるための条件整備として生み出されながらも、現代行財政改革のなかで、大きな変革の時期を迎えている。もちろん、以前の制度が完全なものだったわけではない。教育権論争などのように、教育の自由をめぐる問題などを孕んでいたことは事実である。

　とはいえ、現行の社会教育行政改革は、現代社会を生きる多様で幅広い層の学習者の支援において、果たして妥当な方向に向かっているといえるのだろうか。また、より多様で魅力的な学習活動を可能にする条件整備として見た場合、これらの改革は適切な方策なのだろうか。社会教育実践の場に携わる職員には、行財政改革が進行中の「今」だからこそ、教育行政の原則の妥当性を含めた全体状況の振り返りこそが、求められるのではないだろうか。

参考文献

白石裕『分権・生涯学習時代の教育財政：価値相対主義を越えた教育資源配分システム』京都大学学術出版会，2000．
鈴木眞理，津田英二編『生涯学習の支援論』学文社，2003．
樋口修資『教育行財政概説：現代公教育制度の構造と課題』明星大学出版，2007．
日本社会教育学会編『自治体改革と社会教育ガバナンス』東洋館出版，2009．
生涯学習・社会教育行政研究会編『生涯学習・社会教育行政必携［平成26年度版］』第一法規株式会社，2013．

■□コラム□■

学習課題としての財政
――財政分析学習と市民白書づくり――

　「財政の健全化」を目的に掲げ、「地方分権」という旗印で実施された「三位一体の改革」などの財政改革は、地方自治体の財政を一層危機的な状況に追い込んできた。また、生活保護費の削減問題にみられるように、社会的に必要とされる措置までもが、財政逼迫を根拠として、切り詰められようとしている。

　このような現状のなか、財政を学習課題として取り上げる社会教育実践（「財政分析学習」）が公民館などで展開されている。楠野晋一によれば、この財政分析学習の出発点は1990年昭島市の公民館において開催した財政分析講座にあるという。自治体財政の急激な変化のもと、住民から財政分析を行っていくべきではないかという学習要求が自覚され、それを公民館職員が組織化することで生まれていったものである。

　財政分析学習とは、行政が公開する財政に関わる情報（『決算カード』など）をチャートなどにまとめ、その支出動向などについて、討議や関係機関への調査等を経ながら分析していく学習手法である。そして、その学習成果は、生活実感を伴った文章によって構築された「市民財政白書」といったかたちで市民に公表される。この一連の過程は、財政に関わる情報を行政に求める交渉、財政資料の分析、そして地域の現状を知るための調査との対照を通じた財政の実態把握などを含み込むものである。

　この財政分析学習が目的とするのは、単に財政を知ることだけではない。財政問題を具体的に分析する過程を通じて、地方自治の担い手（主体）としての自覚を高め、成長することである。同時に、オルタナティブな提案をも含めた自治体行政への参画を促し、その経験とプロセスを通して、より効果的な参画に求められる態度とスキルを培うことである。

【参考図書】楠野晋一「社会教育再編と市民財政白書づくり運動：財政学習による新たな対抗軸の形成」『自治体改革と社会教育ガバナンス』社会教育学会編, 東洋館出版, 2009, p.154-166.

（倉知典弘）

おわりに

　本書は、生涯学習社会において人々の学びに関わる図書館司書などの専門職、多様なかたちで他者の学びを支援する人々、生涯学習の理論と実践を初歩から学ぼうとする人々、さらには自らが生涯学習者として歩み始めた人々を対象に、コンパクトでわかりやすいテキストをめざし編集したものである。

　編集・執筆にあたっては、全体的に、生涯学習のテキストとして読者に最低限、共有していただきたい内容をできる限り、網羅するよう心がけた。同時に、各章ごとに、執筆者の独自の問題関心や研究者としての個性が発揮されるような内容や叙述を盛り込んでいる。章によって濃淡はあるが、読者には、それらの多様性やハーモニーを協奏曲のように味わっていただけたら、幸いである。

　本書の監修者・編者および執筆者は、主に京都大学大学院教育学研究科生涯教育学講座の教員、OB／OGなどで構成されている。タイトな執筆スケジュールのなかで、私たち自身がこれまで、ともに学び、議論し合い、研究するなかで共通基盤として培ってきた生涯教育学研究の成果を、読者とどう分かち合ったらよいか、という実践的な問いと格闘するプロセスであった。編集の最終段階では、全体を通読し、一冊のテキストとしての調整と再構成、および、そこで必要と思われた各章の加筆・修正を担当した。それゆえ、本書全般の記述に関わる最終責任は、編者にある。

　本書の刊行に関わって、講座OGの安川由貴子さんに編集補佐をお引き受けいただき、編集作業全般で大変お世話になった。提出原稿の確認作業、連絡調整、査読・編集作業など、全般的な編集実務において、安川さんの誠実で献身的な貢献なしには、本書はとてもこの段階までこぎつけることはできなかった。心より感謝する。また米岡裕美さん（埼玉医科大学専任講師）には、「読者」の観点から、草稿全体を丁寧にお読みいただき、適切なコメントをいただいた。

深くお礼を申し上げたい。さらに、教育学研究科修士課程2年の中尾友香さん、藤代諒さん、渡川智子さん、同1年の池田法子さん、種村文孝さんには、校正原稿のチェックのお手伝いをいただいた。ありがとうございました。最後になるが、ミネルヴァ書房編集部の水野安奈さんには、最終段階に至るまで丁寧に対応していただき、大変お世話になった。記して謝意を示したい。

　読者の皆さんが本書を手がかりに、自らの学びをデザインする生涯学習者として、また学びの支援者として、新たな学びの地平を描いていかれることを、心より祈念している。

　2014年2月　研究室にて

渡邊洋子

索　引

欧　文

CIE 図書館　41
DAISY　197,198
EFA　22
e-ラーニング　104
GHQ　34,41,45
IT/ICT　69,104
　──サポーター　122
NGO　99,224,122
NIACE　125,136
NPO　10,39,49,56,135,142,152,217,224,245-247
OECD　11,18,21,22,79,101,171,240,241
　──（の）教育研究革新センター（CERI）17
PIAAC　21,79,171
PISA　21,171
PTA　45,49,57

あ　行

アイスブレイク　106,107
アウトソーシング　224,225,245
アウトリーチ　4,124,125,135,136
アウトリーチサービス　193
アクセシビリティ　7,191,199,207,209
新しい公共　224,243,246,247
アンドラゴジー（Andragogy）　70,76,132
暗黙知　108,133
意識変容　73,78
　──の学習　70,73
イベント　142,145,209
インフォーマル（教育・学習）　22,23,166
　──な関係性　152
　──な教育　22,159
　──な学び（学習活動）　2,3,64,72,99,118
エリクソン，エリク・H（Erikson, E.H.）　66,68,104

教える─教えられる　82,118

か　行

学社融合　45,46
学社連携　45,54
学習　88,100,134,142
　──援助　122,182
　──活動　146
　──格差　124,138
　──課題　81,88,94-97,113,124,129,179
　──活動　64,65,73,74,78,79,85,86,95,106,113,121-123,125,129,138,145,159,162,163,168,174,179,182,186,233,248
　──環境　3,101,106,120
　──機会　3,78,86,95,97,111,120,124,125,130,138,142,145,168,189,191,216,223,228
　　──提供者　94
　　──の運営　122
　　──の提供　176
　──グループ→自主学習グループ
　──経験　85,88,124
　──形態　92,110
　──契約　168
　──権　19,20
　　──（Right to learning）宣言　19
　──講座　124,181,184,186,187
　──項目　86,97
　──サークル→自主学習グループ
　──支援　50,100,101,105,118,119,131,141,145,152,212,217,228,246
　　──者　1,2,6,50,94,113,118,119,134,123,126-136,147,152,246
　──事業　178,189
　──施設　142,174,176,189
　──指導要領　83,84,235
　──者　71,72,82,83,88,92-94,97,100-105,107,109-114,118,123,125-131,134,136,

253

139-141, 144-146, 149, 151, 157, 161, 166, 168, 169, 228, 234
　　　――主体　82, 168
　　　――理解　101, 103, 110, 114, 126, 132, 146, 152
　　　――社会　15
　　『――社会』("The learning society")　14, 15
　　　――支援　139, 141
　　　――条件　120, 231
　　　――情報　141, 142, 189
　　　――（の）提供　7, 120, 122, 123, 137-141, 143, 146, 147, 152, 155
　　　――提供システム　143
　　　――相談　7, 120, 122, 123, 137-140, 144, 146, 147, 148, 152
　　　――段階　123, 131
　　　――ニーズ　82, 88, 96, 120, 123-125, 127, 139, 140, 141, 143, 146, 147, 155, 156, 174, 189
　　　――（の）成果　7, 49, 73, 129, 143, 156, 161, 162, 167, 222, 226, 249
　　　――を評価・可視化　23
　　　――（の）内容　81-84, 87, 88, 92, 94, 97, 102, 103, 114, 126, 141, 143, 145, 166, 178
　　　――（の）目的　81, 94, 138, 140, 141, 143
　　　――（の）資源　57, 71, 72, 105
　　　――場面　95, 120
　　　――評価　157, 159, 160, 161, 166, 168, 169, 171
　　　――プログラム　95, 96, 126, 143
　　　――プロセス　94, 123, 129-131, 168
　　　――方法（論）　102, 110, 126, 127, 131, 132, 222
　　　――目標　126, 127, 185
　　　――領域　81, 84, 86, 88, 92, 94, 97
　　　――歴　141, 147, 149, 151, 167
学制　27, 28, 39
学問知　88, 97, 92, 93
『学問のすゝめ』　27, 28
各論から総論へ　88, 92, 93, 99
課題基盤型学習（PBL）　111
課題提起学習　21
学級・講座　142, 150, 178, 179

　　　――の資源　182
学校　28, 29, 42, 45, 56, 101, 161, 174, 177, 216
　　　――外活動　46, 47
　　　――週5日制　37, 47, 48
　　　――教育　32, 33, 39, 42, 44-46, 64, 81, 83, 86, 88, 97, 100, 109, 111, 118, 124, 128, 129, 141, 157, 158, 166, 175, 187, 222, 236
　　　――支援地域本部事業　48, 49
　　　――支援ボランティア　47, 49
家庭教育　44, 45, 47, 48, 124, 187, 226
　　　――支援　48
家庭生活　86, 90, 152
家庭の教育力　46, 54
カリキュラム　102, 114
カルチャーセンター　10, 38, 82, 99, 122, 156, 160, 162, 189
環境（の）醸成　81, 84, 219, 233, 217
キー・コンピテンシー　21, 22, 101, 156, 171
企業内教育　18, 141, 157, 132
規制緩和　224, 243
気づき　77, 102, 108, 113, 135
基本的人権　228, 231
キャリア開発　47
キャリア形成　90
教育（学習）格差　82
教育委員会　54, 120, 122, 189, 236, 237
教育活動　70, 114, 199, 218, 226, 229
教育機関　135, 174, 175
教育基本法　7, 34, 36, 47, 83, 174, 215-218, 220, 226
　　　――第12条　233
　　　――第16条第4項　237
　　　――第17条　238
教育行政　215, 228-230, 233, 236-242, 244, 248
教育権論争　230, 248
教育財政　237, 238, 240
教育事業　189, 234, 235
教育者　92, 94, 103, 112, 118, 168
教育政策　229, 235
教育内容　111, 114, 230
教育の自主性　229-231
教育の自由　229, 231, 248
教育の中立　231

254

教育の民主化　45
教育文化産業　10,35,37,82
教育方法　100-102,106,108,114
教育を受ける権利　228,235
教化　36
　　──団体　35
共感的理解　106
教材　110,111
行財政改革　7,228,229,242,248
教師主導型学習　127
教室・研修室　177
教室・講座　85,160,162,169
共助　243,246
教職員　49,231
行政の説明責任（アカウンタビリティ）　246
協働　59,209,225
「共同探究者（Fellow Traveller）」的役割　130,131
教養　86,87,90,97,121,162,178
　　──主義　12,14
　　──番組　76
グループ　106,129,166
　　──学習　24,109
　　──活動　112
　　──リーダー　122
　　──ワーク　106,127
経験　71-73,75,78,101,107,131,132,204
　　──知　78,108
形成的評価　129,157,158,163,166,167,169
啓蒙　35,36,38
現代的課題　65,93,97,135,179,180
憲法学習　95
　　──第23条　194
　　──第25条　194
講演　109,130
　　──会　109,142,176
公開講座　142,156,161
講義　80,92,101,106,109,110,127,130
公共図書館　119,194,195,197,198,226
講座　38,85,86,93,99,102,110,114,126,145,160,162,178,185,189,223
講師　92,122,142,189
講習会　80,176

高度経済成長　36,45
高度情報社会　83,137
公民　32,33,175
公民館　1,7,10,34-36,38,41,42,54,55,82,85,86,95,120,124,142,152,156,160,162,166,174-179,186,180,184,187,189,216,234,247,249
　　──学習　177,179,184,185
　　──活動　182,187,218
　　──事業　38,180,181,184
　　──システム　180,189
　　──主事・職員　120,146,181,184,186,234,249
　　──審議会　184
　　──長　49
　　──図書室　182,183
「公民館の設置運営について」　34
公民館保育室　181
公民館類似施設　189
公民教育　32
公立図書館　227,232,235
高齢期　66,74,85
高齢者　85,137
国際成人教育会議　20,22
コーディネーター　50,57,122
国民教化（活動）　30,218,220
国民主権　37
国民の教育権（論）　230,231
個人学習　101,103-105,109,122
子育て　53,150,184,185
　　──支援　47,150
国家総動員体制　33
個としての学び　88,89,91,141
コミュニケーション　61,101,109,112,177,209,214
コミュニティセンター　38,55,124,142,177
コンテントプラン　92-94,97

さ　行

サークル　142
　　──活動　160
財政分析　249
裁判員制度　179

参加・体験型展示　201
参加型学習　106
ジェルピ，エットーレ（Gelpi, E.）　18,24
識字教育実践　21
自己概念　71,72
自己教育　102
自己教育運動　30
自己教育活動　119
自己決定性／自己主導性（self-directedness）　70,71,73,76
自己決定的／自己主導的　71,72
自己主導型学習　102,103,168
自己主導的な学習（者）　102,112
自主学習グループ　3,92,142,121,152
　　――の立ち上げ　177
自主グループ　166
自主的な学習活動　187
自主的な学習グループ　166
自主的なグループ学習　167,169
持続可能な開発のための教育（ESD）　180,181
自治会　152,189
自治会館　55
自治会長　49
自治公民館　189
視聴覚教員　42
視聴覚ライブラリー　42
実業補習教育　30
実践　132,146
　　――記録　113
　　――知　88,97,108,133
　　――的方法論　168
　　――力　123
指定管理者　38,190,244,247
児童館　61,142
指導者　118,122,132,181
　　――養成　178,179,189
市民活動　10,38,92,152,217
市民参加　234,246,247
市民社会（論）　37,38,40,112
市民性（citizenship）　20,75
ジャーヴィス，ピーター（Jarvis, P.）　110,133
社会運動　32,39
社会教育　10,27,30-42,44-46,52,53,56,57,82,84,86,93,95,118-124,126-130,134,166,175,178,187,189,216,218,220,222,223,225,226,228,233,234,238,242,243,247
　　――委員　121,122,234
　　――活動　58,118,146
　　――関係団体　54,121,220
　　――行財政　7,228,248
　　――行政　58,219,220,228,229,233,234,242,244,247
　　――施設　7,35,45,55,118,120,174,175,178,191,216,221,226,233,234,237,240,241,245
　　――実践　40,59,248
　　――指導者　6,118,120-122,146
　　――主事　1,6,30,38,57,84,120,132,146,217,221
　　――審議会　36,45
　　――団体　36,118
　　――費　237,238,241,242
　　――法　7,34-36,47,84,120-122,175,176,212,218-220,222,226,234
　　　　――第11条　220
　　　　――第12条　220
　　　　――第1条　218
　　　　――第2条　218,233
　　　　――第5条　238
　　　　――第9条の三第2項　221
　　――の改正　187
社会教育予算　10,95
社会人としての学び　88,90,91
社会的弱者　18,19,21
社会的不利益　18,19,124
自由な学習者　37,82
住民参加　184
受益者負担主義　82
授業　106,110,126
趣味　64,86,87,90,121,141,152,156,162,178
生涯学習　10-13,16,19,21-24,27,36,37,39,40,44-47,64,66,78,81-86,88,92,94,97,99,100-105,108-114,118-120,122,123,126-130,134,141,146,156,157,159,160,162,169,174,175,179,189,191,209,212,216-219,222,225
　　――・学習（論）　19,24

――活動　38, 106, 115, 159, 160, 162, 167, 168
　　　――機会　125, 136, 160
　　　――機関・施設　152
　　　――行政　223
　　　――計画　96
　　　――支援　114, 175, 226
　　　――施設　1, 2, 5, 6, 58, 44, 46, 96, 101, 161, 167, 174, 189
　　　――社会　1, 6, 46, 60, 118, 119, 169, 187, 226
　　　――審議会　122
　　　　　――委員　121
　　　　　――答申　46, 58, 179
　　　――振興法　7, 38, 46, 175, 221-223
　　　　　――第1条　221
　　　　　――第3条第1項　222
　　　――センター　1, 85, 120, 121, 142, 160, 162, 189, 190
　　　　　――職員　146
　　　　　――の設置　189
　　　「――に関する世論調査」　85, 88, 160, 162, 166
　　　　――の振興のための施策の推進体制等の整備に関する法律第2条　222
　　　　――の振興のための施策の推進体制等の整備に関する法律第8条　223
生涯教育（論）　13, 15, 16, 18, 36, 37, 64, 81, 187
障害者サービス　7, 192, 194, 195, 197
生涯発達　64, 65
生涯発達論　65
省察的実践者　114
情報（の）提供　138, 141, 144
職業キャリア　161
職業訓練　14
職業人としての学び　88, 90, 91
職業知識・技術の向上　178, 179
女子青年団　32
処女会　30, 32
人権　22, 24, 181, 233, 246
診断的評価　157, 158, 163, 166
水平運動　31
スポーツ　86, 90, 105
　　　――クラブ　160, 162
　　　――少年団　118

生活改善運動　30
生活課題　57, 93, 95, 124, 130, 178, 185, 187
生活記録運動　35
生活者としての学び　88, 90, 91
政教分離　231
　　　――の原則　232
政治的中立　232, 236, 237
成熟　71, 72
青少年活動センター　121, 142
青少年教育施設　54, 55
青少年団体　53
成人（おとな）　64, 65, 69-70, 73-78
成人学習　20
成人学習・教育　82
成人学習者　71, 141
成人期　64-66, 68-73, 75, 78, 79
成人教育　15, 20, 22, 27, 35, 41, 64, 65, 125, 130, 157
成人教育学　7
「成人教育に関するハンブルグ宣言」　20, 22
成人識字に関する勧告　22
成人の定義　65
成人力（adult competencies）　79, 156
青年会　29, 30
青年学級　35
青年期　65, 66, 69
青年団　30, 32, 55
世界人権宣言　17
世代間交流　61
戦後社会教育　38, 175, 187
潜在的学習ニーズ　124, 125, 140, 147
潜在的な学習ニーズの顕在化　124
潜在的（な）ニーズの掘り起こし　135, 198
戦時体制　39
戦時動員体制　39
戦時翼賛体制　84
専門職　90, 105, 120, 217, 220
　　　――教育　111, 122, 141, 157, 166
　　　――資格　212
　　　――性　121, 122
専門性　132, 133
占領改革　35
占領政策　36

総括的評価 129,157,158,159,161,163,166,168
総合的な学習の時間 47
相対評価 129,158,159
相談 140,147
総力戦 32,33
　　──体制論 39
総論から各論へ 88,92,93,99
阻害要因 4

　　　　　　　た　行

体育・レクリエーション 176,178,179
体育指導員 121
体験活動 47,86
第三世代博物館 199
対面支援 101,105
対面朗読 194,195,197
　　──者 122
対話 20,21,58,102-104,106,110,115,207
タウンミーティング 181
他者評価 128,129
多文化サービス 7,207
たまり場 182
探究 131
男女共同参画 178
　　──センター 120,121,142
断絶（disjuncture） 110
地域課題 57,93,95,178,179,187
地域教育計画づくり 45
地域行事 56
地域コーディネーター 49,57
地域子ども教室 48,52,53
地域資源 58
地域づくり 61,105,152
地域に根ざした学校 46
地域の教育力 47,49,54,176
地域婦人会 118
地域文化 55
地区公民館 189
知識基盤社会 11,21,22,23,69
地方改良運動 30
地方分権 223,234,236,243,244,249
中央教育審議会 23,235,235

　　──答申 46,48,235
中央公民館 180,189
町内会 35,180
通学合宿 54-56,58
通信教育 10,37,104,160
通俗教育 29-31
　　──調査委員会 30
　　──に関する調査委員会 30
デジタル・ディバイド 7,137,138,155,138
　　──時代 152
テューター 105
寺中作雄 35,175
伝承（の）活動 61
点字資料 197
点字図書館 194
問い 93,106,110,113,130,147,171
動機づけ 101,103,110
到達目標 109,127,157,168
同和・人権問題 178
同和教育 31
独学 103,104
読書 3,74,75,103,105,119,134,147,167,198
　　──会 28,74,115,153
　　──活動 50,65,74,75-78
　　──環境 3,74,76,77
　　──権 194
　　──相談 154
図書館員 61,105
図書館協議会 122,226
図書館サービス 192,226,239
図書館司書 1,2,5,6,61,110,118-122,132,134-136,146,212,217,225,226,228,233,234,235
　　──資格 226,235,243
　　──養成 226
図書館職員 232
図書館の支援的役割 226
図書館非来館者 4
図書館法 35,121,176,191,226
　　──第1条 226
　　──第2条 226
図書室 183,184
ドナルド・ショーン（Schön, Donald. A.） 114

索　引

ドロール，ジャック（Delors, J.）　16

な　行

内務省　30
　　（――）社会課　30
　　（――）社会局　30,31
ナレッジワーカー　21
2008年図書館法改正　226
日本国憲法　7,84,215,228
　　――第26条　228
ネットワーク　58,125,135,144,247
　　――づくり　56,57,225
　　――の構築　247
農山漁村経済更生運動　33
ノーサポート・ノーコントロール　35
ノールズ，マルカム（Knowles, M.）　70-72,78,
　　93,102,132,168
ノンフォーマル（な）（教育活動）　22,23,99,
　　159
　　――な学び（学習活動）　64,92,99,118

は　行

ハヴィガースト，ロバート・J
　　（Havighust, R. J.）　66,96
博物館（博覧会）　2,28,30,35,104,121,136,
　　142,174,176,191,199,200,204-207,216,226,
　　234,240,242
　　――芸員　1,2,6,110,120,121,132,146,212,
　　217,234
　　――教育　111
　　――法　35,121,176,226
発達課題　65,66,72,93,96,178,185
　　――論　65,66,69,96
発達段階　83,96
ハッチンス，ロバート（Hutchins, R. S.）　14,
　　15
話し合い学習　178
バリアフリー　207
　　――意識　202
　　――状況　200,202
ハンズ・オン　199,201,204,206,207
　　――展示　200,203
必要課題　95,96,178,179

批判的思考　73,78
　　――力　111
批判的省察（振り返り）　73
評価　7,128,156,162,227
　　「――」イメージ　159
　　――基準や方法　163
　　――結果　157
　　――のデザイン　126,128
　　――不要論　156
　　――方法　128,157
表現　101,109
　　――活動　80
開かれた学校づくり　46
ファシズム（期）　32,39,40
ファシリテーター　102,106,107,115,122
フィードバック　112,113
　　――的　129
フィールドワーク　108,129
フォーマル（な）学習（活動）　72,92
フォーマル（な）教育（活動）　22,99,159
フォーマルな学び　2,92,99
フォール，エドガー（Faure, E.）　15
婦人会　55
　　――長　118
婦人学級　178
普通選挙（普選）運動　30
普通選挙（普選）体制　39
振り返り　73,101,102,108,113,114,128,132,
　　134,140
フレイレ，パウロ（Freire, P.）　20,21,73,78
プレゼンテーション　127,128,129
プログラム　102,114,120,122,123,126-130,
　　145,157
　　――デザイン　94,97
雰囲気づくり　72,106
文化活動　80,86,222
文化産業　238
ペダゴジー　70
変容的学習　102
保育室　177
　　――活動　182
保育付き　181
　　――講座　185

259

保育ボランティア　185,186
放課後子どもプラン　48,52
放課後児童健全育成事業（放課後児童クラブ・学童保育）　52
（放課後の）居場所　53,59,166
報告書『未来の学習』　15,16
報告書『学習：秘められた宝』　16
法律主義　229,230
ポートフォリオ　128,168
　　──評価　159
補習学校　30,33
ボランティア　3,47,52,57,86,122,146,152,178,186,243,247
　　──活動　47,86,99,152,179
　　──スタッフ　209
　　──組織　152
　　──団体　55,135,185
　　──の組織化　247
　　──リーダー　58

ま　行

マイノリティ　207
松下圭一　37,40
学び合うコミュニティ　58
まなびほぐす（unlearn）　107
学ぶ／教える　82,118
学ぶ自由　212
学ぶ目的　88,97,110
民営化　224,243-245
民間教育産業　38
民衆運動　30,39
民主的社会教育　36
無償性　82
メジロー，ジャック（Mezirow, J）　73,78
メディア　101,104
　　──・リテラシー　104
メンター　105,122
メンタリング　105
問題意識　93,114,145
問題解決　100,134
　　──学習　111
問題提起型学習　73
文部科学省　48,49,52,69,234

　　──生涯学習政策局社会教育課　175
文部省　28,30
　（──）教学局　33,34
　（──）社会教育課　30,32,175
　（──）社会教育局　33,34,38,41
　　──社会局　35
　（──）生涯学習局　38
　　──第四課　30

や　行

有給教育休暇　17
「──に関する勧告」　17,18
ユニバーサル・ミュージアム　199,205-207
ユネスコ（UNESCO）　11,41,81,156
　　──「成人教育に関する勧告」　65
　　──21世紀教育国際委員会　16
　　──国際成人教育会議　22
　　──成人教育委員会　36
　　──第4回国際成人教育会議　19
　　──（の）教育開発国際委員会　15
要求課題　95,178
余暇　13,19,88,90,141,152
　　──活動　90,143,174,218
読みきかせ　61,109,115

ら　行

ライフコース　66,174
ラングラン，ポール（Lengrand, P.）　11,13,14,16,18,36,45,78,187
『リカレント教育：生涯学習のための戦略』（"Recurrent education : a strategy for lifelong learning"）　17
リカレント（的な）教育　17,18
リソース　131,139
臨時教育審議会　36
　　──答申　46
臨床知　88,97
レクリエーション　90,173
　　──活動　218
レディネス　70,72,83,104
レファレンスサービス　105,144
老人クラブ　55,180
労働　13,19

老年期　65,66
ロールプレイ　108,127

わ　行

ワークショップ　24,93,101,106-109,112,142

若者組　32
わざ　132-134

講座・図書館情報学　監修者紹介

山本順一（やまもと・じゅんいち）
　早稲田大学第一政治経済学部政治学科卒業。早稲田大学大学院政治学研究科博士課程単位取得満期退学。図書館情報大学大学院図書館情報学研究科修士課程修了。現在、桃山学院大学経営学部・大学院経営学研究科教授。『新しい時代の図書館情報学　補訂版』（編著、有斐閣、2016年）、『シビックスペース・サイバースペース：情報化社会を活性化するアメリカ公共図書館』（訳者、勉誠出版、2013年）、『学習指導と学校図書館　第3版』（監修、学文社、2013年）、『行政法　第3版』（Next 教科書シリーズ）（共著、弘文堂、2017年）、『図書館概論：デジタル・ネットワーク社会に生きる市民の基礎知識』（単著、ミネルヴァ書房、2015年）、『情報メディアの活用　3訂版』（共編著、放送大学教育振興会、2016年）、『IFLA 公共図書館サービスガイドライン　第2版』（監訳、日本図書館協会、2016年）、『メディアとICTの知的財産権 第2版』（未来へつなぐデジタルシリーズ）（共著、共立出版、2018年）など。

執筆者紹介（＊＊は監修者、＊は編著者、執筆順）

＊＊前平泰志（まえひら・やすし）はじめに
　監修者紹介欄参照。

＊渡邊洋子（わたなべ・ようこ）序章、第5章、第8章、おわりに
　編著者紹介欄参照。

飯田優美（いいだ・まさみ）第1章
　広島大学大学院教育学研究科博士課程前期修了。京都大学大学院人間・環境学研究科博士課程研究指導認定退学。現在、京都女子大学非常勤講師。「アフリカ―サハラ以南の場合」、日本公民館学会編『公民館・コミュニティ施設ハンドブック』（エイデル研究所、2006）、「フィールドワークからの学び：きく、みる、歩く」、前平泰志・渡邊洋子編著『学びのフィールドへ：生涯学習概論』（松籟社、近刊）など。

生駒佳也（いこま・よしや）第2章
　東京都立大学人文学部史学科卒業。東京都立大学大学院人文科学研究科修士課程修了。京都大学大学院教育学研究科修士課程修了。現在、徳島県立図書館職員。『新版県史36　徳島県の歴史』（共著、山川出版社、2007）、「同和教育運動の展開と地域社会の関わり：1950年代における京都市田中地区の勤評闘争を中心に」庄司俊作編『戦後日本の開発と民主主義：地域に見る相剋』（昭和堂、2017）、「『開拓』と『移民』の空間：童仙房における記録と記憶」『社会科学』（第46巻第2号、2016）など。

安川由貴子（やすかわ・ゆきこ）編集補佐、第3章
　奈良女子大学文学部人間行動科学科卒業。京都大学大学院教育学研究科博士後期課程中途退学。京都大学大学院教育学研究科教育実践コラボレーション・センター助教、京都聖母女学院短期大学児童教育学科講師を経て、現在、東北女子大学家政学部児童学科准教授。「エコロジカルな生涯学習の可能性：G. ベイトソンのコミュニケーション論を契機として」『京都大学大学院教育学研究科紀要』（第53号、2007）、「児童・生徒にとってのフィールドワーク」高見茂・田中耕治・矢野智司・稲垣恭子監修、石井英真・渡邊洋子編著『教育実習・教職実践演習・フィールドワーク』（協同出版、2018）など。

長岡智寿子（ながおか・ちずこ）第4章
　大阪大学大学院人間科学研究科博士後期課程修了。博士（人間科学）。国立教育政策研究所フェロー。日本女子大学学術研究員を経て、現在、田園調布学園大学人間科学部准教授。菅野琴・西村幹子・長岡智寿子編著『ジェンダーと国際教育開発：課題と挑戦』（福村出版、2012）、OECD 編著、立田慶裕監訳『世界の生涯学習：成人教育の促進に向けて』（共訳、明石書店、2010）など。

吉田正純（よしだ・まさずみ）第6章
　京都大学教育学部教育科学科卒業。京都大学大学院教育学研究科博士後期課程研究指導認定退学。現在、特定非営利活動法人花紅代表理事、大阪大学非常勤講師。P. ジャーヴィス編著、渡邊洋子・吉田正純監訳『生涯学習支援の理論と実践：「教えること」の現在』（明石書店、2011年）、「『実践・実質』としてのシティズンシップ教育への転換：総合的な学習と生涯学習を架橋する論理」『京都大学生涯教育学・図書館情報学研究』（第10号、2011）など。

柴原真知子（しばはら・まちこ）第7章
　新潟大学教育人間科学部学習社会ネットワーク課程卒業。京都大学大学院教育学研究科博士後期課程中途退学。京都大学大学院医学研究科医学教育・国際化推進センター助教を経て、現在、イギリス・ケンブリッジ大学大学院教育学研究科博士課程在籍。「北部イングランド女性高等教育協議会における教育職女性の自己教育運動の展開：カヴァネス救済から大学拡張講義へ」『日本社会教育学会紀要』（第47号、2011）、「聴き取ることから学ぶ」前平泰志・渡邊洋子編著『学びのフィールドへ：生涯学習概論』（松籟社、近刊）など。

佐伯知子（さえき・ともこ）第9章
　京都大学教育学部卒業。京都大学大学院教育学研究科博士後期課程研究指導認定退学。現在、大阪総合保育大学児童保育学部児童保育学科准教授。「長期的インターンシップ実習における継続性／非継続性の要因に関する研究：保育・教育系学生の継続的アンケート調査を手がかりに」『大阪総合保育大学紀要』（第8号、2015）、「教師のための成人学習理論」高見茂・田中耕治・矢野智司・稲垣恭子監修、石井英真・渡邊洋子編著『教育実習・教職実践演習・フィールドワーク』（協同出版、2018）など。

辻喜代司（つじ・きよし）第10章
　立命館大学文学部文学科卒業。京都大学大学院教育学研究科博士後期課程研究指導認定退学。滋賀県立高等学校教諭、米国ミシガン州バトルクリーク補習授業校校長を経て、現在、立命館大学・龍谷大学・梅花女子大学非常勤講師。「庶民による人生の記録の創出：橋本義夫と初期『ふだん記』運動の場合」『京都大学生涯教育学・図書館情報学研究』（第9号、2010）など。

小川崇（おがわ・たかし）**第11章**
　新潟大学教育学部小学校教員養成課程卒業。京都大学大学院教育学研究科博士後期課程研究指導認定退学。立命館大学等の非常勤講師を経て、現在、新潟中央短期大学准教授。「ペア学校制度による学校間の支え合い」新潟教育総合研究センター編『競争より支援学力トップ上海の教育』（時事通信社、2012）など。

小林伸行（こばやし・のぶゆき）**第12章**
　京都大学教育学部教育科学科卒業。京都大学大学院教育学研究科博士後期課程研究指導認定退学。京都大学大学院教育学研究科教育実践コラボレーション・センター研究員を経て、現在、稚内北星学園大学情報メディア学部情報メディア学科専任講師。「地域と学校」「メディアと教育」石戸教嗣・今井重孝編著『システムとしての教育を探る：自己創出する人間と社会』（勁草書房、2011）、「〈能力〉メディアと『有能／無能』コード：ルーマン教育システム論の『一般化』問題」『社会学評論』（59巻4号、2009）など。

倉知典弘（くらち・のりひろ）**第13章**
　名古屋大学文学部史学科卒業。京都大学大学院教育学研究科博士後期課程研究指導認定退学。関西大学、大阪産業大学、梅花女子大学等の非常勤講師を経て、現在、吉備国際大学社会科学部スポーツ社会学科専任講師。「山名次郎『社会教育論』の再検討：山名の思想を参考にして」『日本社会教育学会紀要』（No.37、2001）、「手島精一の「社会教育」論の検討：実業教育と社会教育の関連に関して」『京都大学生涯教育学・図書館情報学研究』（第2号、2003）など。

《監修者紹介》

前平泰志（まえひら・やすし）

1979年 京都大学大学院教育学研究科単位取得退学。
　　　 ユネスコ教育研究所、甲南女子大学、京都大学大学院教育学研究科教授などを経て、
現　在 京都大学名誉教授、畿央大学教育学部教授。
主　著 『生涯学習と計画』（共編著、松籟社、1999年）、
　　　 『生涯教育：抑圧と解放の弁証法』（訳書、東京創元社、1983年）ほか。

《編著者紹介》

渡邊洋子（わたなべ・ようこ）

1990年 お茶の水女子大学大学院博士課程人間文化研究科単位取得退学。
　　　 学術振興会特別研究員（DC）、お茶の水女子大学大学院博士課程助手、
　　　 新潟中央短期大学専任講師・准教授、京都大学大学院教育学研究科准教授などを経て、
現　在 新潟大学人文社会科学系（創生学部）教授、京都大学学際融合教育研究推進センター特
　　　 任教授。博士（教育学）。
主　著 『近代日本女子社会教育成立史：処女会の全国組織化と指導思想』（明石書店、1997年）、
　　　 『生涯学習時代の成人教育学：学習者支援へのアドヴォカシー』（明石書店、2002年）、
　　　 『生涯学習支援の理論と実践：「教えること」の現在』（共監訳書、明石書店、2011年）、
　　　 『日中韓の生涯学習：伝統文化の効用と歴史認識の共有』（共編著、明石書店、2013年）、
　　　 『近代日本の女性専門職教育：生涯教育学から見た東京女子医科大学創立者・吉岡彌生』
　　　 （明石書店、2014年）、
　　　 『教育実習・教職実践演習・フィールドワーク』（共編著、協同出版、2018年）、ほか。

　　　　　　　　　　　　　講座・図書館情報学①
　　　　　　　　　　　　　生涯学習概論
　　　　　　　　　　──知識基盤社会で学ぶ・学びを支える──

2014年4月20日　初版第1刷発行　　　　　　　〈検印省略〉
2019年5月20日　初版第3刷発行

　　　　　　　　　　　　　　　　　　　　　価格はカバーに
　　　　　　　　　　　　　　　　　　　　　表示しています

　　　　　　　　　　　監 修 者　前　平　泰　志
　　　　　　　　　　　編著者　　渡　邊　洋　子
　　　　　　　　　　　発 行 者　杉　田　啓　三
　　　　　　　　　　　印 刷 者　藤　森　英　夫

　　　　　　　　　発行所　株式会社　ミネルヴァ書房
　　　　　　　　　　　607-8494　京都市山科区日ノ岡堤谷町1
　　　　　　　　　　　　電話代表　(075)581-5191
　　　　　　　　　　　　振替口座　01020-0-8076

　　ⒸＣ 前平，渡邊ほか，2014　　　　　　　　　　亜細亜印刷

　　　　　　　　　ISBN978-4-623-07041-1
　　　　　　　　　　Printed in Japan

山本順一 監修

講座・図書館情報学

全12巻

Ａ５判・上製カバー

- ＊①生涯学習概論　　　　　　　　　　　前平泰志 監修／渡邊洋子 編著
- ＊②図書館概論　　　　　　　　　　　　　　　　　　　山本順一 著
- ＊③図書館制度・経営論　　　　　　　　　　　　　　　安藤友張 編著
- ＊④図書館情報技術論　　　　　　　　　　　　　　　　河島茂生 編著
- ＊⑤図書館サービス概論　　　　　　　　　　　　　　　小黒浩司 編著
- ＊⑥情報サービス論　　　　　山口真也・千　錫烈・望月道浩 編著
- 　⑦児童サービス論　　　　　　　　　　　　　林左和子・塚原　博 編著
- ＊⑧情報サービス演習　　　　　　　　　　　　　　　　中山愛理 編著
- ＊⑨図書館情報資源概論　　　　　　　　　　　　　　　藤原是明 編著
- ＊⑩情報資源組織論［第２版］　　　　　　　　　　　　志保田務 編著
- ＊⑪情報資源組織演習　　　竹之内禎・長谷川昭子・西田洋平・田嶋知宏 編著
- 　⑫図書・図書館史　　　　　　　　　　　　　　　　　三浦太郎 編著

（＊は既刊）

── ミネルヴァ書房 ──

http://www.minervashobo.co.jp/